交通机电工程安装与运行

王 飞 张国青 朱 平 主编

吉林科学技术出版社

图书在版编目（CIP）数据

交通机电工程安装与运行 / 王飞，张国青，朱平主
编 . -- 长春：吉林科学技术出版社，2020.9
ISBN 978-7-5578-7571-8

Ⅰ . ①交… Ⅱ . ①王… ②张… ③朱… Ⅲ . ①城市交
通系统－机电工程－设备安装②城市交通系统－机电工程
－工程管理 Ⅳ . ① U491.2

中国版本图书馆 CIP 数据核字（2020）第 189120 号

交通机电工程安装与运行

主　　编	王　飞　张国青　朱　平	
出 版 人	宛　霞	
责任编辑	端金香	
封面设计	李　宝	
制　　版	宝莲洪图	
开　　本	16	
字　　数	400 千字	
印　　张	17.75	
印　　数	1-500 册	
版　　次	2021 年 6 月第 1 版	
印　　次	2021 年 6 月第 1 次印刷	
出　　版	吉林科学技术出版社	
发　　行	吉林科学技术出版社	
地　　址	长春净月高新区福祉大路 5788 号出版大厦 A 座	
邮　　编	130118	
发行部电话/传真	0431—81629529　　81629530　　81629531	
	81629532　　81629533　　81629534	
储运部电话	0431—86059116	
编辑部电话	0431—81629520	
印　　刷	北京宝莲鸿图科技有限公司	
书　　号	ISBN 978-7-5578-7571-8	
定　　价	75.00 元	

前　言

　　机电安装工程技术涉及很多技术、工艺、知识等，而且机电安装工程施工技术影响着工程的施工质量，因此，机电安装工程的质量直接影响着整个工程项目的质量。新时期背景下，现代化城市建设速度明显加快，交通问题也逐渐突显出来。人们生活质量不断改善的同时，也逐渐提高对于居住环境与生活环境的要求，特别是出行交通环境。

　　交通机电安装工程在我国交通行业建设发展中占据关键地位，有必要给予高度重视。只有提高交通机电安装工程质量，才能够为机电工程施工效益的提升奠定坚实的基础，使人们的交通出行更加便捷，为交通事业的可持续发展提供保障。由此可见，深入研究并分析交通机电安装工程施工过程中的质量控制具有一定的现实意义。本书系统介绍了目前广泛应用的交通运输体系中的机电安装技术，为今后的工作奠定理论基础。

目　录

第一章　机电工程安装

第一节　机电安装概述

一、机电产品的概念

机电产品是指使用机械、电气、电子设备所生产的各类农具机械、电气、电子性能的生产设备和生活用机具。一般包括机械设备、电气设备、交通运输工具、电子产品、电器产品、仪器仪表、金属制品等及其零部件、元器件。

二、机电安装承包企业资质等级及承包范围

（一）机电设备安装工程

机电设备安装工程专业承包企业资质分为一、二、三级。

1. 一级企业

可承担各类一般工业和公共、民用建设项目的设备、线路、管道的安装，35kV 及以下变配电站工程，非标准钢构件的制作、安装。

2. 二级企业

可承担投资额 1500 万元及以下的一般工业和公共、民用建设项目的设备、线路、管道的安装，10kV 及以下变配电站工程，非标准钢构件的制作、安装。

3. 三级企业

可承担投资额 800 万元及以下的一般工业和公共、民用建设项目的设备、线路、管道的安装，非标准钢构件的制作、安装。

工程内容包括锅炉、通风空调、制冷、电气、仪表、电机、压缩机机组和广播、电影、电视播控等设备。

（二）起重设备安装工程

起重设备安装工程专业承包企业资质分为一级、二级、三级。

1. 一级企业

可承担各类起重设备的安装与拆卸。

2. 二级企业

可承担单项合同额不超过企业注册资本金 5 倍的 1000kN·m 及以下塔吊等起重设备、120t 及以下起重机和龙门吊的安装与拆卸。

3. 三级企业

可承担单项合同额不超过企业注册资本金 5 倍的 800kN·m 及以下塔吊等起重设备、60t 及以下起重机和龙门吊的安装与拆卸。

（三）电梯安装工程

电梯安装工程专业承包企业资质分为一级、二级。

1. 一级企业

可承担各类型电梯的安装及维修工程。

2. 二级企业

可承担单项合同额不超过企业注册资本金 5 倍，速度为 2.5m/s 及以下电梯的安装及维修工程。

（四）冶炼机电设备安装工程

冶炼机电设备安装工程专业承包企业资质分为一级、二级。

1. 一级企业

可承担各类冶炼机电设备的安装工程。

2. 二级企业

可承担单项合同额不超过企业注册资本金 5 倍的下列冶炼机电设备的安装工程：

（1）年产 25 万吨及以下炼钢、连铸、轧钢工程。

（2）年产 50 万吨及以下炼铁工程，90m² 及以下烧结工程。

（3）年产 40 万吨及以下炼焦工程。

（4）小时制氧 6000m³ 及以下制氧工程。

（5）年产 30 万吨及以下氧化铝工程，10 万吨及以下铜、铝、铅、锌、镍等有色金属冶炼、电解工程，3 万吨及以下的有色金属加工工程。

（6）日产 2000 吨及以下水泥工程。

（7）日产 2000 吨及以下水泥预热系统钢结构的制作安装工程和同等规模自动化控制系统的安装调试工程。

（8）日熔量 400 吨及以下浮法玻璃工程。

（五）电力工程

电力工程施工总承包企业资质分为特级、一级、二级、三级。

1. 特级企业

可承担各种类型的火电厂（含燃煤、燃气、燃油）、风力电站、太阳能电站、核电站及辅助生产设施；各种电压等级的送电线路和变电站整体工程施工总承包。

2. 一级企业

可承担单项合同额不超过企业注册资本金 5 倍的各种类型火电厂（含燃煤、燃气、燃油）、风力电站、太阳能电站、核电站及辅助生产设施；各种电压等级的送电线路和变电站整体工程施工总承包。

3. 二级企业

可承担单项合同额不超过企业注册资本金 5 倍的单机容量 20 万千瓦及以下的机组整体工程、220kV 及以下送电线路及相同电压等级的变电站整体工程施工总承包。

4. 三级企业

可承担单项合同额不超过企业注册资本金 5 倍的单机容量 10 万千瓦及以下的机组整体工程、110kV 及以下送电线路及相同电压等级的变电站整体工程施工总承包。

电力工程包括火电站、核电站、风力电站、太阳能电站工程，送变电工程。根据企业施工业绩，对承包工程范围加以相应限制。

（六）送变电工程

送变电工程专业承包企业资质分为一级、二级、三级。

1. 一级企业

可承担各种电压等级的送电线路（含电缆工程）和变电站工程的施工。

2. 二级企业

可承担单项合同额不超过企业注册资本金 5 倍的 220kV 及以下送电线路（含电缆工程）和同电压等级变电站工程的施工。

3. 三级企业

可承担单项合同额不超过企业注册资本金 5 倍的 110kV 及以下送电线路（含电缆工程）和同电压等级变电站工程的施工。

（七）炉窑工程

炉窑工程专业承包企业资质分为一级、二级。

1. 一级企业

可承担各类炉窑工程的施工。

2. 二级企业

可承担下列炉窑砌筑工程的施工：

（1）年产 40 万吨及以下炼铁高炉系统砌筑工程。

（2）年产 30 万吨及以下焦炉砌筑工程。

（3）90吨及以下电炉、转炉或600吨及以下混铁炉砌筑工程。

（4）年产30万吨及以下钢材轧钢加热炉砌筑工程。

（5）年产2万吨及以下有色金属冶炼或32室及以下碳素焙烧炉砌筑工程。

（6）年产70万吨及以下水泥回转窑、预热器或400吨/日及以下玻璃窑砌筑工程。

（7）单位工程砌筑或浇注各种耐火材料实物量800吨及以下的其他炉窑砌筑工程。

（八）管道工程

管道工程专业承包企业资质分为一级、二级、三级。

1. 一级企业

可承担各类管道工程及其配套工程的施工。

2. 二级企业

可承担直径1.6m及以下混凝土管道和直径250mm及以下其他各类管道工程；80m及以下管道穿、跨越工程；2万立方米及以下储罐制作、安装工程。

3. 三级企业

可承担直径1.4m及以下混凝土管道和直径150mm及以下其他管道工程；50m及以下管道穿、跨越工程；1万立方米及以下储罐制作、安装工程。

管道工程内容包括输送原油、成品油、天然气、燃气、热力、矿浆、灰浆、输水、供水、排水等各类介质的钢管道、铸铁管道、玻璃钢管道、混凝土管道等管道的制作与安装，以及与其配套的站场工程。

管道机械设备主要指吊管机、弯管机、内对口器、水平钻孔机及高、中压试压设备；1.2m以上混凝土管道机械施工设备主要指16t以上自行式起重机、挖掘机。

送变电工程根据企业施工业绩，对承包工程范围加以相应限制。

三、机电安装工程的作用及特点

（一）经历的周期比较长

在机电安装工程施工的过程当中，涉及设备的采购、安装、调试、运行等各方面的工作，直到满足相关的标准要求为止。

（二）施工人员素质要求高

机电安装工程所涉及的面非常的广，需要施工人员具备全面的专业知识。

（三）技术要求高

在机电安装的过程当中，"高、精、尖、难"和采用"四新"（新技术、新工艺、新材料、新标准）及引进国外先进技术的情况十分普遍。

（四）协调管理工作多

机电安装工程所涉及专业非常多，需要频繁的和土建、监理、咨询单位及消防等政府有关部门进行大量的协调工作。

第二节　机电安装施工要点及难点

一、机电安装施工要点

（一）机电安装中的施工技术要点

1. 低压配电箱的安装技术

在机电安装工程中，低压配电箱要保持在平稳的环境中，显示分配装置的标识，配电箱的盘面涂层油漆，保证光滑并满足对环境保护的相关规定。

在具体的安装过程中，应该满足以下技术要求：配电箱要配备同型号的配电板，下面的箱底板上不能安装任何电器。如果施工过程中，配置的是木质材料的配电箱，当开关电器的电流出现大于 30A 的动力盘或大于 60A 的照明盘时，为保证配电箱的安全使用，在配电箱外需围加装一层铁包皮。

在易燃场地的配电盘和用于多次操作使用的照明盘，也要增加一层铁包皮；安装墙上显眼处的配电盘，应保证盘底和地面的距离大于1.2m；在配电盘的上方与地面相距1.8m处安装电表。

在低压配电箱上安装的母线，要根据施工要求涂上红黄绿三种颜色；在用电过程中，为了防止出现事故，都会在配电盘上安装漏电保护装置。对于建筑表面的配电器要安装防雨设备。对公共场所的配电箱，要上锁，保护配电器和行人的安全。

2. 电力拖动系统技术的安装与调试

在机电安装工程施工中，电力拖动系统主要包含电动机、测速发电机、转差离合器三部分，其主要的接线方式包含两部分，一种异步电动机一端和转差离合器的基座联系的是JZT 调速电动机接线，这种接线使成为一个完整的结构；另一种接线方式是 JZTT 系列调速电动机接线，把转差离合器和电动机装在同一个基座内。电力拖动系统接线完成后，对系统的调试非常重要。电力拖动系统的调试可以分为四个节点，即准备阶段、试运行阶段、启动和调速阶段、停止运行阶段。

在对系统调试前的准备应该根据调速电动机上显示的各种数据依次检查，查看调速机的设置和使用是否与规定相一致。离合器的进风口和出风口是否通畅。调速电动机型号、接线方式、电源电压、频率等是否符合要求。对调速电动机机座的稳定性进行检查。配电变压器的安装方式是柱式安装，台架的安装距离地面 2.7m，通过槽钢固定在电杆上。配电变压器安装在槽钢中，为防止配电变压器的脱落，会在槽钢的底部放枕木。在槽钢部位悬挂指示标语，保证人员安全。

3. 机械设备与机电系统的安装技术

在机电安装工程施工中，机械设备的安装技术作为基础，通常包含了通用机械设备、专用机械设备和标准机械设备三类，安装之前，对设备器件进行检查是必不可少的，确定种类数量的完整，对机械设备的安装进行定位，做好基础放线工作。对安装设备的精度做好固定，最后对安装完成的设备的性能进行检测，确保各项设备能够顺利运转。

机械设备的安装是机电安装工程的基础，机电系统的安装是工程施工的关键，对机电设备的运行状态具有较大的影响作用。机电系统的安装要严格按安装规范进行。安装完毕后，对系统进行调试。调试之前先对机电设备所涉及的各项数据实施检查核对，评估机电设备运行环境的稳定性。对机电系统试运行阶段，应该重点检查对供电压是否和机电设备的正常运行保持一致，检查机电系统中的设备是否正常工作。

（二）机电安装的施工管理要点

机电安装工程施工技术管理包含施工方案、技术、设计和质量控制。在机电安装工程施工中，施工技术和施工环境具有其自身的特点。这要求施工人员要根据特点特性和实际作业环境安排，保证工程施工符合国家质量要求标准和规范。施工方案是对建筑工程施工的指导性文件，在施工方案中，包含施工方法、技术、设备、人力等。施工技术不仅仅要满足施工现场的要求，也要在施工场地和施工程序中进行安排。一般为了满足大型设备能够顺利进入施工现场，施工场地要保持平整，做到施工现场每道工序的实施都按照工期进行。

1. 在保证先进施工技术正确使用的前提下，在机电安装工程施工前，根据施工现场的地质、气候条件，对水管、供电、供暖等设备采取防护措施。

2. 对进场设备进行检查，审核机电安装工程的施工设计图纸和施工方案。

3. 施工人员和管理人员素质也是制约工程质量的因素，施工单位要筹建优秀的施工团队，施工前进行岗前培训，让施工人员对机电安装施工有全面的了解。

4. 对施工队伍进行技术交底，责任落实到个人。

5. 材料设备的购买，在保证质量的前提下，要符合节约成本的目的，选择物美价廉的产品，保证施工方的经济效益。

二、机电安装施工难点

结合机电安装工程施工开展的实际情况，由于该工程施工多属于高空作业，并且安装施工的工作量比较大，再加上施工管理的内容风险较大、施工安装设备数量较多、复杂程度与专业要求均比较高等，导致其在安装施工中的技术难点比较突出，对机电安装工程施工技术与质量控制造成的影响相对较大。

（一）机电安装是工程施工的重要组成部分

一般情况下，施工开展多与其他工程的施工呈相互交叉进行，需要确保施工过程中各项作业与施工操作具有较高的协调性，尤其是在进行公共区域的施工操作中，不仅需要实现施工技术节点的协调统一，而且需要满足施工条件的相互协调，进而才能够确保工程质量与效果的相统一、完善，一旦某一环节出现问题，都将增加施工技术与质量控制的风险，进而引起各种工程问题发生，十分不利。

（二）机电安装施工中对于设备保护的要求也比较高

由于所涉及的设备数量以及类型较多，复杂性与专业性要求均比较高，在一定程度上增加了机电安装施工作业及管理的难度，只有从机电安装的设备以及项目审批等各个环节加强控制，进而才能够对设备安装以及施工保护的各项需求进行满足，确保安装施工的质量和效益。

（三）施工技术与质量控制

作为机电安装工程控制管理的一部分，由于其管理范围以及所涉及的专业领域较为广泛，在一定程度上也增加了机电安装工程控制与管理的难点。比如，机电安装施工中，根据排水以及消防，电梯或者是强、弱电施工不同，每个工程自身具有一定的系统性，而在机电安装施工中又要实现不同系统点之间的协调统一，形成以机电安装施工为主的系统化工程施工与管理体系，因此，就导致其施工与管理的难度增加。

（四）机电安装施工本身的难度就比较高

与其他施工情况不同，机电安装施工的作业场地一般比较狭小，再加上安装调试的工作难度较大，导致其安装施工的难度也相应增加。尤其是在进行一些大型工程项目施工中，需要通过吊装施工等辅助作业方式，并且在施工中还要保护好设备，同时对设备安装使用的要求较高，导致其在施工中，确定相应的施工方案基础上，还需要通过模拟来确保施工顺利开展，以提高施工操作的质量和效率，难度相对突出。

第三节　机电安装常用技术

一、管线综合布置技术

（一）主要技术内容

管线综合布置技术是依靠计算机辅助制图手段，在施工前模拟机电安装工程施工完后的管线排布情况。即在未施工前先根据所施工的图纸在计算机上进行图纸"预装配"，有条件的可以采用 3D（三维图）直观地反映出设计图纸上的问题，尤其是在施工中各专业之间设备管线的位置冲突和标高重叠。

根据模拟结果，结合原有设计图纸的规格和走向，进行综合考虑后再对施工图纸进行深化，达到实际施工图纸深度。应用"管线综合布置技术"极大缓解了在机电安装工程中存在的各种专业管线安装标高重叠，位置冲突的问题。不仅可以控制各专业和分包的施工工序，减少返工，还可以控制工程的施工质量与成本。

（二）技术特点

1. 快速完善施工详图设计和节点

设计"管线综合布置技术"各专业的施工单位和人员提前熟悉图纸，通过提前审图这一过程，使施工人员了解设计的意图，掌握管道内的传输介质及特点，弄清管道的材质、直径或截面大小、强电线缆与线槽（架、管）的规格、型号、弱电系统的敷设要求，清晰各楼层净高、管线安装辐射的位置和有吊顶时能够使用的宽度及高度、管道井的平面位置及尺寸，特别是风管截面尺寸及位置、保温管道间距要求、无压管道坡度、强弱电桥架的间距等。

2. 控制各专业或各分包的施工工序管线

综合布置技术在未施工前，先根据所要施工的图纸进行图纸"预装配"，通过"预装配"的过程就把各个专业未来施工中的交汇问题全部暴露出来。提前解决这些问题，为将来施工中安排施工工序打下良好基础，因此，可合理安排整个工程各专业或各分包的施工穿插及顺序。

3. 预先核算计算，应用综合支吊架

综合支吊架的最大的优点是不同专业的管线使用一个综合支架，减少支架的使用，合理利用了空间，同时降低了成本。只有采用管线综合布置技术才能更好地进行综合支架的选择和计算。

4. 施工动态控制

由于图纸制作、处理、审核全在现场，使与机电工程有关的管理及施工人员（包括甲方、监理、总包、劳务分包等），均通过图纸对所涉及的专业内容（各专业图纸的综合图、机电样板的汇总报审图、与土建的交接图、方案附图、洽商附图、报验图及工程管理用图等）进行管理调整，及时掌握变更的状况。

（三）适用范围

适用于多专业或多分包单位施工的建筑机电安装工程管理，尤其适用于机电工程总承包管理。同时，也适用于市政工程中的道路桥梁的配套管线工程。

二、风管加工技术

（一）主要技术内容

金属矩形风管薄钢板法兰风管制作、安装技术与传统角钢法兰连接技术相比，具有工艺先进、产品质量稳定，制作、安装生产效率高，成型质量好，操作人员工种少（省去焊接、油漆工种），减少环境污染，降低操作劳动强度，缩短施工周期，加快工程建设进度等特点。

金属矩形风管薄钢板法兰连接技术，根据加工形式的不同有所区别：法兰与风管管壁为一体的形式，称之为"共板法兰风管""无法兰风管"或叫"TDC法兰风管"。另一种则是"组合式法兰"风管（又称之为TDF法兰），其薄钢板法兰用专用组合法兰机制做成法兰的形式，根据风管长度下料后，插入制作好的风管管壁端部，再用铆（压）接连为一体。

薄钢板法兰风管有两种构造形式：经过专用机械加工风管与法兰同为一体及采用镀锌板制作的法兰条与风管本体采用铆接形成的风管。第二种是第一种的补充和加强形式，风管间的连接采用弹簧夹式、插接式或顶丝卡紧固等方式。薄钢板法兰风管的制作，可采用单机设备分工序完成风管制作，也可采用在计算机控制下，通过自动生产线将材料类型选择、剪切下料、风管板面连接形式及法兰成形、折方等工序顺序自动完成。

直风管自动化流水线使用镀锌板卷材，根据风管需要连续进行管材下料到半成品加工完成，全部工序只需30s即可完成。异形风管可采用数控等离子切割设备下料，工序简单、操作时间短，下料准确。设备的配套使用实现了直风管加工和风管配件下料的自动化。

（二）技术指标

金属矩形风管薄钢板法兰连接技术的技术指标应符合国家标准《通风与空调工程施工质量验收规范》GB50243，《通风管道技术规程》JGJ141以及《薄钢板法兰风管制作与安装》07K133中的有关规定。

（三）适用范围

适用于工作压力不大于 1500Pa 的通风及空调系统中风管长边尺寸不大于 2000mm 的金属矩形风管的制作连接。

（四）已应用典型工程

上海金茂大厦、北京东方广场、北京中国银行大厦、首都博物馆、中国大剧院变风量系统是一种通过改变进入空调区域的送风量来适应区域内负荷变化的全空气空调系统，主要用于办公和其他商用建筑的舒适性空调。

变风量空调系统运行成功与否，取决于空调系统设计是否合理、变风量末端装置的性能优劣以及控制系统的整定和调试。其中合理的系统设计是基础，末端装置的性能优劣是关键，控制系统调试是重点难点。

三、变风量空调技术

（一）主要技术内容

变风量空调系统基本构成变风量空调系统有各种类型，它们均由四个基本部分构成：变风量末端装置、空气处理及输送设备、风管系统及自动控制系统。

（二）技术特点

变风量空调系统融合了定风量系统与风机盘管系统的优点，又克服了它们各自的不足，形成其独特的优势。

（三）全空气变风量空调系统优点

1. 区域温度可控，所采用的比例调节方式的控制质量优于风机盘管机组的双位调节，所采用的风量调节方法的节能性也远胜于定风量系统的再热调节方法。

2. 部分负荷时，采用变频装置调节风机转速，大大降低了风机能耗。

3. 保持定风量空调系统空气过滤效率高、室内空气品质好、室内相对湿度低、热舒适性好的特点；通过改变新风比还可利用室外低温新风进行自然冷却，并可实现低温送风。

4. 系统可以无水管进入空调区域。减少系统泄露可能性，提高系统使用、维护的安全性。

（四）全空气变风量空调系统缺点

1. 因大量使用变风量末端装置及其控制设备，一次性投资较大。

2. 风量调节时，区域内新风量分配可能会不均匀。

3. 末端装置内置风机和调节风阀可能会产生噪声。

4. 设计、施工、管理较复杂。

5. 末端装置较小风量时室内气流分布状况较差。

（五）适用范围

变风量空调系统适用于负荷变化较大的建筑物、多区域控制的建筑物及公用回风通道的建筑物。

四、非金属复合板风管施工技术

（一）主要技术内容

按复合板材质的不同，非金属复合板风管主要有机制玻镁复合板风管、聚氨酯复合板风管、酚醛复合板风管、玻纤复合板风管。

机制玻镁复合板风管是以玻璃纤维为增强材料，氯氧镁水泥为胶凝材料，中间复合绝热材料或不燃轻质结构材料，采用机械化生产工艺制成三层（多层）结构的机制玻镁复合板。在施工现场或工厂内切割成上、下、左、右四块单板，用专用无机胶结剂组合粘接工艺制作成通风管道。

酚醛铝箔复合板风管与聚氨酯铝箔复合板风管同属于双面铝箔泡沫类风管，风管内外表面覆贴铝箔，中间层为聚氨酯或酚醛泡沫绝热材料。

玻纤复合板风管是以玻璃棉板为基材，外表面复合一层玻璃纤维布复合铝箔（或采用铝箔与玻纤布及阻燃牛皮纸复合而成），内表面复合一层玻纤布（或覆盖一层树脂涂料）而制成的玻纤复合板为材料，经切割、黏合、胶带密封和加固制成的通风管道。

复合板板材的制作均采用机械化生产工艺一次成型复合制成。生产效率高，板材质量得到有效保证。复合板风管具有外观美观、重量轻、施工方便、效率高、漏风小、不需要外保温的特点，一般在现场制作，以避免损坏。

（二）技术指标

非金属复合板风管制作安装均应符合国家有关的规范、规程：《通风与空调工程施工质量验收规范》GB50243、《通风管道技术规程》JGJ141、《非金属及复合风管》JG/T258、《复合玻纤板风管》JC/T591、《机制玻镁复合板风管制作与安装》09CK134。

（三）适用范围

1. 按中间复合绝热材料或不燃轻质结构材料的不同，机制玻镁复合板风管适用于工业与民用建筑中工作压力 ≤ 3000Pa 的通风、空调、洁净及防排烟中的风管。

2. 聚氨酯复合板风管适用于工作压力 ≤ 2000Pa 的空调系统、洁净系统及潮湿环境。

3. 酚醛复合板风管适用于工作压力 ≤ 2000Pa 的空调系统及潮湿环境。

4. 玻纤复合板风管适用于工作压力 ≤ 1000Pa 的下的空调通风管道系统。

五、大管道闭式循环冲洗技术

管道在施工过程中，管道内难免落进砂、砾石、砖块、电焊条、电焊渣等杂物，残存在管道内壁的底层，而管道内壁因氧化、腐蚀而残存在管道壁面的氧化铁皮等，在管网投入运行前，必须将这些杂质清除掉，而即环保又节能的方法就是采用闭式循环冲洗法，能够清除掉管内一切杂物。

（一）主要技术内容

1. 闭式循环冲洗管道的原理利用水在管内流动的动力和紊流的涡旋及水对杂物的浮力，迫使管内杂质在流体中悬浮、移动，从而使杂质随流体带出管内或沉积于除污短管内清除掉。这种向管内注水，脏水循环、排掉；再换水，清水循环、排掉；再换水，净水循环，再排掉等循环过程称为闭式循环冲洗。

2. 严格计算选择杂质的悬浮速度、启动速度和移动速度，最终确定冲洗速度。

3. 设计冲洗系统主管、支管及连通管，计算冲洗长度，在冲洗长度处按设除污短管，便于冲洗时沉积杂物。

4. 根据管网各项技术参数，计算系统能量损耗。

5. 最终确定冲洗速度、最大冲洗长度和冲洗用水泵及设备。一般选择 1m/s 速度冲洗最经济。

6. 连通安装冲洗系统。

（二）技术指标

冲洗最终质量，应按设计要求标准执行，无设计要求时，应按《城镇直埋供热管道工程技术规程》CJJ/T81 规定。

（三）适用范围

闭式循环冲洗技术，适用城市供热管网，供水管网和一切可用水冲洗管道的工业、民用管网的冲洗。

六、薄壁不锈钢管道新型连接技术

给水管道中，取代镀锌钢管和塑料管道的薄壁不锈钢管道和薄壁铜管的应用已越来越广泛，连接方式也越来越多，除焊接和粘接以外，机械密封式连接的种类最多。因机械密封式连接无套丝作业、无焊接施工、无粘接作业，污染少，连接快速简便，发展前景好。

（一）主要技术内容

1. 铜管接卸密封式连接

（1）卡套式连接

是一种较为简便的施工方式，操作简单，掌握方便，是施工中常见的连接方式，连接时只要管子切口的端面能与管子轴线保持垂直，并将切口处毛刺清理干净，管件装配时卡环的位置正确，并将螺母旋紧，就能实现铜管的严密连接，主要适用于管径 50mm 以下的半硬铜管的连接。

（2）插接式连接

是一种最简便的施工方法，只要将切口的端面能与管子轴线保持垂直并去除毛刺的管子、用力插入管件到底即可，此种连接方法是靠专用管件中的不锈钢夹固圈将钢壁禁锢在管件内，利用管件内与铜管外壁紧密配合的"O"型橡胶圈来实施密封。主要适用于管径 25mm 以下的铜管的连接。

（3）压接式连接

是一种较为先进的施工方式，操作也较简单，但需配备专用且规格齐全的压接机械。连接时管子的切口端面与管子轴线保持垂直，并去除管子的毛刺，然后将管子插入管件到底，再用压接机械将铜管与管件压接成一体。此种连接方法是利用管件凸缘内的橡胶圈来实施密封。主要适用于管径 50mm 以下的铜管的连接。

2. 薄壁不锈钢管机械密封式连接

（1）卡压式连接

配管插入管件承口（承口"U"形槽内带有橡胶密封圈）后，用专用卡压工具压紧管口形成六角型而起密封和紧固作用的连接方式。

（2）卡凸式螺母型连接

以专用扩管工具在薄壁不锈钢管端的适当位置，由内壁向外（径向）辊压使管子形成一道凸缘环，然后将带锥台形三元乙丙密封圈的管插进带有承插口的管件中，拧紧锁紧螺母时，靠凸缘环推进压缩三元乙丙密封圈而起密封作用。

（3）环压式连接

环压连接是一种永久性机械连接，将套好密封圈的管材插入管件内，使用专用工具对管件与管材的连接部位施加足够大的径向压力使管件、管材发生形变，并使管件密封部位形成一个封闭的密封腔，再进一步压缩密封腔的容积，使密封材料充分填充整个密封腔，从而实现密封。同时，将管件嵌入管材使管材与管件牢固连接。

（二）技术指标

应按设计要求的标准执行；无设计要求时，按《建筑给水排水及采暖工程施工质量验收规范》GB50242 执行。

（三）适用范围

可以广泛地应用于给水、热水、饮用水、排水采暖等管道系统中。

七、管道工厂化预制技术

现代建筑机电安装正朝着工厂化和装配化方向发展，其基本特点是将全部工作分为预制和装配两个部分。工厂化预制的优越性在于既不受天气影响，也不受土建和设备安装条件的限制，待现场条件具备时，即可将预制好的管段及组合件运至现场进行安装。这对于缩短施工周期，加快施工进度，减少高空作业和高空作业辅助设施的架设，保证施工质量和安全，提高技术水平和平衡施工力量等都具有十分重要的意义。

（一）主要技术内容

1. 民用建筑管道工厂化预制的内容

主要有图纸深化、现场测量、绘制单线图、绘制加工图、备料、划线、下料、加工、组装、检验、编号、分期分批运至安装现场。

2. 工厂化预制

主要有深化设计、材料供应、预制加工、运输配送、现场安装，以及辅助并穿插在全过程中的质量控制和安全监控等几项工作。

（1）深化设计

以设计院提供的设计图纸为依据，按照国家法律、法规和标准规范的规定，进行深化设计，并在取得现场工程师认可后，绘制预制加工图。

（2）材料供应

验收按照业主或招标文件要求，与现场测绘，同时选择合格的、符合业主或招标文件要求的合格供应厂商，及时收集资料及时送审，经确认后及时订货。

（3）预制加工

管段加工图经确认后，交付给预制加工厂，由其按图进行加工。预制加工过程中，质量检验人员依据国家规范、设计要求、施工深化图以及预制加工图，对加工后的成品和半成品及时进行质量检验。

（4）运输配送

根据施工进度计划，组织、协调现场分送、吊运准备工作，并踏勘预制组装件现场安装部位，配备必要的起重设备或协调现场原有的起重设备。

（5）现场安装

根据进度计划将加工基地配送到现场的预制管线，按施工图进行合理地分配、排列，并根据规范要求先行制作支吊架，再将半成品管线安装到位。

（二）技术指标

1. 加工图要点

（1）准确性

应严格按照施工深化图、单线图以及现场实测尺寸绘制。

（2）简要性

图纸要清晰、明确，分段合理（由主到次，由大到小，由系统到楼层依次拆分）。

（3）加工管段

管段编号、配件编号、口径标注、尺寸标注要逐一对应，不得混乱。所生成的材料明细表应与加工图一一对应，一目了然。

（4）可追溯性

加工图审定后，应存档，对有修改的部分，应重新绘制加工图修改版，并再次存档备查。

2. 预制加工场配备说明

预制加工基地尽可能选择在施工现场附近，加工基地一般设置有生活区、加工区、仓库区和办公区，各区域面积根据工程规模、类别、预制加工量而定。

（三）适用范围

本技术适用于大、中型民用建筑工程、工业工程、石油化工工程的管道安装。

第二章　公路机电安装与运行

第一节　高速公路机电系统的组成

高速公路机电系统主要包括：通信系统、监控系统、收费系统、供配电系统、照明系统、通风系统等。

一、通信系统

高速公路通信系统主要为高速公路语音、数据、视频等业务提供传输通道，一般包括以下子系统。

（一）光纤数字传输系统

为高速公路沿线设施之间的话务通信以及监控、收费系统的数据、图像等非话业务提供传输通道，并为全省及省际干线组网提供传输通道。光纤数字传输系统目前普遍采用新一代 SDH 系统 MSTP（多业务传送平台）传输系统和综合业务接入网相结合的方案。主要接口为以太网接口、音频接口和低速数据接口。

（二）数字程控交换系统

为高速公路沿线管理部门之间提供业务电话、指令电话和传真，同时也可实现高速公路电话专网与电信公网的互联。交换设备一般设在分中心或管理处，各收费站、服务区、养护工区等通过综合接入设备与分中心交换机连接。

（三）视频会议系统

省交通厅设主会场，分中心或管理处设分会场，各会议室设会议终端设备，由视频会议控制单元（MCU）设备、视频会议终端设备（终端设备、摄像机、麦克风、显示设备）、管理服务器及管理软件构成。

（四）光电缆系统

光缆主要用于通信传输、视频监控传输等，电缆主要用于收费站、服务区语音业务。

（五）通信电源系统

一般由交流配电设备、高频开关电源、UPS 等设备构成。

二、监控系统

高速公路监控系统主要为高速公路的运行、道路安全等提供监视与控制管理功能，指导车辆通行，根据道路状况，制定科学合理的通行方案，确保高速公路的安全运行。

（一）系统构成由省监控中心、监控分中心、监控所及外场设备构成

1. 监控中心及监控分中心设备

包括闭路电视监视设备、液晶屏拼接系统、综合控制台、紧急电话隧道广播控制台、计算机系统硬件及软件的开发和实现等。

2. 监控所设备

包括闭路电视监视设备、综合控制台、紧急电话隧道广播控制台、计算机系统硬件及软件的开发和实现等。

3. 外场设备

分为主线设备和隧道设备两部分。

（1）主线设备

包括车辆检测器（分别采用线圈、视频、微波类型检测器）、能见度及路面状态检测器、遥控摄像机、F 型可变情报板、门架式情报板。

（2）隧道设备

包括检测器、遥控摄像机、固定摄像机、小型可变情报板、交通信号灯、车道指示器、横洞指示标志、火灾报警设备、一氧化碳/能见度检测器、风速风向检测器、亮度检测器、本地控制器等。

（二）监控系统的子系统

1. 交通监控子系统

包括交通检测和交通信号控制两部分组成。

交通检测通过各类检测器检测交通量、平均车速、占有率、车头时距等交通参数，道路及隧道环境参数等，并在发生异常情况及时控制和疏导交通，保障行车安全和交通畅通。

交通信号控制主要是用于协助交通疏导、给司机提供信息，以保证道路畅通。

2. 闭路电视监视子系统

用以直观地、及时地观测隧道内外交通运行情况和事故现场，为救灾排险提供第一手信息。在全线互通、停车区、服务区、避险车道设置遥控摄像机，用于这些特殊路段的交通流、路况以及运行秩序的视频监视。

3. 隧道通风控制子系统

由于隧道内汽车排放的废气、行驶时带起路面上的烟气和粉尘不易扩散，对人体非常有害，也影响行车安全，因此，隧道内保持良好的空气是行车安全的必要条件。

通风控制子系统通过隧道内一氧化碳浓度和能见度高低、风速风向、交通量数据对风机进行自动控制和实现节能。通风控制分为自动控制和手动控制两种方式，自动控制方式优先。系统中带有火灾发生后排烟控制方案提示，经人工修正后可以对风机实行控制，也可以进行人工控制。

通风控制子系统对通风的控制原则应遵照国家或国际有关标准和规定，保持隧道内环境指标在标准范围内。系统应可反馈一氧化碳/能见度检测器、风速风向检测器、风机设备的工作状态。

4. 隧道照明控制子系统

由于隧道内、外的亮度差别较大，因此司机在进出隧道时会产生种种特殊的视觉问题，因此如何减少这种亮度差别带来的影响是隧道照明控制子系统的一个重要目标。隧道照明有人工、自动（本地）、远程控制（人工/自动）三种方式，并应按晴天、阴天、黄昏、凌晨、夜间、深夜等不同情况照度分级进行控制，以减少"黑洞效应"并实现节能。根据亮度检测器检测到的洞内外照度来控制隧道入口段、出口段及基本段的照明，以保证行车安全。

5. 消防监测子系统

消防监测子系统可对消防系统高低位水池的水位信号和消防泵启停信号进行远程检测，并对消防泵启停进行远程控制。

6. 火灾自动报警子系统

火灾报警子系统用于隧道内发生火灾时，发出紧急信号，迅速通告监控分中心（所），请求灭火、救援等活动。报警方式有手动报警按钮和火灾自动探测器两种。设计对沿线的监控等级为 B 级以上的隧道设置火灾报警系统。在隧道的变电所监控设备室内各设置火灾报警控制器和光栅信号处理器用于采集手动和自动报警信号，隧道内按每 50m 一套设置手动报警按钮，隧道全线顶部设置光纤光栅火灾自动探测器，在每个隧道变电所低压室设置 1 套手动报警按钮和烟感式火灾自动探测器。

7. 电力监控子系统

主要对供配电设备的运行状态进行监测和控制，一般由供配电系统负责。

8. 紧急电话子系统

为高速公路上驾驶员提供一个直接呼救求援的专用通信系统。

9. 业务电话子系统

一般由程控交换机的热线电话方式来实现。

10. 有线广播子系统

用于在发生紧急情况时，进行紧急情况的通知。主要包括监控管理所紧急电话隧道广播控制台（与紧急电话子系统合设）、广播系统外场设备以及传输通道构成。

三、收费系统

高速公路收费管理体制一般采用三级管理模式，即省收费结算中心—收费分中心—收费站。收费系统需要满足以下要求：

（1）通过现代化的监测、管理手段，确保收费系统准确、可靠，记录统计简捷，并能提高工效，防止可能来自各个方面的财务漏洞。

（2）避免由于收费系统的建立，导致交通障碍以及造成不必要的交通延误。

（3）根据车辆类型和行驶里程对使用该高速公路的所有车辆正确地判别与收费。

（4）所有的收费登记全部入账，所有的登记记录必须完整、准确。所有的报表应准确、及时，满足收费和交通管理方面的要求。所有免费车的收费处理单独记录。

（5）系统具备高可靠性，具有防止人为（有意或无意）和自然事故损害系统的能力。

（6）系统具备后备功能，局部故障不会影响其他部分的正常工作。

（7）系统有严密的数据安全体系，保证收费数据传输、存储安全完整。

（8）收费系统由车道收费控制子系统、计算机子系统、视音频监控子系统、内部对讲子系统、紧急报警子系统、光电缆工程及附属设施等构成。

1. **车道收费控制子系统**

入口车道收费控制子系统包括收费员终端、车道控制机、非接触 IC 卡读写器、雨棚信号灯、自动发卡机、手动栏杆、自动栏杆、通行信号灯、雾灯、车辆检测器、车牌识别仪及必需的附属设备等。

出口车道收费控制子系统包括收费员终端、车道控制机、票据打印机、非接触 IC 卡读写器、雨棚信号灯、手动栏杆、自动栏杆、通行信号灯、雾灯、费额显示器、车辆检测器、车牌识别仪、低速计重设备及必需的附属设备等。

ETC 车道设备包括车道控制机，收费终端，声光报警器，费额显示器，微波链路，路测读写控制器（RSU），自动栏杆机，雨棚信号灯，雾灯，通行信号灯，车道摄像机，视频数据叠加器，光端机等。

2. **计算机子系统**

计算机硬件设备包括收费站和收费分中心计算机系统的服务器、工作站、以太网交换机、各类非接触 IC 卡、非接触式 IC 卡读写器、激光打印机、DVD 刻录机等。

收费系统软件包括操作系统、数据库管理系统、收费应用软件以及完成系统功能的全部应用软件等。

3. **视音频监控子系统**

包括外场设备、收费监视控制设备和传输设备三部分。

（1）外场设备主要有广场摄像机、车道摄像机、收费亭摄像机、票管室摄像机、视频数据叠加器等。

（2）收费站监视控制存储设备主要包括视音频矩阵、硬盘录像机等。

（3）传输设备主要有光端机。

4. 内部对讲子系统

包括主机和分机，主机设在收费站机房内，分机设在收费亭内，该系统为收费站值班员与收费员提供直接的语音通信。

5. 紧急报警子系统

紧急报警子系统由安装在收费亭内的紧急报警按钮和置于收费站控制室内的紧急报警主机等构成。紧急报警按钮闭合，产生电平报警信号。该信号输入至报警控制主机，报警控制主机控制警铃报警，并且将报警信号同时传至视音频矩阵中，通过视音频矩阵的相关设置产生报警系统与闭路电视监视系统之间的联动。

四、供配电系统

高速公路供配电系统为高速公路的运行管理提供可靠稳定的电源，一般由地方供电部门为高速公路提供10kV电源到高速公路的变配电所，高速公路沿线一般在收费站、服务区、隧道等需要电源的处所设置变电所或箱式变电站。

（一）供配电系统

主要由高压配电柜、变压器、低压配电柜、交流稳压器、低压配电箱、高低压电力电缆及电力监控系统设备构成。

（一）高压配电柜

也称高压开关柜，高速公路高压配电系统一般为10kV系统，主要由进线柜、出线柜、计量柜、测量柜组成。如果为双进线还需设置联络柜。常用的高压配电柜有中置柜和环网柜。

（二）变压器

高速公路供配电系统变压器将10kV电压变换为380V电压，一般采用干式变压器，采用风冷方式。长大隧道内一般采用地埋式变压器。

（三）低压配电压柜

也称低压开关柜，一般由进线柜、联络柜、出线柜、补偿柜组成。常用的低压开关有抽出式（GCS），固定式（GGD）。

（四）EPS 和 UPS

EPS 和 UPS 均为应急电源，即当电源中断后，继续提供一定时间的可靠稳定电源，保证设备继续工作。

EPS 一般是采用后备方式，当市电正常时，EPS 不工作，通过旁路开关直接供电，当市电中断时，由逆变器供电，高速公路上常用于应急照明及消防设备的供电。UPS 一般采用在线方式，常用于计算机系统的供电。

（五）交流稳压器

给对交流电源有较高要求的机电设备提供稳定电源，常采用参数稳压器。

（六）低压配电箱

用于低压终端设备配电，常用于室内设备配电、广场及隧道照明设备配电、收费站设备配电等。

供配电电缆的选用原则一般如下：

1. 隧道风机用动力电缆（变电所或隧道通风埋地变至风机控制箱）、隧道照明（变电所至照明配电箱）、隧道检修插座电缆（变电所或隧道通风埋地变至各插座）均采用 ZR–YJV–1kV 电力电缆（阻燃型交联聚乙烯绝缘电力电缆）

2. 隧道应急照明电缆（变电所至照明配电箱）采用 NH–YJV–1kV 电力电缆（铜芯耐火聚乙烯绝缘聚氯乙烯护套电力电缆）。

3. 洞外引道照明、广场照明用电缆均采用 YJV–1kV 电力电缆（交联聚乙烯绝缘电力电缆），电缆的各种性能均满足有关的国家标准（GB12706）。

4. 隧道照明配电电缆（照明配电箱至照明灯具间）采用 ZR–YJV–1kV 电力电缆（铜芯阻燃聚乙烯绝缘聚氯乙烯护套电力电缆）。

5. 隧道应急照明、横洞照明电缆（照明配电箱至应急照明灯具）及避灾引导灯（应急照明配电箱至灯具）采用 NH–YJV–1kV 电力电缆（铜芯耐火聚乙烯绝缘聚氯乙烯护套电力电缆）。

（七）电力监控系统

电力监控系统为供配电系统提供监测和控制，由硬件和软件构成。

硬件设备主要有电力监控高压测控单元、电力监控低压测控单元、通信管理机、电力监控工作站、工业以太网交换机等。

电力监控系统利用成熟的计算机远程测控技术、通信网络技术和电力自动控制技术，实现隧道变电所、隧道埋地变等供电系统综合自动化监测与控制。各变电所监控系统的信息通过高速光纤通信网进行传输，在监控所（中心）、收费站进行供电系统的远程监控和电力分配、维修调度。

综合电力监控系统通过高速公路电力监控自动化系统设于各节点的现场测控装置实时采集高速公路供配电系统中 10kV 变配电站 / 所的供电设备运行状态及对进线、高压环路等运行状态的监视。通过对故障动作信号的采集，加快对电网事故的反映和处理速度，缩短因故障所造成的停电时间；通过中心监控工作站还可以进行远程发布控制命令、远程遥控分合相应开关回路。高速公路电力监控自动化系统的建立将充分保证高速公路营运的稳定、安全、高效、可靠运转。

电力监控子系统对变压器、高/低压线路的电力参数进行保护监测和控制，实现对其的遥测、遥控及遥信等功能，为一次设备提供安全状况、运行工况的在线监测；各种可控开关的"本地/远程"控制，各种运行数据的监测、统计和分析；实现远程负荷的切换、变配电设备的经济优化运行。

电力监控在监控分中心和隧道管理所设置电力监控工作站，对供配电设备进行集中管理和监控，实现沿线变电所无人值守。在各变电所设备相对集中的地方设置电力监控子站，沿线各类供电设备监控数据通过现场总线传输至监控子站通信管理机，再统一上传至监控中心电力监控工作站。传输介质采用光纤或屏蔽双绞线。

电力监控系统的主要功能有控制功能、在线统计计算、画面显示和打印、数据处理、统计报表、语音系统功能、供电网络的安全控制。

五、照明系统

（一）照明系统一般分为广场照明、隧道引导照明、隧道照明。

1. 广场照明

用于收费广场、服务区，根据不同位置分别设置高、中、低杆灯，灯具一般采用高压钠灯。

2. 隧道照明

在白天，驾驶员进入隧道时会遇到如下视觉问题：刚进入隧道由于白天隧道外的亮度相对于隧道内的高很多，如果隧道足够长，驾驶员看到的是黑乎乎的一个洞，这就是"黑洞"现象。如果隧道很短的话，在驾驶员面前就出一个"黑框"。进入隧道后由明亮的外部进入一个较暗的隧道，视觉会有一定的适应时间，然后才能看清隧道内部的情况，这种现象称为"适应的滞后现象"。

隧道照明一般分为进口段、过渡段、基本段、出口段，各段照度设计根据人眼的适应性能，采用不同设计。以下为宜巴高速公路的设计标准：

隧道段落	段长（m）	设计亮度（cd/m^2）
野外亮度		3000
入口段	84	75
过渡段1	70	22.5
过渡段2	70	7.5
基本段	70	2
出口段	70	10

续　表

隧道段落	段长（m）	设计亮度（cd/m²）
行人通道	25~40	2
行车通道	25~40	2
紧急停车带	40	7
洞外引道照明	130	1

注：亮度的单位是坎德拉 / 平方米（cd/m2）

（1）隧道引入段、过渡段、出口段设置相应的加强照明和基本照明，采用了400W、250W、100W 高压钠灯（50WLED 灯）混合配光照明。两侧交错布置，安装高度大于建筑限界高度，供电电源引自对应照明配电箱。

（2）隧道全线设置基本照明，设计采用100W 高压钠灯（基本照明 1/4 灯具采用 50WLED 灯）沿隧道两侧布置，单侧间距14m，安装高度大于建筑限界高度；此照明方式除作为白天隧道基本照明外同时一半作为隧道夜间照明和应急照明。供电电源引自对应照明配电箱。应急照明电源引自 UPS，备用时间为不小于 60min，采用耐火电缆配电至应急照明。紧急停车带照明灯具一半接应急照明回路，一半接基本照明回路。

（3）灯具安装位置在隧道建筑限界外，加强段隧道照明灯光轴正对道路中线两侧。基本照明灯具光轴正对道路中线。投光方向将根据具体灯具特点现场调整以达到最佳照明效果。灯具安装附件随灯具统一提供。灯具接线采用绕接方式。

（4）隧道行人（车）横洞按间距 5m、埋地变洞室各 4 套分别设置防爆灯，其电源引自 UPS，备用时间为不小于 60min，采用耐火电缆配电至防爆灯具。

3. 隧道洞外引道照明

在隧道洞外引道均布置 10m 高单臂钢杆路灯照明，灯间距 30m 左右，光源采用 250W 高压钠灯，电缆采用 YJV 电缆，电源引自变电所相应低压柜或洞内照明配电箱。

（二）照明控制分级

1. 隧道照明按晴天、云天、阴天、夜间、深夜五级进行控制，控制回路组合满足系统图纸要求。

2. 当发生火灾时，照明将达到最大亮度。

（三）照明自动控制

1. 时序控制

根据当地季节、气候、日照等变化规律，在控制软件中设定按时序投入照明回路数及编号，并检测照明回路开关状态及现场开关状态将其反馈回值班室，在显示器上显示各照明回路的工作状态。

2. 自动检测控制

该控制方式是利用设在洞口及隧道引入段的亮度检测器反馈的检测值，通过值班室内的管理计算机及PLC可编程控制器，确定所需投入的照明回路数，自动控制设在变电所（含隧道埋地变电所）内的照明供电低压柜。

检测照明回路开关状态及现场开关状态将其反馈回值班室，在显示器上显示各照明回路的工作状态。由于隧道地处山岭区，夏季洞外亮度变化较大且周期短，亮度检测器反馈采样数据将设定一个较适当的采样周期，以避免照明回路频繁切换，影响隧道行车安全及相关设备的寿命。

（四）照明手动控制

根据现场天气变化情况，监控中心值班人员可通过计算机键盘对各照明回路进行控制操作。分散控制时，由监控中心值班员经电话通知隧道变配电室值班人员操作控制。

引导照明设置在隧道两端，用于夜间照明，照明长度一般为130m左右，单侧设置5根左右的低杆灯，间距30m左右，灯具采用高压钠灯。

六、通风系统

高速公路隧道通风系统是降低隧道内的一氧化碳和烟尘浓度，确保车辆运行安全保障，通风系统还要保证在火灾工况下排烟。其通风方式一般有自然通风、射流风机通风和轴流风机通风三种方式，短隧道都采用自然通风方式，具体多长隧道设置风机，要根据各项参数进行计算和考虑火灾情况排烟要求进行设计，一般情况下500m以下不设风机，1000m以上要设置风机，5000以上通常采射流风机＋轴流送、排风机方式。风机的控制分为人工、自动和现场手动控制。

第二节　高速公路机电安装注意事项

一、机电设备安装

（一）附属设施检查

高速公路机电设备安装前都有一定的附属设施工程，比如外场干线监控设备、收费系统中的岛面设备，所以，在这些设备施工前都需要检查以下的相关环节。

1. 检查设备基础、管道等预埋件安装位置，按照施工图要求进行测量，保证工程误差在许可范围之内。

2. 设备与控制箱严格按图施工，可更换部件，保证机械精度控制在允许误差范围内。

3. 检查光、电缆敷设管道，以保证管道内畅通、清洁无砂石、管口无毛刺，防止损伤机电设备。

4. 设备基础必须有良好的工作接地、防雷接地装置，接地线必须按照规定的设计方案连接。

（二）线缆槽、桥架的安装

机电系统对应的线槽、桥架应采用专业厂家生产的标准产品。桥架的规格尺寸、组装方式和安装位置均应按联合设计和施工图纸的要求，施工时注意以下方面。

1. 垂直安装的桥架穿越楼板的洞孔及水平安装的线槽穿越墙壁的洞孔，要求其位置配合相适应，尺寸大小合适。

2. 在监控设备间内如有多条平行线安装的线槽与弱电的线槽需要分开敷设，不能有交叉，强电线槽与弱电线槽的间距要大于 20cm，线槽的水平度偏差尽量要小，线槽的底面应用膨胀螺栓固定在地板上，除在设备安装柜机内可以采用塑料线槽外，其余的必须要用金属线槽敷设。

3. 为了保证金属线槽的良好电气连接性能，除要求线槽连接必须牢固外，节与节之间也应接触良好，必要时应增设电气连接线（采用铜线），并应可靠的连接到监控机房的地网上，避免因设备静电或线缆破皮漏电而产生一些伤害事故。

（三）设备箱、柜体的安装

在机电设备安装前会有包括配电柜、通信分线箱、地图屏、接线柜（架）、电视屏幕墙、标准设备柜机、控制台（桌）的安装和进、出盘、桌线的连续。在安装前应检查以下各项。

1. 机柜的排列位置和设备朝向都应按设计图纸安装，并符合实际机房平面布置图的要求，机房内盘、箱、柜、桌的安装必须稳固、牢靠、垂直、安全。

2. 为便于施工和后期的设备维护，机架和设备前应预留一定距离的过道，相邻机架和设备应互相靠近，机柜的前面尽量排列平齐。

3. 小型配线、分线箱、配电箱尽可能采用暗敷方式，其箱体埋装在墙内。所以在前期和房建主体需要有充分的沟通，要求在墙壁上按要求预留洞孔。可以先将箱体埋装在墙内，布线系统施工时装设接续部件和面板，这样有利于分别施工，如无条件暗敷时，也可采用明敷方式，以减少凿墙打洞和影响房屋建筑强度，但是，对应的线缆敷设应整齐美观。

4. 小型配线、分线箱，配电箱安装高度应考虑便于接线施工，除控制台外，所有盘、箱、柜都必须直接安装在水泥地板或墙壁上，严禁借用静电地板作为固定点，要求机架和设备安装牢固可靠，如有抗震需要时，必须按抗震标准给以加固。

5. 所有金属柜（箱）体必须有可靠接地，所有与地线连接处应使用接地垫圈，垫圈尖角应对应向铁件，刺破其涂层，必须一次装好，特别是外场的接地必须做好防腐措施。

6. 各盘、箱、柜、桌内均应有接地母排，接地母排应直接通过接地线连接到机房的接地母排上，接地线有效导电截面积不得小于 25mm²。

（四）机电设备安装

机电设备的安装施工，需要有良好施工工艺，安装时需要注意以下细节：

1. 设备在设备箱或机柜内的安装应考虑一定的间距，以保证设备在正常加电后有良好的散热。

2. 设备在机柜和控制台上（内）应按设计图纸确定的位置安装，保证安装牢固稳定、美观整齐，机器在机柜内的接线应按强电、弱电分别绑扎成把。

3. 在机柜内每隔 20~30cm 线缆捆扎一次，并固定在机柜线槽内，强、弱电线应尽量避免交叉。平行走线时，间距不得小于 10mm。

4. 特殊线缆的接插件，如 RJ45 头，BNC 头等必须用专用工具进行施工操作，不能有虚焊、虚接、虚压等现象。

5. 在控制台内应安装线槽，为避免电磁干扰，必要时可设置多条弱线槽。

6. 每台机器设备的接地应有单独地线与柜机的接地母排相连，严禁设备间接地线互相串接，接地线有效导电截面不得小于 10mm²。

7. 各种螺钉必须拧紧，无松动、缺少和损坏现象，同一设备柜内的跳线等设备部件装置牢固，其位置横竖、上下、前后均应平直一致，接线完工后必须进行线对的连接检查，确保连接无误，才能加电调试。

二、光、电缆敷设

（一）电（线）缆敷设

在电（线）缆敷设时，应注意以下事项：

1. 应对电缆进行外观检查及绝缘测试

电缆不得有扭绞、损伤现象，电源线、信号线、信号电缆、对绞电缆及建筑物内其他弱电系统的线缆应分离布放，各线缆间的最小净距离应符合设计要求，线缆布放应有冗余。

2. 电缆在布设过程中应用力均匀

不得损伤电缆外皮，应避免电缆在支架上及地面摩擦拖拉，电缆上不得有未消除的机械损伤，在电缆终端头与接头处附近可留有备用长度，接头处预留 1.5m，终端头预留 5m 左右的余量。

3. 电缆敷设不易交叉

电缆应排列整齐，并加以固定，电力电缆的终端头、中间接头的外壳与该处的电缆金属护套及铠甲装层应良好接地，接地线应采用铜绞线，其截面不应小于 10mm²。

4. 电缆的曲率

半径大于电缆直径的 15 倍，电缆和接头均应安装在电缆托架上，管道中不允许有接头，电缆金属屏蔽层的单端必须接地，接地电阻在主配线架侧要求小于 4Ω，在外场设备则应与外场设备基础平台接地端牢固连接。

5. 线缆敷设

必须做到平整、无下滑、扭曲等现象，在线缆桥架上敷设时，要做好捆扎工作，在穿管时做好电缆保护工作。

6. 安装

电线和端头的牌需要互相一致，所有敷设的电缆必须挂有标牌，标明电缆的名称、编号、规格型号、敷设的起点和终点、施工日期等，标牌书写清晰、字迹端正、内容正确，相同规格的线缆还必须用色环加以区分，终端头根据原理图进行标记和识别，电缆、电线的记号用来帮助正常接序。

7. 线缆接头牢固

胶封不裸露，无接触不良情况，在线缆终端和始端加做记号，标记清楚。所有线缆敷设都应在核对无误后做好现场施工记录，全部电缆将提供产品测试合格证，竣工图纸要标明每根电缆的位置和标记，并作为机电系统竣工文件重要组成部分。

（二）光缆敷设

在光缆的施工敷设过程中，应注意以下几个方面：

1. 光缆的曲率半径应大于光缆外径的 20 倍，光缆和电缆平行排列，不得交叉或重叠，敷射后的光缆应平直、无扭曲、无明显刮痕和损伤，光缆穿孔保护管口处应封堵严密。

2. 每条光缆均会在站内终端接续盒做连续，光缆在接续盒接需为一进一出形式，接续盒应安装在人井和手井中规定的高度位置，人井中所使用的光缆接续盒为防水型，具有可重复开启功能，以利于维修，同时保护光缆接头免受水浸，为使光缆安装后信号衰减最小，光缆应在人井外的清洁环境下接续，同时应使用高质量的接续设备。

3. 接续时使用自动校准功能的光纤熔接机，可以将线路损耗降到最低，光路上大部分的信号损耗来自熔接点及终端熔接点损耗，该项工作将应由熟练技术人员使用高质量工具进行，所有接续点在施工操作后马上密封，否则潮湿空气进入会造成信号损耗，光缆接头应配有单独的接头护套，护套连接应符合技术要求，光缆加强芯的连接应根据接头盒的结构夹紧、夹牢，并能承受与光缆同样的拉力，接头盒封装应严格按工艺要求进行。

4. 在室内外光缆继续过程中，对光纤熔接质量进行实时监测，并对每个接续点的每芯光纤熔接损耗做详细记录，其损耗应不小于 0.1dB，每段长的光缆接续完成后，对该段光缆进行整体测试，并把详细的测试报告交给业主。

5. 施工人员对终端盒引出尾纤进行统一编号，编号的原则参考光缆结构断面图，施工结束时施工人员将编号的详细记录已竣工文件形式提交给业主或主管单位。

三、功能检测

（一）机电设备的功能检测

在高速公路机电系统中，单个机电设备一般都有随机的出厂合格证明，设备性能大多都能得到保证。但是对于有些是有多个机电设备串接起来才能测试的功能项目，需要引起大家格外重视，比如监控系统中的"闭路电视监视系统测试项目"测试指标，这个测试项目中涉及可能有视频光端机、编解码器、视频矩阵等多个设备，这对设备的功能参数、设备间的兼容性要求非常高。

项次	检查项目	技术要求	检查方法
1	视频电平	700mv ± 30mV	电视信号发生器发送 75% 彩条信号，用视频测试仪检测
2	同步脉冲幅度	300mv ± 20mV	电视信号发生器发送 75% 彩条信号，用视频测试仪检测
3	回波 E	< 7%KF	电视信号发生器发送 2T 信号，用视频测试仪检测
4	亮度非线性	≤ 5%	同上
5	色度 / 亮度增益差	± 5%	同上
6	色度 / 亮度增益差	≤ 100ns	同上
7	微分增益	≤ 10%	电视信号发生器发送调制的五阶梯测试信号，用视频测试仪检测
8	微分相位	≤ 10%	电视信号发生器发送调制的五阶梯测试信号，用视频测试仪检测
9	幅频特性	5.8MHz 带宽内 ± 2db	电视信号发生器发送 sinx/x 信号，用视频测试仪检测
10	视频信杂比	≥ 56db（加权）	电视信号发生器发送多波群信号，用视频测试仪检测

（二）光电缆的测试项目

对于光电缆来说，在敷设施工前后的绝缘特性测试非常重要，如下表所列举了光、电缆线路的一些测试项目，对于通信系统中光缆的连续损耗测试非常有必要，这一项中光缆的实际接续点多，测试量大，施工过程中如果没有严格要求接续质量，工程后期整改量会非常大，因为这一项不合格会导致整个机电项目不能正常交工，所以大家应格外注意。

项次	检查项目	技术要求	检查方法
1	光纤保护层绝缘电阻	≥1000MΩ·km	1000V兆欧表测量（仅对直埋光纤）
2	单模光纤接头损耗平均值	≤0.1db	光万用表或光时域反射计测量
3	多模光纤接头损耗平均值	≤0.2db	光万用表或光时域反射计测量
4	低速误码率	$BER \leq 10^{-8}$	将线对一端短接，另一端接数据传输测试仪以64KB速率测量
5	同轴电缆衰耗	符合设计要求	衰耗测试仪
6	同轴电缆内外导体绝缘电阻	≥500MΩ	用兆欧表500V档，在连接器的芯线和外导体之间测量
7	电力电缆绝缘电阻	≥2MΩ	用1000V兆欧表在配电箱和用电设备亮点测量
8	光电缆埋深	符合设计要求	查隐蔽工程检查记录，必要时开挖实测

高速公路不仅是交通运输现代化的重要标志，同时也是一个国建现代化的重要标志，审视高速公路的发展史，具有安全、快捷、经济、舒适等特征的高速公路已经深刻影响着我们的日常生活和国家经济的发展，高速公路的发展不仅仅是经济的需要，也是人类文明和现代化生活的一部分，完善的高速公路网同时也是我国现代化建设的重要战屡要素。高速公路机电安装是一个非常庞大的系统工程，它是保证整个高速公路机电系统正常运行的前提，是保障高速公路正常管理的基础。所以，在高速公路飞快发展的今天，越来越显出其重要性。

第三节 公路机电设备安装

高速公路机电系统的施工要求暂时还没有现行的标准和规范，在施工中是参考电子产业部和信息产业部的相关规范。

一、设备安装的基本要求

施工前检验准备、预埋件安装位置，按施工图要求进行测量，保证工程误差在许可范围之内。检查光、电缆敷设管道，以保证管道内畅通、清洁无砂石、管口无毛刺。设备安装均有良好的接地措施。

所有电缆的引线端进行接线时应采用冷压工艺，用螺钉紧固。外场设备的接线全部在接线箱内连接。柜、箱、台布线整齐并牢固地装在支持用绝缘线槽中，不能影响其他设备地安装。

设备与控制箱严格按图施工，可更换部件的机械精度在允许误差内，所有相同设备从整体到部件具有互换性，所提供的设备外表完整无损、外涂层在工作环境下可防止物理性破坏和化学性分解。

显示器、监视器等设备在机箱、机柜上应平直，背部有支架定位，以防止正面操作时将设备推入。电源线和信号线必须规定，接地线必须按照规定连接。

二、设备安装

机器在机柜内的安装应考虑必要的间距，以保证有良好的散热条件。机器在机柜和控制台上（内）应按联合设计确定的位置安装，保证安装牢固稳定、美观整齐、对号入座、完整无缺。

特殊线缆的接插件，如 RJ45 头、BNC 头等，必须用专用工具进行安装。

控制台内应安装线槽，并可靠地固定在控制台内。强、弱电线应安装在不同的线槽内。为避免可能发生的电磁干扰，必要时可设置多条弱线槽。每台机器的接地都有一条单独接地线与机柜的接地母排直接相连，接地线有效导电截面积不得小于 $10mm^2$。严禁机器的接地线互相串接。

机器与机柜功能接线模块的所有连接线必须是独立完整的导线，不得有任何形式的接续。接线完工后必须进行线对的连接检查，确保连接无误，做好检查记录。线对连接检查无误后，可按照随机技术文件的规定，通电检查。

三、线缆槽、桥架的安装

原则上，线槽、桥架应采用专业厂家生产的标准产品。桥架的规格尺寸、组装方式和安装位置均应按设计和施工图的要求。

封闭型桥架顶面距天花板下缘不应小于 0.8m，距地面高度保持 2.2m，若桥架下不是通行地段，其净高可不小于 1.8m。安装位置的上下左右保持端正平直，偏差度尽量降低，左右偏差不应超过 50mm。与地面必须垂直，其垂直的偏差不得超过 3mm。垂直安装的桥架穿越楼板的洞孔及水平安装的线槽穿越墙壁的洞孔，要求其位置配合相互适应，尺寸大小合适。

在设备间内如有多条平行安装的线槽与弱电的线槽分开敷设，设有交叉，强电线槽与弱电线槽的间距不得小于 20cm。

线槽的水平度偏差每米不超过 2mm，应用膨胀螺栓固定在地板上。除在设备机架内可以采用塑料线槽外，其余必须采用金属线槽。为了保证金属线槽的电气连接性能良好，除要求连接必须牢固外，节与节之间也应接触良好，必要时应增设电气连接线（采用编制铜线），并应有可靠的接地装置。

所有线槽敷设完工后均应有记录在册，并作为机械完工文件的一部分。

四、机房内盘、箱、柜、桌的安装

包括配电盘、电力开关箱、通信配线箱、地图屏、接线柜（架）、电视墙、标准（19in）机柜、控制台（桌）的安装和进、出盘、桌线缆的接续。

施工前应对所安装的盘、箱、柜、桌的型号规格、数量、标志、标签进行复核、复核无误后方可安装。机柜的排列位置和设备朝向都应按设计安装，并符合实际测定后的机房平面布置图的要求。

机房内盘、箱、柜、桌的安装必须稳固、牢靠、垂直、安全。垂直偏差不大于1‰，水平偏差不大于3mm，机柜间隙不大于1mm；为便于施工和维护，机架和设备前应预留1.5m的过道，其背后距墙面应不大于0.8m。相邻机架和设备应互相靠近，机面排列平齐。

缆线与接续模块等接插部件连接时，应按工艺要求标准长度剥除线缆护套，并按线对顺序正确连接。如采用屏蔽结构的线缆时，必须注意将屏蔽层连接妥当，不应中断，并按设计要求做好接地。

所有金属箱体必须可靠接地。所有与地线连接处应使用接地垫圈，垫圈尖角应对向铁件，刺破其涂层，必须一次装好，不得将已装过的垫圈取下重复使用，以保证接地回路通畅无阻。

各盘、箱、柜、桌内均应有接地母排，改接地母排应直接通过接地线连接到机房的接地母排上，接地线有效导电截面积不得小于 25mm²。进、出机柜的接线完工后必须进行线对的连接检查，确保连接无误，做好检查记录，作为机械完工文件的一部分。

五、电缆施工工艺

（一）线缆敷设的总体要求

线缆敷设前应核对型号规格、程式、路由及位置与设计规定相符，应消除槽内的污物。

在同一线槽内包括在内的导线界面总和应该不超过内部截面积的40%；电力电缆芯数按要求配置，控制电缆线芯数要求配置，控制电缆线线芯要有不少于10%的余量（最少是两芯）。

电源线、信号电缆、对绞电缆、光缆及建筑物内其他弱电系统的线缆应分离布放。各缆线间的最小净距应符合设计要求，线缆布放时应有冗余。在交接间，设备间对绞电缆预留长度，一般为3-6m；工作区为0.3-0.6m，有特殊设计要求的应按设计要求预留长度。

全部设备和接线箱有每一根线芯（包括备用芯）分离的终端接头。安装时，电线和终端头的排序要互相一致。全部电缆要适应周围的环境条件和安装条件指示。电力电缆线芯不小于 1.5mm。

终端头根据原理图进行标记和识别，电缆、电线的记号用来帮助正常接序。终端接头要做成抗震型，并且它的电流使用范围不小于电缆或电线的额定电流值。用在控制、报警回路中的电缆终端接头要区分或者用轨槽夹住。

地线也敷设在线槽内。特别要注意保证单点接地。房间内的接地母线必须与诸如墙壁、地面等建筑物绝缘；地线必须使用绝缘导线，不与任何其他物体发生电气接触，以保证接地体不被污染，不会引入电气干扰。机房的接地母线与大楼的接地母排的连接线有效导电截面不得小于 90mm²。

电缆、电线进入房屋或设备时采用紧压式的线孔，所有线缆整齐排列，可靠安装，并且要阻止害虫侵入，设置适当支撑减轻电缆终端的重量，在每一进线处要提供一定余量的线孔。

为解决在管道中和机壳中电缆的长距离引线，要提供跳线和转换端子。易弯曲的电缆要恰当地安装，并且要保护它不被擦伤、挤压及在通过门或其他移动部分处不被拉紧。

全部主线、电缆管道、布线和接地导体是安全、可靠的。电缆由电缆支架等支撑。在建筑物内安装的任何永久性电缆、电线和导体均不会松动、散落。电缆由尺寸合适的线夹夹住。

敷设电缆时，应考虑线缆接续长度，转弯处按规范要求做好圆弧过渡。敷设好的线缆必须做到平整、无下滑、扭曲等现象，在线缆桥架上敷设时，要做好捆扎工作，在穿管时做好电缆保护工作。

使用电缆产品并保存完成的封签和保证书以便在日后出故障时用以检查和记录，全部电缆将提供产品测试的合格证。竣工图要标明每根电缆的位置和标记。线缆接头牢固，胶封不裸露，无接触不良情况，在线缆终端和始端加做记号，标记清晰。所有线缆敷设都应在核对无误后记录在册，并作为机械完工文件的一部分。

（二）信号电缆的施工

电缆的曲率半径大于电缆直径的 15 倍。电缆和接头均应安装在电缆托架上。管道中不允许有接头。电缆金属屏蔽层的单端必须接地。接地电阻在主配线架侧要求小于 4Ω。在外场设备则应与外场设备基础平台接地端牢固连接。电缆在布设过程中应用力均匀，不得损伤电缆外皮。施工人员进出孔不得踩踏电缆，严禁车辆碾压电缆。

信号电缆接续，核对电缆标称、对数、检查端别，如有不符合规定者应及时返修，合格后方可进行电缆接续。电缆芯线接续不产生混、断、地、串及接触不良，接续后保证电缆的标称、对数全部合格。电缆芯数的直接、复接线序必须与设计要求相符，全色谱电缆必须按色谱、色带对应接续。全塑电缆屏蔽层必须用专用屏蔽线连接。填充型全塑电缆的清洗应使用专用清洗剂。

（三）电力电缆敷设

1. 敷设前

应对电缆进行外观检查及绝缘测试。1kV 以下电缆不低于 100MΩ。电缆型号、规格及电缆均应与设计资料核对无误。电缆不得有扭绞、损伤现象。工具及施工用料准备充分。

2. 施工时

在电缆终端头与接头处附近可留有备用长度。接头处预留 1.5m，终端头预留 5m 左右的余量。电缆的弯曲半径不应小于 10 倍电缆外径。电缆敷设时，电缆应从旁的上端引出，应避免电缆在支架上及地面摩擦拖拉，电缆上不得有未消除的机械损伤。电缆敷设时，不宜交叉，电缆应排列整齐，并加以固定。

3. 电缆头的制作

电力电缆的终端头、中间头的外壳与该处的电缆金属护套及铠装层应良好接地。接地线应采用铜绞线，其界面不应小于 10mm²。剥切电缆时不得伤及线芯绝缘。包缠绝缘时应注意清洁，防止污染及潮气侵入绝缘层。电缆头从开始剥切到制作完毕必须连续进行，一次完成。电缆终端头及中间头的制作要符合工艺要求。

六、光缆施工工艺

（一）一般要求

光缆接续盒用在两条以上的光缆接续处，接续盒应安装在人井和手井中规定的高度位置。

光纤太细，无法每芯均进行标识，单在竣工文件中要详细记下每一接续点中各光纤的编号及色标。每个接线箱中均贴有接线表，注明编号、接点位置、色标等，以方便维修。

机房内光缆与传输设备之间，配置光纤配线架，用光纤活动连接器连接，以便能妥当处理配线，光纤不能直接接在光收发器上。

每条光缆均会在站内终端接续盒做接续，在光缆终端盒内，各光纤与尾纤熔接后，插入光纤配线架上的光纤适配器中，终端盒内余留的光纤应小心盘绕，尽量减少盘纤损耗。

光缆中的光纤可通过色码识别，选用的光缆符合 ITU、ITE 及中华人民共和国标准。

（二）光缆敷设

光缆的曲率半径应大于光缆外径的 20 倍。光缆盒电缆平行排列，不得交叉或重叠。敷设后的光缆应平直、无扭曲、无明显刮痕和损伤。光缆穿孔保护管的管口处应封堵严密。

并连接续应严格执行操作工艺要求。套管内应装防潮剂和接头责任卡。

第四节　公路机电设备维护

一、机电设备故障的排查与维修

（一）设备故障分类大致可分为以下几类

1. 设备电源线、数据线路被损坏或松动造成的故障。
2. 设备自身内部器件损坏造成的故障。
3. 其他设备故障造成本设备做出错误的判断或动作。

（二）识别故障的方法

机电设备维修实际就是给设备"看病"，祖国中医的"望、闻、切、问"对设备维修来说也是一种基本技法。只是顺序应该变一下："望、闻、问、切"。

1. 望

我们应查看对可能发生故障设备的外观，查看设备是否因受外力而变形，设备机械结构是否有异常，电源线和数据线是否脱落或松动，是否有元器件或部件脱落。

2. 闻

在维修中"闻"不当"听"而当"嗅"讲。如果通过看不能查找到设备的故障点，则说明设备没有外伤，其故障肯能在内部，有可能是部分元器件烧坏，因为有的电器元件烧坏后外形没有变化或变化很小，因此，不容易通过视觉观察到，但是烧坏的元器件都会发出焦烟味，我们通过闻就可以判断出是否有元器件被烧坏。

3. 问

如果通过外观和气味不能确认故障点，应与故障设备操作人员仔细确认故障现象，详细了解发生故障前都进行了哪些操作，故障发生后又做过哪些操作。

4. 切

利用仪器、仪表对设备进行测量确定故障点。

（三）排除故障的方法

1. 直接检查法

在了解故障原因时，或已根据经验判断出现故障的位置时，可以直接检查所怀疑的故障点并修复。

2. 重启法

这种方法可用于较为精密的电子设备。可解决设备软件程序死机、驱动错误等故障。要注意，一定要用正确的重启方式重启，错误的重启会给设备带来伤害，有的直接导致新的故障发生。

3. 线缆插拔法

收费车道的环境较为复杂，大车驶过时车道设备会随之震动，导致部分线缆虚接；同样在收费人员打扫卫生时也有可能碰到部分线缆，导致线缆虚接或脱落。因此对于有固定线缆接头的设备我们应检查线缆连接状况，不可目测了事，应重新插拔。要注意以下两点：

①卡机、打印机、费显、自动栏杆都可以采用插拔法。但是进行插拔前应先弄清楚线缆的作用，应先拔电源线后拔数据线。

②为了保障操作人员和设备的安全，供电线缆应直接向里插紧，不可拔出后再插紧，因部分设备直接断电会导致设备的损坏或数据的丢失，同时拔出时也有失手触电的危险。

4. 替换法

已知故障点位置，但无法维修，而此故障设备可拆卸，同时站内又有可替代的设备。我们可选用此种方法维修。

维修的环境复杂，在维修时应注意以下事项：

（1）当发现故障设备有异常时，如冒烟、剧烈震动、火花时，应立即断电，防止故障继续扩大。

（2）设备的保险丝烧断的不要盲目去加电，先查问保险丝烧断前做过什么样的操作，通过看、闻查看其他元器件有没有烧坏、烧糊。在正常工作下保险丝是不会轻易烧断的，必定是外部电压过高或内部电器件损坏造成的，如果盲目加电必定会使更多的元器件烧坏，从增大故障维修的难度。因此，已断电的设备不能轻易给电，应尽量全面的检查并维修后再给电，以免对设备造成更严重的损伤。

（3）虽然收费人员掌握了一定的维修技能和方法，但是在维修设备时还应小心谨慎，不可随意操作和拆卸，可电话询问维修人员。这一点不光是考虑到当事人的自身安全，同时也是防止当事人以故障为理由擅自更改收费系统结构已达到某种目的。

（4）当发现较为复杂的故障，无法通过简单的维修手段进行修理时，应根据本条路的机电设备报修制度向相关部门上报报修单。当故障设备较大地影响正常的收费工作，需尽快解决时，可以电话联系机电所工作人员，按照维修人员的指示进行操作更为妥当。

二、常见故障及解决方法

（一）显示器

1. 显示器黑屏，黄色指示灯闪烁

检查数据延长线有无破损，可以将显示器的数据线直接连接到工控机，看有无图像，判断是否是数据线损坏。

2. 显示器图像时有时无

避免显示器频繁移动位置，重新插拔电源线。

（二）票据打印机

1. 收费界面提示票据打印机通信故障

在通过替换（把别的车道的票据打印机拆下换上）的方法看该打印机是否能在其他正常的车道使用，如果不能则确定打印机问题，请发故障报修单至机电科，及时更换打印机。

2. 打印机不走纸。

票据安装不正确，票据与打印机错位或机内纸屑过多造成。重新安装票据，清洁内部纸屑即可解决，将打印机顶盖打开，将齿轮处的碎纸屑取出。

3. 打印纸走偏

退出票据纸，重新安装。

4. 打印机电源指示灯亮，但不打印

检查联机指示灯是否为绿色，如果不是请按联机键就可解决。

（三）车牌识别抓拍处理单元

检测车辆并发送控制信息，抓拍图像，图像处理，给出识别结果。

1. 无法抓拍车牌信息

（1）可能原因

①抓牌单元掉电。

②抓拍单元无法接收抓拍信号。

（2）解决方法

①检查 DC12V 电源是否松动，重新插紧即可恢复。

② 8 芯插头是否断开，请重新连接即可恢复。

③通信及触发信号均正常后，再尝试用强制抓拍，如若强制抓拍也不能实现，则要考虑设备故障，更换设备。

2. 识别率过低

（1）需要清楚车牌识别的识别率正常范围为 85%-95%。

（2）需考虑是否由不可抗的外界因素〔车牌污损、模糊、遮挡、天气等〕造成的，识别率过低出现在的频率及持续时间。

（3）如若排除这些情况，则可能是由车牌识别器的一些参数设置上的问题，则需要用笔记本和专业调试软件进行调试和检测。

（四）C 卡自动收发卡机

1. 液晶屏显示"001"，同时连续声音报警

出卡故障，卡从读写位置到卡口时不能到位（前后光电检测一直有卡），可能是卡道阻力过大。应关闭电源，打开机头，将卡从卡道手工取出，不影响卡夹计数。

2. 液晶屏显示"004"，同时连续声音报警

落卡故障，卡机不能将卡勾入卡夹（后光电检测一直有卡），可能是卡道阻力过大，或同时进入多张卡。应关闭电源，打开机头，将未进入卡夹的卡取出，如果没有卡进入卡夹（多张卡时）将不会影响卡夹计数。

3. 液晶屏显示"000"，同时连续声音报警，并且液晶屏和所有指示灯闪烁

可能是卡夹没装好或卡夹信息纽扣有问题。应重新安装卡夹或更换卡夹。

4. 液晶屏显示"111"，同时连续声音报警，并且液晶屏和所有指示灯闪烁

可能是卡夹故障。应更换卡夹使用（卡夹报修）。

5. 电脑上总是显示卡箱不符

可能是卡箱卸下时没有按正常流程做。应把卡夹强制取出，重新按照正常流程安装。

6. 安装卡夹时电脑上总是显示未检测到卡夹

可能是卡机与工控机通信中断，应将卡机重启。

（五）车辆检测器

车辆进入车道线圈，不能正常显示"有车"，可能是检测器工作不正常。

1. 检查检测器是否正常上电。

2. 复位车辆检测器或更换检测器。

（六）自动栏杆机

1. 车辆还未经过，自动栏杆就落杆

可能是车辆检测器灵敏度偏低，应提高灵敏度，在入口刷卡成功或出口收费完成放行时，栏杆机不抬杆，检查收费软件上的栏杆机标识的状态，如若栏杆机标识的状态显示为栏杆状态，则可能是信号没有发送出去，此时，要检查 I/O 控制卡上是否有动作（听集线器上的继电器是否有动作）。如若栏杆机标识的状态显示为抬杆状，则考虑栏杆机模块和车检器模块是否有死机，如死机了重启该模块。

2. 车辆通过后不落杆

（1）可能是车辆检测器灵敏度调整不当或栏杆机断电。

（2）如检测指示灯常亮，则灵敏度太高，降低灵敏度。

（3）若检测指示灯过车不亮，则灵敏度太低，提高灵敏度。打开栏杆机机厢检查是否供电正常，对于不落杆则检查栏杆机模块后线圈是否检测到有车压，在后线圈检测到有车时，收费软件端是不能控制栏杆机落杆的，这是由栏杆机的防砸功能造成的。如此时后线圈无车压，而模块指示灯显示有车压，则可能是栏杆机模块死机造成的，此时，只需复位栏杆机模块或是重启栏杆机即可。

③如若栏杆机模块检测的数据和指示灯均正常，则检查车检器上的抬落杆接线处的线是否松动。如若这些状态均正常，则考虑是车检器模块故障，更换设备。

（七）专用键盘

所有按键不起作用，可能是键盘接口接触不良或计算机死机。

1. 所有按键不起作用（死机），一般情况下将键盘拔下再插上可解决，或将车道控制器重新上电开机。

2. 按键一个或几个不起作用，或击一键出两个字符，拆开键盘用酒精清洗触点，如不能解决，更换备用键盘。

（八）车道显示器

屏幕全黑，一般情况下可看电源指示灯，如指示灯不亮，可能是显示器后部电源线插头松动；车道控制器内部电源线接线松动；保险损坏；也有可能显示器烧坏。

（九）费额显示器

1. 车道其他设备正常，但费额没有显示或显示不变，可能程序进入死循环，一般断电后重新启动可解决。

2. 有个别字段不亮，一般是接触不良，检查此字段的连接线或插件是否连接牢固。

3. 有个别字段常亮，一般是控制部分出现故障，更换控制板。

（十）字符叠加器

只有时间、车道号和收费员信息，但过车后没有车型余额信息。一般重新给字符叠加器或车道控制器启动即可解决。

（十一）计重设备

1. 收费亭显示器无称重数据

可先检查收费站上的信息处理器有无重量显示。

2. 轴数误判（多轴、丢轴）

出现轴型不符并且总轴数少于或多于实际轴数。车速过快（＞20km/h），限制车速20km/h以下。

3. 轴型误判（丢轮）

显示轴型与实际轴型不符但总轴数符合。各别5t以下空车，重量轻、胎窄，轮轴识别器无法识别。通过收费软件提供的轴型更改功能，人工修改。

4. 丢车

车辆通过后，收费界面上车数没有增加。车速过快（＞20km/h）。限制车速20km/h以下，仍不能解决请将故障保修单传机电科。

5. 称量误差大

称量数据与实际数据有偏差或多次称量准确性差。

（1）通过称台时，车速高于标准速度，路面不平或车况不佳造成颠簸，或车辆过称台时明显变速、刹车造成车辆不能平稳通过称台。

（2）秤芯与称框间隙中卡入硬的异物请予以排除。

（3）称台的水平不好，即四个支撑点有未"着实"的点，需要将"虚"点垫平。

（4）称台低于路面过多，垫起称台至与路面在同一平面。

（5）因故障原因复杂，请及时将故障报修单传至责任机电所。

6. 车辆分断有误

（1）将二辆以上的车判断为一辆车（选用光幕分车器时可能发生）

①光幕箱由于污垢、雾层、结冰等原因，应及时擦拭清除。

②发射光幕接收光幕发生位置偏移。

③光幕管下部接线插头松动，重新插好紧固即可。

④光幕控制盒发生程序错误。

（2）将一辆车分断为两辆车或多辆车

①非正常拖挂车或故障车等，其牵引超出设备正常检测范围。

②光幕设备出现问题。

（十二）收费站监控

收费站视频无法预览，检查监控计算机与监控交换机的网线是否正常连接或水晶头是否松动。

1. 如网线正常则看是否能 PING 通视频压缩卡，如若能 PING 通视频压缩卡，则检查视频预览软件是否安装正确和设置正常。

2. 如不能 PING 通视频压缩卡则检查交换机或视频压缩卡是否死机。

3. 如能从监控中心能预览视频，则可以肯定是本地监控计算机预览软件或与监控交换机的网络故障。

（十三）视频监控（枪机或半球）无视频画面

1. 考虑设备供电是否正常，摄像机适配器有无输出电压或电压差距是否过大，如电压正常则用监控宝在摄像机本地检查是否有视频。

2. 考虑摄相机本地与上传过程中的节点处视频头焊点是否脱落（主要检查信号线焊点和视频接地处的焊点），信号线与接地相是否存在短路。

3. 检查视频线是否有损坏，如以上检查均正常，则考虑摄像机故障。

（十四）拾音器无声音

1. 考虑软件音频输出是否打开，计算机是否设置为静音。

2. 设备供电是否正常，拾音器的输入电压差距是否过大或没有，如电压正常则用一无源音箱或耳机在本地测试有无声音，在保证本地有声音的情况下，检测音频传输过程中的线路、光端机是否正常。

（十五）情报板

1. 情报板黑屏

检查情报板供电是否正常，在保证正常供电情况下，检查情报板的主控板和发送板是否工作正常。

2. 情报板显示缺失

（1）根据现场显示缺失的情况，检查缺失部位附近的排线是否脱落或松动。

（2）仔细观察缺失部位的显示模组是否有漏水痕迹，显示模组上的插槽排针是否有生诱迹象等。

（3）考虑显示模组故障。

3. 情报板不能发送节目

在保证情报板本地正常的情况下，看能否 PING 通情报板 IP，不能 PING 通时检查设备本地光纤收发器的连接及网连接线，检查各站内机房光纤收发器的工作状态和网络连接线等，保证传输链路的正常。

（十六）微波车检数据不能上传

由于微波车检检测到的数据传输方式为 RS232，需在设备本地加一个串口服务器将 RS232 数据转化为 RJ45 以太网数据，利用光纤收发器传至各个站，如发现数据不能上传，解决方法同情报板不能发送节目的解决方法。

要考虑串口服务器的适配器和 RS232 接口故障，此故障为常见故障，如遇此故障，需更换串口转化器。

（十七）传真机故障

简单解决方法是当发现传真机故障时，不要随便按键设置，拔插后部电源线即可解决。

如果需要对机电设备重启，请在关闭设备电源后等候一段时间（10~20s），再将设备电源开启。（防止一些元器件和芯片因瞬间电流的冲击而损毁）如果机打发票字迹不清晰，请将色带旋钮拧紧。如果硬盘录像机花屏或者死机，请将录像机重启（拔插电源即可）。

删车操作：车道无车，而操作员在操作界面上看到有一条轴重信息时，此时，数据信息为遗留信息，需要删除，否则下次货车来时会直接采用当前信息，造成计重信息错位。

不能称重问题：必须车尾部完全通过光栅隔离器时，收费界面上才可显示计重数据，当超长车辆无重量时，必须依靠现场疏导员现场查看车尾部是否完全通过光栅。

（十八）读卡器不能正常读卡

1. 检查读卡器上的电源指示灯是否正常，如电源指示灯熄灭则考虑读卡器适配器故障。

2. 如电压正常，则在管路里尝试重连读卡器，若故障依旧则检测读卡器与工控机相连的串口是否松动。否则因其他读卡器元件损坏。

三、收费站机电系统的维护

（一）收费站机电维护工作

通常的维护工作有以下几项：

1. 详细准确地填写设备运行记录和维护记录

对于维修人员来讲，设备的运行记录和维护记录就像医生眼中的病历一样，维修人员可以根据记录内容得到设备的第一手资料。同时，这些材料也是维护员、电工总结、体会维修方法的基础材料。

2. 设备外部清洁处理

设备机壳用拧干的清洁布擦拭，不得用鸡毛掸掸灰。摄像机外部玻璃罩除用拧干的清洁布擦拭外，还要用面巾纸进一步擦拭，摄像机镜头要用镜头纸蘸专用清洁液擦拭。每天用专用的柔软干布清洁显示器表面的灰尘，保持干净整洁。严禁在显示器上放置任何物品，以免影响显示器散热。禁止用硬物擦拭显示器。设备排气扇处，用吸尘器吸尘处理，空气过滤网要定期清洗，保持干净。

3. 润滑处理

设备的滑动、转动部分要根据设备工作的要求上润滑油，如：打印机打印头的滑动轴，要上轻质润滑油，用干净的纱布涂擦，且油不可过多，以免造成污染。设备机械转动轴有打油孔的要上润滑油，室外手动栏杆的转轴要上润滑油。

4. 防水处理

设备的电路部分，要经常检查有无进水的可能性。收费亭是否进水，外场设备的防水橡皮垫是否完整，空调温度是否设置适宜。如果湿度大、温度太低都会导致设备内部产生凝结水，水是导体，会导致设备工作不正常，甚至烧毁设备。如发现进水或线路板潮湿，立即停机断电，并及时用热吹风除去潮气后，方可再次投入运行，温度太高对设备也不利。

5. 经常检查降温风扇运转是否正常

降温风扇主要位置有工控机、计算机、UPS、稳压器、硬盘录像机等，如工控机经常死机，需检查 CPU 的降温风扇转动是否正常，如果发现不正常，应立即停机修理。要经常检查并保证设备的散热风扇工作正常，如散热风扇停转，必须立即处理。

6. 防锈处理

外场设备由于雨淋日晒易被氧化生锈，要定期进行防锈处理。如手动栏杆的转轴、设备的地脚固定螺栓、设备与固定装置的连接螺栓等要涂抹防锈油。锈蚀不但会对设备造成损坏，而且会带来安全隐患，特别是沿海地区的高速公路，铁质金属被腐蚀严重，应采取必要措施防锈。

7. 易损部件的及时检查处理

机电设备有些部件是易损的，而这些易损部件的损坏，有的是致命性的，有的是非致命性的，特别是致命性的要认真及时予以处理，致命性的部件，如电源保护器、避雷器、CPU 降温风扇等，在日常维护中发现致命性易损部件，要予以充分的注意，设备的防雷器和电源保护器，在雷雨过后要检查，如果坏了要及时予以更换，否则下次雷击就可能设备被打坏。

8. 耗材的及时检查和更换

目前站级机电设备涉及的耗材主要是打印机，如收费亭内的票据打印机，监控室的打印机、彩喷、传真机。除及时更换耗材以外，还应掌控好站内耗材备件的库存，防止急需耗材时才发现站内没有备件了的事情发生。

9. 供电系统的维护

（1）定期对发电机进行试发电，检查发电机油料、冷却水、蓄电池等部分，检查各机械部件的螺丝有无松动等情况。

（2）检查所有重要供电线路，有无鼠害、外界等原因破坏情况，发现问题及时解决。

（3）检查配电柜和配电箱内的空气开关有无烧焦和炭化现象发生，发现问题及时处理。

（4）检查收费系统 UPS 工作情况，定期给 UPS 放电及清除表面灰尘，保持良好的性能，确保了在断电时能正常收费。

10. 车道系统的维护

（1）定期检测车道报警器正常工作情况。

（2）检测车道控制器的工作情况，对车控器内部接线端子进行紧固，对车控器的进、出风口的风扇进行检查和清洗。

（3）检测车道自动栏杆机的检测线圈、抓拍线圈的电感量是否满足工作需要。

11. 监控系统的维护

（1）定期清除车道摄相机及亭内摄象机的灰尘，对拍摄角度出现偏差的及时进行调整。

（2）定期查看图像传输光端的连接端子是否紧固。

12. 计算机网络系统

定期对计算机系统进行启动系统扫描维护，避免了长时间运行造成系统性能下降。

（二）机电维护工作注意事项

1. 计重设备维护

光栅加热玻璃表面应常除尘。由于加热玻璃表面含有导电膜，因此需要用干的软布擦拭。

在打扫车道卫生时，应从秤台处向两边清扫，避免渣土掉入秤台基坑内。

加热玻璃电源开关应在冬季有雾时打开，到春季无雾时应关闭。

调整光栅时，如稍用力不能调整时，应用螺丝刀松开螺丝，切不可用蛮力，以免损坏光栅管。

在数据采集器内进行操作时，注意不要损坏计量院的封条。

2.卡机

带电插拔卡机和读写器的通信电缆可能造成卡机和读写器的物理损坏，所以，严禁带电插拔卡机和读写器的通信电缆，更换卡机时注意不要将卡机和读写器的通信线接错。

使用中的卡机应每隔半月在滑块（卡机内部滑动部分）上的小孔注入一滴32#机油，停机启用的卡机也应预先注入1-2滴机油。

卡机的光电传感器必须定期（1星期内）做除尘处理，否则可能产生滞卡现象。

四、故障设备的报修工作

针对站内人员无法解决的故障，应做好设备的保修工作。准确而详细的上报设备故障情况，如实填写设备故障报修表见以协助专业维修人员对设备故障做出正确的判断。机电设备故障可分为内因故障和外因常故障。

（一）内因故障

是指在正常使用过程中由于设备自身原因造成的故障。内因故障报修单内应包含的信息有报修单位、报修人、联系电话、报修时间、故障发生时间、故障现象、发生故障前的特殊情况或操作、维护员处理过程及结果、报修单位领导签字、机电所处理意见。

（二）外因故障

是指因人为因素或遭遇不可抗力造成的故障。如车辆肇事、雷击等引发的故障。多是因司机肇事造成的损坏，因此外因报修单与内因保修单相比应增加路政人员现场勘查情况和执法结果，并附带本人签字。

第三章 城市轨道机电安装与运行

第一节 城市轨道交通机电安装工程概述

一、城市轨道交通机电安装工程特点

城市轨道交通安装工程具有建设规模大、投资高、施工复杂、安全风险高、质量控制标准严、不可预见因素多、协调难度大以及"四新"不断出现等建设特点。

（一）工程建设规模大、投资高

1. 建设规模巨大

（1）线路长

城市轨道交通工程的单条线路规划里程通常十几公里至几十公里，一个一线城市的地铁线路规划往往十几条，整体规划达几百公里乃至上千公里（北京、上海地铁已规划至1000km以上）。

（2）线路建设涵盖的工程专业多、配套项目多、工种复杂

包括信号系统安装、通信系统安装、牵降变电所安装、供电系统安装、综合监控系统、通风空调系统、给排水系统、消防系统、AFC、BAS、FAS系统的安装等，随着建设标准的提高，屏蔽门、疏散平台、车载视频等新兴系统也在不断地出现并应用。

2. 投资高

体现在轨道交通工程建设和运营的两个方面。轨道交通工程每公里造价通常为4-6亿元，规划较多线路的城市其年运营费用通常高达几亿元。

建设规模大，建设及运营费用高，决定了轨道交通项目建设的高投入，也决定了其工程施工质量控制的重要意义。

（二）施工复杂、安全风险高

由于当前城市轨道交通不仅仅包含地下线路，还包含地面、高架、复合式等多种线路形式。因此机电安装工程施工，除需考虑地下作业、密闭空间作业之外，还要考虑雨季防水、夏季防暑降温、防汛防台、防雷、防暴晒以及闹市区作业等诸多特殊情况，施工环境

复杂造成施工设计方案、施工工序工艺的复杂性以及施工安全因素的多样性，也增加了工程施工质量控制的难度。

（三）质量控制标准严

城市轨道交通项目多建设在人口稠密的市中心区，属于城市中最常用的公共安全交通系统。在今天的中国，其对城市交通的贡献程度以及对城市人口日常生活的影响，以及远远超出了城市规划者的预期，其安全有效率的运行时人们方便快捷生活的重要保障。反之，城市轨道交通因故障而停运，将给广大市民的正常生活带来重大的影响，造成很大的经济损失和消极的社会影响。因此，从 2003 年全国城市轨道交通加速发展以来，其可靠性要求越来越高，质量控制标准越来越严格。

（四）协调内容多、难度大

1.需协调勘察、设计、设备供应、施工、监理、监测、检测等诸多利益牵涉方。

2.需协调人力、物力、财力、信息等项目全寿命周期构成中涉及的所有管理因素。

3.诸多的专业和相对狭小的施工作业空间，造成了大量的施工界面，专业与专业之间、标段与标段之间需协调的环节多、接口多。

4.需考虑轨道交通发展与其他交通方式的协同、轨道交通发展与城市发展的协同等，协调的复杂性、多样性直接对施工质量控制造成影响。

（五）"四新"的不断出现

与土建专业相比较，其材料、工艺、技术相对比较成熟，而城市轨道交通领域的机电安装工程"新材料、新设备、新工艺、新技术"不断出现，更新速度十分快。

举例说明，地铁接触网专业在近 10 年内增加了"刚性悬挂""下接触式接触轨""上接触式接触轨""五轨供电"等多种形式；信号专业近年来也引入德国西门子、加拿大庞巴迪、法国阿尔斯通多种制式；玻璃钢、环氧树脂等复合材料不断投入使用；节能、环保、绿色的设备不断更新换代。新设备、新材料的使用促成了新工艺、新技术的形成。"变化"成为机电安装工程最为显著的特点之一，这无疑给施工质量控制带来很大难度。

二、城市轨道交通机电系统概况和工程范围

（一）环控系统

采用屏蔽门系统，即设置车站公共区制冷、通风、排烟系统；车站站台下及车道顶排热系统；区间隧道活塞/事故通风系统；车站设备和管理用房的局部空调等子系统。

施工范围包括环控系统的安装、单机和车站环控系统调试、配合火灾自动报警系统对防排烟系统的联动调试。

（二）给排水系统

包括车站生产、生活给水系统；消火栓给水系统；自动喷水灭火系统；污废水、雨水排水系统；区间内消防给水、废水系统。

施工范围包括车站内给水包括生活用水、生产用水及冷却循环用水；排水含污水、废水及雨水排放；水消防设消火栓系统和水喷淋系统安装与调试；区间内由消火栓给水和旁通道区间排水安装与调试。

（三）动力照明系统

包括提供车站内环控、给排水、通信、信号、电梯、自动售检票、FAS、BAS、气体灭火、屏蔽门等系统电源；车站照明及区间动力、照明、泵房、风井等配电。

施工范围为从降压变电所 400V 低压开关柜及交流屏出线端到相关专业配电箱电力干线电缆敷设和中间、终端头制作、接线、封堵；车站内照明配电设备电源电缆的采购、安装，从降压变电所 400V 低压开关柜出线端及直流屏的事故照明出线敷设电缆至照明箱；区间动力维修箱、区间泵控制箱、区间照明系统配电设备、材料的采购、安装。

城市轨道交通机电工程施工具有如下特点：

1. 除了公司承担的环控、给排水及动力与照明外，车站和隧道装饰、屏蔽门、牵引供电、触网和轨道、市政管网、消防、通信、信号、自动售检票系统等由其他承包商施工的内容要同期进场施工。站厅、站台等公共区域内各专业管线比较集中，局部地区几种管线均要反复平衡的复杂情况。因此，协调工作量比较大，必须综合考虑合理的布局，不影响其使用功能和其他专业的施工。同时施工时车站内施工空间有限，也不可能会有宽敞的预制加工场地，必然要加大现场外的工厂化预制。

2. 东方路沿线交通流量大，车站又毗邻住宅小区，大型设备、材料进出场可能会影响交通。在施工过程中必须做好文明施工工作，噪音比较大的作业不得安排在夜间施工，把施工对周边环境的影响尽可能降到最低。

3. 地铁工程施工的垂直运输量大，所有站台层、站厅层施工机械、大型设备、安装材料都要吊到地下层，而区间施工材料设备还需由地下水平运输到区间作业点。

4. 地下车站施工环境相对地面来说比较潮湿，特别是环控系统正式应用前湿度更大，对产品的保护要求高，必须加强现场通风。

5. 为防止直流牵引电流通过轨道道床、电缆支架、管线支架、区间隧道结构等无规则分流，即杂散电流（迷流）引起地下金属管线严重腐蚀，所有安装的电气设备、支架、管线和车站主体结构之间必须采用绝缘膨胀螺栓或绝缘预埋铁板安装工艺，不得与主体结构钢筋直接接触。

第二节　城市轨道交通机电设备安装

地铁常规设备安装工程属地下作业，周围工作场地窄小，通风差、环境湿度大，亮度差，一般为岛式站台，结构复杂，工作面广，处于市内繁华路段，交通、场地对施工极为不便，协调工作量多。专业施工交叉进行，并且互相制约，区间较长，材料运输难度较大。机电设备安装工程与主体结构、牵引供电、通信、信号、接触网、自动售检票、扶梯、屏蔽门、公共区装修等系统和专业都有接口，存在接口的衔接和交叉施工的问题。本节结合我们以往在地铁常规设备安装工程中的施工经验，针对地铁常规设备安装工程施工，总结我国地铁常规设备安装工程施工中的经验和技术，介绍切实可行的施工工法。

一、低压配电设备安装

低压配电专业是地铁机电设备安装工程中的较大的专业，施工接口多，施工周期长。

（一）低压配电专业主要工序施工要点

1. 低压配电柜安装

（1）低压配电柜安装

包括跟随式降压变电所内低压配电柜、混合式降压变电所内低压配电柜、区间变电所内低压配电柜、环控电控室电控柜、蓄电池室事故电源装置、设备随机配电柜及控制柜等的安装。

（2）低压配电柜卸车与运输

低压配电柜到达施工现场地面时，施工方应会同甲方代表采用 5~8t 吊车将配电柜卸到业主指定的临时存放点，配电柜下面需垫木方，上面需盖好防雨薄膜，用 3 吨铲车将电控柜运到设备吊装孔边上，再用电动葫芦将电控柜从设备吊装孔吊到站厅层或站台层。配电柜在搬运和安装中倾斜不超过 15°，避免振动和撞击。

（3）与盘柜安装有关的建筑物

土建工程施工标高、尺寸、结构及工程质量均应符合设计要求。

（4）基础槽钢

预埋位置按图纸要求，必须准确到位。根据实际情况，分盘柜下进线与上进线两种。预埋槽钢标高及水平度用水准仪和铁水平尺检测，保证型钢的平直度及水平度每米小于 1mm，全长不大于 5mm，达到要求后做好测量记录，同时固定牢固，进行水泥灌浆。

（5）基础槽钢接地

按图纸接地要求在基础槽钢上焊镀锌接地螺栓，采用接地电缆和接地母排连接。对于 0.4kV 低压开关室的配电柜，其基础槽钢还要用 −50×5 的镀锌扁钢与接地干线可靠焊接。镀锌扁钢与接地干线（扁铜）之间焊接时，搭接面需三面施焊，且搭焊长度大于100mm。采用银焊条牢固焊接。

（6）配电柜开箱检查

配电柜宜运到设备基础边上后开箱检查，配电柜开箱时，施工方专业工程师和监理工程师会同业主代表工程师、配电柜供货商代表一起开箱检查盘柜，并做好开箱检查记录。

①检查盘柜装箱单、技术资料、备品备件、内部设备元件是否完整。

②检查盘柜外观及内部设备元件是否良好。

③检查盘柜型号、规格、颜色是否符合设计要求，检查设备元件是否有铭牌和产品合格证，一次接线回路标注（相色标注）是否清晰。

④柜体外观检查应无损伤及变形，油漆应完好无损。

（7）盘柜组立

配电柜安装前应先检查配电室是否具备条件；门窗是否已施工完成；地面施工是否已到凝固期；照明灯具是否已安装完成等；立柜前先按图纸规定的顺序将柜做好标记，然后放置到安装位置基础槽钢上。柜组立安装后，柜面每米的垂直度应小于1.5mm，相邻两柜顶部的水平偏差应小于2mm，成列安装时，柜顶部水平偏差应小于5mm，并且排列整齐。采用角尺和线坠进行检测，达不到要求时在柜底部垫1–5mm厚的薄垫铁校正，柜和柜之间采用不锈钢螺栓固定。

（8）低压成套柜

必须与预埋基础型钢材焊接。每个柜的焊缝不应少于四处，每处焊缝长约100mm左右，为了美观，焊缝应在柜体内侧，焊接时应把垫在柜下的垫片也焊在基础型钢上。

（9）柜盘接地

柜与基础槽钢之间采用$70m^2$的裸铜绞线及镀锌螺栓和基础槽钢可靠连接，装有电器的可开启的盘柜门应以$6mm^2$的软导线与接地的金属构架可靠连接。

（10）盘柜母排连接

盘柜组立后进行母排连接，母排连接时相序及色标要正确，连接螺栓尽量方向一致，保证不同相裸露载流部分之间及与绝缘的金属之间的电气间隙不小于12mm，漏电距离不小于20mm。母排连接处应先用平锉挫平，然后用0号细砂纸打磨，待导电部分露出金属光泽后，用干绸布涂上电力复合脂。

（11）低压抽屉

机械联锁或电气连锁装置应动作准确可靠，断路器分闸后隔离触头才能分开。抽屉与柜体间的二次回路连接插件应接触良好，抽屉与柜体间的接触及柜体、框架的接地应良好。

（12）盘柜

安装在震动场所，应按设计要求采取防震措施。盘柜固定好后，应进行内部清扫，用抹布将各种设备擦干净。柜内不应有杂物，同时应检查机械活动部分是否灵活，导线连接是否紧固。

（13）盘内接线

引进柜内的电缆要排列整齐，避免交叉，电缆型号，规格要符合设计要求，电缆及其芯线在柜内不得有接头。电缆头采用电缆卡固定在低于端子排 150–200mm 处的柜内型钢上，且电缆固定牢靠，不得使所接的端子排受到机械应力。

每根电缆应按设计编号要求挂塑料电缆牌，标明电缆编号，型号规格，要求标号清晰，不易褪色，柜内接线应正确，连接可靠，电缆芯线和所配导线的端部应套标准线号，标明其回路编号，芯线（导线）绝缘良好。铠装电缆在进入柜（盘）后，应将钢带切断，钢带端部应扎紧，并将钢带接地。盘柜内配线应整齐、清晰、美观。配电柜底板或顶板电缆进出孔采用开孔器开孔，大小适当，板孔用橡皮护口保护，电缆接线完毕后，采用防火密封胶及防火胶泥封堵橡皮护口与电缆之间的间隙，配电柜的上方不应敷设管道，柜底座周围应采取防火密封胶及防火胶泥封闭措施，防止鼠，蛇等小动物进入柜内。

（14）二次回路检查，送电及功能测试

按原理图，元件布置图，接线图初审合格后，检查电气回路，信号回路接线应牢固可靠，进行送电前的绝缘电阻检查，需要达到 0.5 以上。

按前后调试顺序进行耐压试验、送电及测试电路的功能，分别进行模拟试验、控制、连锁操作，继电保护和信号动作应正确无误、灵活可靠。二次回路交流耐压试验电压为 1000V，当回路绝缘电阻值在 10 兆欧以上时，采用 2500V 兆欧表代替，试验持续时间为 1min。当回路中有电子元件设备的，试验时应将插件拔出或将其两端短接。同时，检查 400V 及以下的二次回路的带电体之间或接地间的电气间隙不小于 4mm，漏电距离不应小于 6mm。

（15）成品保护

配电柜安装完成后用塑料布包扎，做好防水防潮防尘措施，配电柜室内要保持干燥，做好半成品保护工作。人员出入必须严加控制，门窗及时落锁。特别是在送电后，更应加强相关管理，每次的送电、断电操作必须经专业工程师的允许，施工队长具体操作才能完成，不允许其他人员私自操作。

2. 配电箱安装

包括车站、区间的动力配电箱、照明配电箱、就地控制箱、双电源切换箱、插座箱的安装。

（1）配电箱开箱及检查参照配电柜检查项目。对于安全照明配电箱内，安全变压器进出线接线端子在同一配电箱内，应有明显区分标志。

（2）配电箱安装位置按相关图示进行安装，型号规格要符合设计要求，采用 M12 的膨胀螺栓固定在墙上。

（3）箱顶板及箱底板开孔时采用开孔器，开孔合适。

（4）进出配电箱的钢管与配电箱之间采用锁母连接，锁母外管螺纹宜外露 1–2 扣，管口要用橡皮护口保护，胶粘固定，管护口和电缆之间的间隙采用防火密封胶泥封堵。

（5）配电箱内汇流排和 PE 线要标志明显，接线时严格区分，电缆接线时要排列整齐，编号齐全，芯线留一定的裕量，接线要按图纸施工，正确牢固。

（6）配电箱安装后，先用万用表检测线路通断，再用 500V 兆欧表检查线路绝缘，相与相线之间、相线与零线之间、相线与地线之间、零线与地线之间绝缘电阻应大于 0.5 兆欧，并做好记录。

（7）配电箱安装后要进行内部检查，箱内各构件间连接应牢固，元器件应完好无损，箱内应无杂物，回路编号标志齐全，盘面标志齐全，正确且清晰。

（8）配电箱的接地按图纸要求，箱内接地端子和接地线牢固接连。

（9）配电箱安装后同样要用防雨塑料布包扎，采取防水防尘防潮措施。

3. 电缆敷设

包括车站、区间的动力电缆及控制电缆线路的敷设。

（1）电缆的运输

电缆到货后，采用吊车进行装卸，车速应均匀，拐弯或上下坡时要放慢车速，运输中电缆要立放。近距离搬运时，可采用滚动，滚动方向须顺着电缆盘上箭头所指示的方向。滚动中注意不要损伤电缆。短接电缆不可在地面上拖拉，要适当盘绕运走。

（2）电缆的保管

电缆的存放处要求地面干燥、坚实、道路通畅、易于排水。塑料护套电缆应有防日晒措施。保存期间应每三日检查一次，木盘应完整，标志应齐全，封端要严密，铠装电缆应无锈蚀。若出现问题要及时处理。

（3）电缆施工前准备工作

详细的电缆线路平面布置图、电缆排列平面图、电缆清册、固定电缆用的附辅助材料。准备必要的机具，如放线架，千斤顶。

（4）施工前的检查

检查电缆的截面、芯数、电压等级、外层护层结构、长度等是否与设计相符，并做好记录。同时应检查是否潮湿，测量绝缘电阻。电缆施放线路是否与设计图纸相符。

（5）电缆在电缆廊道内敷设

在电缆沟两侧须安装电缆支架，支架层间间距为 200mm，最上层支架距沟顶距离 150mm，最下层支架横档距沟底距离不小于 50mm，支架采用 L50×5 的镀锌角钢制作，用 M12 的膨胀螺栓固定在电缆沟侧壁上。电缆支架上敷设 −40×4 的镀锌扁钢作为支架接地线，镀锌扁钢与接地干线采用镀锌螺栓连接，电缆支架每隔 600mm 安装一组。电缆在沟内敷设时低压动力电缆及控制电缆应与高压电缆分别敷设在不同的支架上。支架固定安装、电缆敷设时，应严格执行施工规范规定的相关距离要求。

（6）电缆在桥架内敷设

按照电缆的数量，敷设走向，确定电缆盘安放点，避免电缆交叉。电缆敷设时先放长电缆，后放短电缆，先放桥架左侧走向的电缆，后放桥架右侧走向的电缆，避免交叉，电力电缆与控制电缆在桥架上敷设时应分层，若必须在同一层桥架内应用桥架隔板隔开。

强电与弱电电缆在同一竖井内敷设时，应分别在竖井的两侧敷设或采取隔离板隔开。桥架内电缆垂直敷设时，在电缆上端及每隔 1.5~2m 处固定；水平敷设时在电缆首端、尾端转弯处及直线段每隔 5~10m 固定一次。电缆采用绝缘绑扎线及尼龙扎带固定牢固。

电缆桥架内每根电缆每隔 50m 处，电缆的首端、尾端及转弯处挂电缆标志牌，注明电缆编号、型号、规格、起点及终点。在电缆敷设完毕后立即封闭电缆头，采用自粘绝缘胶带，防止潮气进入电缆内。电缆在梯级式桥架、槽式桥架内的横断面的填充率电力电缆不大于 40%，控制电缆不大于 50%。

（7）电缆在保护管内的敷设

从桥架、支架引至设备，墙外表层或屋内行人容易接近处和其他可能机械损伤的地方，电缆应有一定机械强度的保护管（厚壁镀锌钢管）保护，采用电缆穿管敷设方式。

管道要求管口光滑，内部应无积水且无杂物堵塞。穿电缆时，不得损伤保护层，可采用滑石粉作润滑剂，便于管内穿电缆，管子表面的防腐层应完好，否则须涂防火涂料，镀锌钢管管内应打磨光滑，管内吹扫干净，穿电缆前装上管护口，管护口胶粘固定，钢管镀锌层损伤处应刷二遍防火涂料。电缆管长度在 30m 以上时，管内径不应小于电缆外径的 1.5 倍。

（8）电缆在区间隧道内的敷设

进入区间施工前，必须得到业主有关部门的批准后，制定详细的施工计划，做好相关安全防护措施。对于区间内规格较大的电缆采用租用轨道车的方法进行施工，轨道车速度不应大于 20m/min。

（9）电缆在敷设过程中应有专人领线

在一些重要的转弯处，要严把质量关。一根电缆放完后，应立即沿路整理、挂牌。配电盘柜下的电缆在敷设完毕后，应立即整理并用卡子固定好，电缆全部放完后，由工程技术人员立即填写施工记录，并画出竣工草图。

4. 电缆桥架安装

（1）施工前准备工作

施工前，应结合站内其他专业图纸以及综合管线图，做好现场测量，绘制出详细的电缆桥架二次平面布置图（包括桥架的走向、标高、型号规格等）。

（2）桥架的选型

根据本标段对桥架选型要求，总的原则在无吊顶的房间采用梯级式桥架；在吊顶中安装的桥架采用梯级式或槽式防火型桥架。桥架的结构要满足强度，钢度及稳定性要求，符合生产厂家给出的允许荷载要求。

（3）桥架支架

采用 L50×5 的铝合金角钢及铝合金槽钢制作支架、吊架、对于不靠墙安装的 400mm 宽以上的桥架采用龙门架支撑，而靠墙安装的桥架采用 L 型及 L 型加斜撑的支架支撑。

支撑采用 M12 的金属膨胀螺栓牢固地固定在楼板或墙上。

（4）桥架水平敷设

宜按荷载曲线选择最佳跨距进行支撑，跨距通常为 1.5–3m 或将支撑选择在附件的接头处。当桥架内侧弯曲半径不大于 0.3m 时，应在距非直线段与直线段的接合处 0.3–0.6m 的直线段侧设置一个支架或吊架；当半径大于 0.3m 时，在非直线段宜增设一个支架或吊架。

（5）电缆桥架

离地面的高度不宜低于 2500mm（在专用电缆井道内除外）。

（6）铝合金桥架

在钢制支架、吊架上固定时，应有防电化腐蚀的措施。

（7）铝合金梯架、槽式线槽

直线段超过 20m 时，应留有不少于 20mm 的伸缩缝。在经过建筑物伸缩沉降缝时必须断开，断开距离以 10cm 左右为宜。

（8）桥架安装

其连接螺母朝外，连接处要牢固可靠，拐弯处及变径时选用供货厂家的定型产品，保证整体横平竖直，在坡度建筑物上安装时应与建筑物保持相同的坡度。

（9）桥架系统

应有可靠的电气连接，桥架之间采用 16mm^2 的铜编织进行跨接，并且每隔 50 米与接地干线（或者接地铜排）可靠连接，铝合金梯架伸缩缝间桥架须跨接接地线。

（10）桥架安装好后

要及时做好保护，以免装修喷涂污染。采用塑料彩条布加以掩盖。

（11）特别注意

因桥架安装场所在运行中振动较大，所有桥架、支架安装连接用各类螺栓必须设置弹簧垫圈。

5. 配管

（1）技术要求

所有配管（包括金属软管）、接线盒、底盒、连接头等一切配件及材料符合现行国家标准的规定。施工中严禁使用有裂缝、压扁、堵塞、严重腐蚀过的钢管。

所有穿线及防护的金属管内部要求光滑。管道在穿线前应将管内的积水及杂物清除干净，穿线前将管内的锋利边缘清除干净，避免线路受损。所有管道安装必须保持整齐，在一个相同的基准内施工，应与墙身及相邻的管道保持平行或垂直。在同一平面之相同区间内，所有管道必须保持高度一致。

从接线盒处引到设备端子的线路均应加金属软管保护，使用的金属软管长度不能超过 1m。不同系统、不同电压等级、不同电流类别的线路，不应穿在同一管内，管路必须接地，但不能作为地线用。

电线管路弯曲半径，明暗配时均不应小于管外径的 6 倍，当电线套管遇下列情况之一时，中间应增设接线盒，且接线盒位置应便于穿线，金属电线管和金属盒（箱）必须与保护地线有可靠连接。管长每超过 30m，无弯曲；管长每超过 15m，有两个弯曲。

管长每超过 20m，有一个弯曲。管长每超过 8m，有三个弯曲。管子入盒或箱时，盒外则应套有锁母，内侧必须装护口。管线经过建筑物的变形缝处，应采取补偿措施，导线跨越变形缝的两则应固定，并留有余量。电线管路中间加装接线盒，应符合规范规定，在 TN-S 系统中，金属电线管和金属盒（箱）必须与保护地线（PE 线）有可靠的电气连接。

（2）敷设的电线套管、管口、管子连接处均应作密封处理

在管口处加上管护口，采用胶粘固定。管护口与电缆电线之间以及管子丝接处采用密封胶泥密封。

（3）埋入墙内或混凝土的管子，离表面的净距离不应小于 15mm。

（4）钢管与设备连接

应将钢管敷设至设备内，不能直接进入时，应在钢管出口处加金属软管引入设备，金属软管长度不宜大于 2m，金属软管采用软管接头连接，管应包扎严密。

（5）进入落地式配电箱的电线套管

应排列整齐，管口应高出基础面不小于 50mm。

（6）电线套管的切割套丝

配管时，按实际长度切割管子，用钢锯、割刀或无齿锯切割，严禁用气割。管子套丝时，先将管子一小部分伸出压力案并压紧，然后调好代丝用合适的板牙套丝。施工时采用省力高效的电动套丝机。套丝完毕后将管口毛刺用锉刀刮口，以免毛刺划破导线绝缘层。

（7）电线套管弯曲

明暗配时均不应小于管外径的 6 倍，当埋设于地下或混凝土楼板内时，不应小于管外径的 10 倍。对于 G50 及以下的钢管采用液压弯管机弯制；对于 G70、G80 的钢管采用中频弯管机弯制；管径在 80 以上的，可用热煨法。被破坏的镀锌层必须采取防腐措施。弯管处不得出现凹凸和裂缝，弯扁程度不应大于管外径的 10%。

（8）热煨法

先在管内塞满、塞实烘干的沙子，然后用木塞堵住两端口。再在弯曲半径部位均匀加热，最后在胎具内弯曲成型，再浇以凉水，倒出沙子即成型。用此法煨弯时，应比预定弯曲角度略大 20-30，以弥补因冷却回缩。管子的加热长度公式如下：

$L = \pi a R / 180$

其中 R 为弯曲半径 mm，a 为弯曲角度。

（9）钢管进入灯头盒，开关盒，接线盒及配电箱时，管口露出应不小于 5mm，明配管应锁母固定，露出丝扣 2-4 扣。

（10）在建筑物的吊顶内配管，必须采用镀锌钢管、金属线槽布线，吊顶内金属软管的长度不应大于 800mm。

（11）钢管的支持件应固定牢固，线路在经过建筑物的伸缩缝及沉降缝处应设补偿装

置，即钢管在伸缩缝及沉降缝处断开，加装分线盒，分线盒间采用金属软管连接，金属软管预留一定的裕量，在跨越处的两则应将导线固定，并留有适当裕量，且钢管之间须用 16mm² 的铜芯接地线跨接。

（12）厚壁钢管之间的连接采用套管连接，套管长度应是管外径的 1.5~3 倍，连接管的接口应在套管中间，焊接应牢固，严密。线管与通风、上下水管等之间的最小距离：穿管配线平行敷设距离为 100mm，交叉为 50mm。

（13）阻燃硬塑料管敷设，阻燃硬塑料管用于设备房内照明配线，硬塑料管沿建筑物表面敷设时在直线段上每隔 30m 应装补偿装置。

（14）明配的硬塑料管在穿过楼板而受机械损伤的地方应有钢管保护，其保护高度距楼板面不应小于 500mm。

（15）明配塑料管应排列整齐，固定点的距离应均匀且符合规定要求。

6. 管内穿线

（1）配线规格，型号及敷设方式应符合设计要求，配线起点，终端按设计回路编号挂牌。标明设计回路号，型号规格。

（2）管内穿线前应检查导线的型号规格是否符合设计要求，管子敷设是否符合要求。导线穿入钢管前，在导线出入口处，应加橡皮管护口保护导线。

（3）不同回路的导线，不应穿于同一根管子内，但对同类照明的几个回路，在满足管内足够空间前提下，允许穿同一根管内（不多于 8 根）。

（4）导线在管内不得有接头或扭结，其接头应在接线盒内连接。导线放线时应采用放线架，导线不得在地上或硬物上拖动，以免损伤导线绝缘，导线敷设后采用 500V 摇表进行绝缘检查，应符合设计要求。

（5）导线穿管敷设时采用钢丝带线，并在管内放入适量的滑石粉，拉线时应两人操作，其中一人送线，一人拉线，不可生拉硬扯，应俩人协调统一。当拉到某一点拉不动时，可用锤子敲打或俩人来回反复拉动几次线后再向前拉。

（6）穿线时，应先穿钢丝带线作为牵引线。当管路较长弯曲较多时，应在配管前先穿入钢带线。现场施工中，若管路较长，且弯曲多从一端穿线较困难时，可从两端同时穿带线（穿前先把两钢丝弯成小钩），当估计二根钢丝接头之后，反向转动两根钢丝使之绞合在一起，然后把其中一根拉出，此时可在钢丝上绑扎导线穿线。

7. 电缆头制作安装与电缆的连接

（1）电缆头施工的要求

制作电缆头的材料、工具、附件等均应在施工前准备齐全，且质量合格。施工现场应保持清洁、干燥、明亮。制作电缆头从剥切开始到完毕，必须连续进行，时间越短越好，以防吸潮。同时在制作过程中要严防汗水滴入绝缘材料内。在操作时不允许损伤绝缘层。电缆终端头的出线应保持固定位置，并保持必要的电气间距和合适的弯曲半径。制作完毕后经验收合格方可与系统、设备相连，连接时要核对相位，确认无误后方可连接。

（2）电缆不允许有中间接头

由于地铁站内湿度较大，电缆终端头制作严格遵守制作工艺规程，由熟悉制作工艺的熟练技术工人制作。对于 50mm² 以上的电缆终端头建议采用热缩电缆头制作。对于 50mm² 及以下的电力电缆头采用干包方式。电缆头制作后按设计采用电缆卡牢固地固定在柜、箱的支架或框架上，电缆头带电部分对地净距离应满足室内配电装置的最小安全净距的要求。

（3）电力电缆终端头的铠装层应良好接地

接地线采用 16mm² 的铜绞线。对于 10mm² 以下的低压电缆的接地线采用 6mm² 的铜导线。

（4）电缆芯线的连接

对于 6mm² 以上的铜绞线的连接，其线端头压接铜线鼻子，线鼻子的规格与线芯规格相符，且压接牢固。

（5）控制电缆的终端头

可采用塑料电缆端头制作，自粘带包扎，以防潮气侵入。

（6）电缆的试验与检查

电缆敷设及连接前进行绝缘电阻试验，1kV 以下的电缆使用 1kV 兆欧表测量绝缘电阻值，应大于 1MΩ。

（7）电缆芯线相色的排序符合规范规定。

（8）电缆连接前

采用电缆对线表校线，且挂标牌，芯线套标号。对于铜绞线控制电缆，其芯线端头要压接带绝缘护套的针式接线端子，接到接线端子上。

8. 室内照明灯具安装

（1）灯具安装前就认真核对灯具安装位置，要做到照度满足要求，位置合理，维修方便。公共区灯具应密切结合装饰专业图纸，保证灯具安装完毕后，保持灯具水平一致、美观。

（2）检查灯具的型号，规格符合设计要求，附有相关产品合格证。

（3）照明器具安装形式、高度、位置应符合设计要求，安装牢固，照明灯具外壳均应接地，灯具的相线应经开关控制。

（4）同一室内成排的灯具安装应整齐，其中心偏差不应大于 5mm。成排灯具中心线以细钢丝挂线拉直找准。

（5）事故照明灯具须有标明特殊标志，疏散指示灯具标明走向及距安全出口的距离。

（6）在变电所内，高压、低压配电设备的正上方，不应安装灯具。

（7）AC36 伏灯具照明变压器安装在事故照明配电箱内，电源则应有短路保护，其开关的额定电流不应大于变压器的额定电流。变压器外壳，铁芯和低压侧的一端或中心点均应和接地端子可靠连接，接地良好。

（8）嵌入顶棚内的装饰灯具（包括公共区及出入口）的配管配线应按照以上项目的

要求及做法完成，与嵌入式灯具连接的金属软管，其末端的固定管卡宜安装在自灯具、器具边缘起沿软管长度 1m 内。

（9）嵌入顶棚内的装饰灯具的边缘应与顶棚面的装修直线平行，如灯具对称安装时，其纵横中心轴线应在同一条直线上，偏斜不应大于 5mm。

（10）照明灯具采用吊杆及吊链吊装时吊竿应垂直，双链应平行，照明灯具内外应用干布及无水酒精擦净，导线与灯具连接应紧密牢固，不伤灯芯，照明灯具及导线应绝缘良好。

特别注意：照明导线连接应避免采用包布包扎，施工中应选用合适的插拔式连接器。

9. 接地系统安装

（1）一般技术要求

电力工程中电机、变压器、配电设备及其他电器的金属外壳和底座，互感器的二次线圈及底座、盘柜的框架、电力电缆的金属护层、穿线钢管、金属电缆桥架、支架等部分结构均应按设计要求接地或接零。

低压柜、环控柜的基础型钢应与结构钢筋进行电气隔离，柜/箱体的金属非带电部分应接地，装有电器的盘柜可开启门用软铜导线与接地端子相连。变电所设备接地母排（PCE）通过 240mm² 铜芯电缆接至接地网两点；弱电设备接地母排（WCE）通过 240mm² 铜芯电缆接至接地网两点。区间强电电缆支架的接地扁钢通过 120mm² 铜芯电缆与接地母排连接。

设备接地母排（PSCE）通过 120mm² 铜芯电缆与变电所设备接地母排（PCE）连接。区间弱电电缆支架的接地扁钢通过 120mm² 铜芯电缆与弱电接地母排连接。接地干线沿墙敷设时，离地面距离为 250–300mm，离墙间隙 10–15mm，支持件间距水平直线段小于 1500mm，垂直段小于 2000mm，转弯处小于 500mm。支持件布置应均匀，接地线穿墙时应有钢管保护。接地干线应在不同地点与接地网有不少于两点的连接。每个电气装置应以单独的接地线与接地干线连接，不得在一根接地线中串接几个需要接地的电气装置。

（2）安装步骤与方法

① 对车站内预留接地引出点接地电阻进行复测

接地铜母排装两只 ZNA–6MN 支柱绝缘子上，支柱绝缘子以嵌入式膨胀螺栓固定于墙体上，铜排距地约 300mm。接地母排与接地网接地引出线间应有不少于两点连接。采用低烟无卤阻燃电缆连接，电缆一端压接铜接线端子与母排用镀锌螺栓紧固，另一头与引出线可靠焊接（铜焊）。从强电接地母排引至变压器、低压柜、给排水管道接地连接均用 1×95 电缆连接。

② 给水、排水、冷冻水管的接地

用 50×4 扁钢围管道一周，焊实，引出端开孔，用一根 TJ–95 铜绞线两端压接铜线鼻分别与扁钢及接地干线扁铜连接。

③ 多层桥架

相邻桥架间、桥架与立柱/支架间、立柱与托臂间用 1×95 裸铜绞线连接成一连续导体，并就近与接地干线至少有一点相连。

④管路跨接

吊顶内或明敷设的管路，需用铜导线连接成一连续导体，并与接地干线相连。管路的跨接采用 2.5mm² 以上铜导线，将导线两端剥皮，分别缠绕在两根相接的管子端头处（离管口约 100mm），缠绕应不少于 7 圈，用专用接地卡子将导线紧固于管子上。

10. 密集型母线槽安装

从变电所至低压配电室至环控电控室的供电干线，两段低压母线间联络，一般采用密集型母线槽。

（1）施工工艺流程图

（2）母线槽安装前应根据施工平面图、车站综合管线图，由供货商协助，对现场测量绘制二次设计平面图作为供货商生产母线槽和我方安装施工的依据。

（3）母线槽按设计及规范要求到货后，我方专业工程师和供货商代表、监理、业主代表四家共同进行开箱检查验收，并做好检查验收记录。

（4）母线槽外观应无损伤变形，附件齐全，绝缘良好。

（5）根据现场实际情况，母线槽支架采用门吊式、L 型或三角支撑件进行制作，支架上钻孔必须使用机械钻孔，严禁使用电气焊割孔。吊支架加工完毕后，应进行热镀锌加喷处理。

（6）直线段线槽支架的距离不应大于 2m，拐弯处及与箱、盘连接处必须加装支架。

（7）母线槽直接固定在支架上，螺栓应加平垫和弹簧垫。或者按供货商给出的安装图集进行固定。

（8）需要线插转换箱的位置，线插箱应符合相关设计要求，为保证插接箱和母线接触紧密，在插接处可涂导电膏，减少接触电阻。

（9）插接母线槽的安装允许偏差

表 3-2-1 插接母线槽安装允许偏差

项目	允许偏差（mm）	检查方法
2m 段垂直、水平	4	拉、吊线检查
全长垂直	5	
成排间距	5	

（10）母线外壳两端，及其所有非导电部分的金属件均应用专用铜导线作接地连接，连接板或连接线应牢固可靠，整个母线槽外壳应保证可靠接地，且用接地电阻测试仪测其接地电阻不小于 0.5Ω。

（11）安装完毕后应整理、清扫干净，用兆欧表检测相间、相对地绝缘电阻值，并做好记录。检查测试应符合设计要求，送电空载运行 24h，无异常现象。

11. **事故照明装置蓄电池组的安装**

（1）蓄电池安装前的外观检查

蓄电池外壳无裂纹、损伤、漏液等现象。蓄电池的正负极性必须正确，壳内部件应齐全无损伤；有孔气塞通气性能良好；连接条、螺栓及螺母齐全，无锈蚀；蓄电池的电解液，其液面高度在两液面线之间；防漏运输螺塞无松动、脱落。

（2）蓄电池组的安装

蓄电池放置的平台、基架及间距符合设计要求。蓄电池的安装平稳，同列电池高低保持一致，排列整齐。连接条及抽头的接线正确，接头连接部分涂以电力复合脂，螺母紧固。

（3）蓄电池

引出电缆采用塑料色带标明正、负极的极性，正极为红色，负极为蓝色。每个蓄电池在其台座或外壳表面用耐碱棒料标明编号。

二、给排水及水消防设备安装

（一）给排水及水消防施工要点

1. 施工准备

熟悉图纸，做好施工准备工作。参照有关专业图和建筑结构图，以及综合管线图纸，核对管道的坐标，标高是否交叉，管道排列所用的空间是否合理，并协同相关人员及时进行处理。对施工用材料和工机具进行清点、核对。

2. 施工定位及测量

（1）施工定位和测量工作应在各专业图纸会审工作完成后进行，会同结构施工单位对结构的标高进行复合检查。

（2）根据给排水管线设计施工图纸及车站综合管线图，对施工现场的管线实际安装位置进行结构尺寸的测量工作，对给排水管线的线路走向在纵、横向，以及标高等方面进行详细的测量并记录。按实际测量的结果画出管路、管径、变径、预留管口、阀门位置等施工草图，并在实际安装的结构位置做上标记，按标记分段量出实际安装的标准尺寸，记录在施工草图上，然后按草图测量的尺寸预制、加工、校对且编号。

（3）绘制的施工草图须按规定的相关程序进行审核、批准；并经施工现场监理工程师及其他相关专业进行核对、确认。若存在与设计图纸有较大的变动、变更时，还应取得设计部门以及业主相关部门的认定、批准。

3. 管支架制作及防腐

（1）给排水及消防系统管道支架的材料一般采用 A3F 钢，管道支、吊架在制作下料、钻孔时均不得采用火焰切割方法，型钢的下料采用切割机，孔位的加工采用台式钻床；支吊架的焊接材料采用 T420-T425。

（2）支架的管卡采用标准镀锌件，支架在制作完毕后采用热镀锌工艺进行防腐处理，支架的结构作尺寸参见表3-2-2，支架在制作焊接完毕后，焊缝表面应进行外观打磨处理，清除焊接时产生的焊瘤、焊渣等物；并对支架进行边角毛刺打磨至光滑。

（3）支架在制作完毕后均须做热镀锌防腐处理，热镀锌层厚度不小于80μm。支架在镀锌前应进行外观检查。表面应整洁无毛刺，相对尺寸应符合要求，对热镀锌处理后的支架不得再进行任何切割修改工作，否则必须重新进行热镀锌处理。

表3-2-2　管道支架尺寸表

序号	Dg	dg	L1	L3	L2	间距						Φ3	Φ2	D	K
						B	C	E	δ	Hf	Φ1				
4	150	80	170	260	100	150	40	55	10	6	14	12	22	90	45
3	150	50	170	260	100	150	40	55	10	6	14	10	22	90	45
2	100	80	140	200	90	120	35	50	8	6	14	12	18	75	35
1	100	50	140	200	90	120	35	50	8	6	14	10	18	75	35

4.管道支架安装

（1）管道支架的安装

采用膨胀螺栓将支架底板与结构墙体进行固定。在进行固定工作时，必须要注意结构的安全性，不得有任何对结构有破坏性的固定。

（2）在固定支架前

预先根据施工图进行管线放线，根据给排水管路的走向以及管道的坡度进行测量放线，按照表3-2-3的规定以及相关技术规程规范要求的管道支架间距进行支架的固定工作。

表3-2-3　管支架间距表

管径	15	20	25	32	40	50	65	80	100	150
间距	1.5	2	2	2.5	3	3	4	4	4.5	6

（3）支架的安装固定

应平整牢固，相对支架间应有一定的坡度值（管线坡度），安装位置应正确，符合相关要求，在安装支架时，还应考虑到管线上阀件、金属软管，以及固定支架等的位置，尽量避开。管道支架的布置既要符合间距的要求，又要做到间距均匀，外观美观。立管在每层离地面1.5-1.8m处安装至少1副支架。

（4）管道固定支架的安装

应根据施工图纸以及相关规定在管线的一定位置安装固定支架在金属软管的两端、金属伸缩节的一端，以及管线终端和变线处均须设置固定支架。

5.管道安装

（1）给排水及消防系统分为给水及消防系统、压力排水系统和无压排水系统；给排水系统管道的安装应根据经核对后的综合管线施工图纸进行施工，管道的施工应按照先主干管，后支管的原则进行顺序敷设。

（2）所有管道、管件必须能够满足业主提出的相关技术要求，同时必须有出厂合格证、材质证明等资料，各项指标应符合国家标准、部颁标准或国际相应标准的要求。

（3）所有钢管、管件在使用前均应按相关要求进行检查，各类钢管和管件应壁厚均匀，无锈蚀，不得有砂眼、裂纹等缺陷；管件应无偏扣、乱扣、角度不准等现象；阀门的规格、型号应符合设计要求，外观规矩，无损伤裂纹，开关灵活，关闭严密；管道安装的坡度、坡向应符合设计要求；其他没有要求的应考虑方便排放管内的积水要求，同时在高位设置自动放气阀，低位点设泄水阀；明装钢管成排安装时，直线部分应互相平行；曲线部分，当管道水平或垂直平行时，应与直线部分保持等距，管道水平上下并行时，曲率半径应相等。

（4）管道在安装前，必须清除内部污垢和杂物，在安装中断或完毕的敞口处，应临时封闭。

（5）管道安装时应及时进行管道的固定和调整工作，管道支架与管道的接头、阀件等应错开一定的距离。

（6）与设备在连接前必须清理干净管内的杂物、焊渣，防止杂物流入设备内，堵塞设备内循环通道。

（7）管道穿过基础、墙壁和楼板时，应按设计要求加套管，管道接头不能设在套管内。对隐蔽工程的施工应严格执行有关标准规范。做好相关的施工记录。

（8）给排水及消防管道管外壁应涂色环并喷涂相应的文字，其中色环宽度应为50mm，直线管段色环间距为5m，在管道弯头及管道穿墙处需补加色环。在涂色环时，应间距均匀，宽度一致。给排水管道外涂色环要求（见表3-2-4）。

表3-2-4　给排水管道外涂色环要求

管道类别	色环颜色	喷字		备注
		内容	颜色	
生活给水管	黄色	SH	黄色	
生活、消防合用管	绿色	SX	绿色	
消防水管	红色	XF	红色	
污水管	黑色	W	黑色	
废水管	蓝色	P	蓝色	

6. 给水系统管道安装

（1）给水系统（生活用水、生活合用给水系统）管道的管材采用钢塑管，钢塑管内衬为 UPVC 衬层，内衬层防腐能力强，不生锈，不结垢，内壁光滑且卫生，对于管径 DN > 80mm 的采用法兰连接，DN ≤ 80mm 时，采用丝扣连接。

（2）对给水系统采用的钢塑管的技术要求：钢塑管的内衬层（UPVC）与钢管之间应

连接牢固且具有优良的密封措施。钢塑管的外层镀锌钢管应能承受一定的外力，且内外表面不应有有害的伤痕或裂纹等缺陷。钢塑管管件应为整体注塑产品。

（3）钢塑管在搬运及安装时，应注意防止碰撞，冲击。不得与化学品同放，防止出现软化和侵蚀现象，并应防尘，远离火源。

（4）因钢塑管的内衬层是UPVC材料，以及考虑到钢塑管的连接方式（要求端口平直），因此，在钢塑管进行切割下料时，应采用电动锯切割，并且在切割的过程中随时用冷却液进行冷却，切割时要保证断口与管中心的垂直度。钢塑管管件因在管件内部有橡胶密封圈，因此要求钢塑管端面要有一定的平整度，在钢塑管切割完毕后，用刮刀或绞刀修整内缘，去除内壁凸纹、毛刺及棱角，为了保证管内衬塑层的密封，在管端塑层处应倒角。管端螺纹应加工至标准规定长度。在进行连接时，在管端和管件螺纹根部均匀涂上一圈专用密封胶。

（5）为了保证钢塑管的连接密封性，钢塑管管螺纹的加工要有一定的精度，因此对于钢塑管的工程规格、内外径以及壁厚等均有一定的要求。钢塑管要求衬塑层平滑，与外层主体的同轴度高，管件与钢管的配合尺寸得当，在加工丝扣后无须大的修整即可安装使用。

7. 压力排水管道安装

（1）地铁站内压力排水系统管道采用镀锌钢管，管径 DN < 100 时采用丝扣连接；管径 DN≥100mm 时采用刚性法兰连接，对埋墙钢管应补刷环氧树脂两道。室外压力排水采用球墨铸铁管道，采用沥青对外表进行防腐处理。

（2）排水管部分与设备接口，采用法兰连接时，法兰应垂直于管道中心线焊接，其表面应相互平行。法兰的焊接应按照规定的要求进行，焊接完毕后，焊缝表面的焊渣、飞溅等应清除干净。少数在现场焊接处应刷红丹防锈漆两道、银粉漆两道防腐。法兰衬垫采用橡胶垫，材质符合设计要求和施工规范规定，且无双层。法兰的衬垫不得突入管内，其外圆到法兰螺孔为宜。

（3）管道的焊接应保证焊口平直度、焊缝加强面符合施工规范规定，焊缝表面无结瘤、夹渣和气孔等缺陷。

（4）对于室外压力排水管道采用球墨铸铁管道，球墨铸铁管采用橡胶圈密封进行密封连接，这要求在施工和运输的过程中，必须保护好承插接口的接触面，接触面不得有缺陷。橡胶密封圈在使用前进行严格的检查，橡胶密封圈是否有损伤，是否有弹性，安装时可涂试滑石粉，减少装配时的摩擦力。存放橡胶密封圈在阴凉处，远离汽油、煤油、香蕉水等化学有机溶剂。在橡胶圈安装时安装前，管道密封接触面必须清理干净。球墨铸铁管搬运及安装时，应注意防止碰撞，冲击。安装下料采用切割机下料，管道切口应垂直管道中心线，允许正负偏差不大于管径的1%，且不大于 2mm，用平锉或磨光机并对管切口进行倒角处理。球墨铸铁管承插连接两根管道，其管道中心线必须保持一定的同心度，环向间隙均匀一致，其偏差必须在允许范围内。

8. 无压排水管道安装

（1）车站内无压排水系统（重力排水系统）主要是车站内的地漏排水及卫生间的排水、排污系统，管道材料选用 UPVC 管，采用粘接。

（2）UPVC 管的连接采用专用粘接剂进行粘接，在粘接前，应将粘接区域内采用细砂纸将表面打毛，便于增加管道间的粘接力。

（3）排水管在垂直方向上必须转弯时，应用带清扫口的 90° 弯头进行连接。

（4）排出管与立管连接采用 2 个 45° 弯头。

（5）排水管道的横管与横管，横管与立管连接，应用 90° 三通，45° 三通 Y 型四通等管件，卫生器具排水管与排水横管连接时，用 45° 三通。

（6）在立管上应每二层设置检查口，但在最底层和有卫生器具的最高层必须设置，检查口的设置高度，从地面至检查口中心一般为 1.00m，并应高于该层卫生器具上缘 0.15m。

（7）排水横管上加设清扫口，应将清扫口设置在楼板或地坪上与地面相平，排水管起点设置的清扫口与横管相垂直的墙面距离不得少于 1.15m，若排水管起点设置堵头代替清扫口时，与墙面应有不少于 0.40m 的距离。

9. 消防管道的连接形式

（1）法兰连接

采用法兰连接时，法兰应垂直于管道中心线焊接，其表面应相互平行。法兰的焊接应按照规定的要求进行，焊接完毕后，焊缝表面的焊渣、飞溅等应清除干净。对管道进行热锌镀工艺防腐处理后进行安装连接，法兰衬垫的厚度材质应符合设计要求和施工规范规定，且无双层。管道镀锌层的厚度不得小于 80μm，法兰的衬垫不得突入管内，其外圆到法兰螺孔为宜。

（2）丝扣连接

管道的连接方式采用丝扣连接时，管道端头的连接丝扣的加工应满足相关尺寸并符合规范的规定。为了保证管道丝扣的连接密封性能，管道的下料应采用电动切割机割断，并采用电动套丝机加工管道丝扣，以保证丝扣的质量，加工的丝扣不应有乱丝、断丝等影响丝扣密封性的缺陷。在管道连接后，接口处应无外露麻丝。

（3）卡箍连接

区间隧道内消防水管的连接采用柔性卡箍连接；卡箍连接为机械连接，在现场不允许焊接。卡箍连接方式可以满足消防管道的部分伸缩，具有轴向和径向的补偿能力。由于地铁区间隧道内的特殊性，维修不方便，因此对于管道卡箍接头具有较高的质量要求。卡箍在管道的轴向最大补偿能力应不小于 3.2mm，最大允许偏转角度不小于 1° 6′，卡箍各部件应满足以下的技术要求：

① 外壳体

采用优良球墨铸铁原料及先进的热处理制造工艺制造而成，壳体在相互敲击时，声音应清脆响亮。

②胶圈

采用化合物材料，结构设计原理应保证多层防漏和有效正常的使用寿命。胶圈在压缩变形时瞬间可恢复原状，并自带润滑剂，便于安装。

③螺栓

螺栓材料选用应是经热处理的优质碳素钢，抗拉、抗剪强度大，保证其长期不生锈，螺栓设计应具有自锁功能，保证在隧道行车振动的环境下不滑脱。

（4）管道沟槽的加工

管道沟槽的加工采用专用管道滚槽机进行加工，由于采用卡箍连接的管道的密封主要靠卡箍的夹紧力，使卡箍内的密封胶圈被动压制紧贴在管道的外表及末端表面，防止外漏。因此，固定卡箍沟槽的加工质量对于管道密封性能的好坏有直接的关系。在加工沟槽时应注意沟槽的深度应符合设计要求且不得超标。区间内的消防水管管径为 DN150，该管道的连接采用卡箍接头。

加工沟槽的管道在外径、管道不圆整度、管外径等方面都有严格的要求，因此对需要进行沟槽加工的管道应进行严格的检验、检测，不符要求的管道不准使用，管道沟槽的加工应按照以下的加工工艺流程进行。

10. 附属设备及材料的安装

（1）给排水及消防系统的附属设备及材料

包括阀门、阀件、金属软管等材料，在安装时应与管道的施工同步进行，安装前，应按照相关规定进行各项技术要求的检查，合格后方可进行安装。

（2）金属伸缩节及金属软管的安装

在车站内的直线管道上，应根据施工图纸的要求设金属伸缩节，金属伸缩节采用拉杆式（四杆）轴向型波纹管伸缩节，工作介质为自来水，两端连接方式为法兰。金属伸缩节在安装时一端为固定支架，另一端的第一个导向支架距伸缩节距离为 4 倍管径，第二个导向支架与第一导向支架的距离为 14 倍管径。管道穿越变形缝时应设金属软管，并在两端设固定支架。金属软管应为带金属编织网的金属软管，法兰接口。金属软管的软管和编织网材质为不锈钢且不低于 SUS316L，法兰材质为碳素钢。金属伸缩节的固定杆件在安装未完成之前不得松开。管道安装、调整完毕后，将固定杆件松开。安装过程中，不允许焊渣飞溅物掉入波纹管口，不允许波壳受到其他机械损伤和伸缩时受到机械摩擦。对有流向要求的膨胀节应按介质流向箭头的要求进行安装。与波纹接触的保温材料应不含氯离子。

（3）橡胶软接头

为了防止杂散电流的危害，在进出车站的给排水引入管上应设置橡胶软接头。在所有水泵进出水管上根据需要设置橡胶软接头。橡胶软接头两端可任意偏转、便于调节轴向或横向位移，其材料组成为：

①主体：极性橡胶。

②内衬：尼龙麻布。

③骨架：硬钢丝。

④法兰：低碳钢。

橡胶接头在泵站管道上使用，能有效的减小水泵工作时对排水管道产生的振动。

（4）阀门、阀件的安装

阀门、阀件在安装前，应做耐压强度试验。试验应以每批（同牌号、同规格、同型号）数量中抽查 10%，且不少于一个，如有漏、裂等不合格的应再抽查 20%，仍有不合格的则须逐个试验。对于安装在主干管上起切断作用的闭路阀门，应逐个作强度和严密性试验。强度和严密性试验压力应为阀门出厂规定的压力，同时将试验结果进行记录以备查。

阀门安装位置、方向应符合设计要求，阀门、阀件的连接应牢固、紧密，不得有渗漏现象。安装后，阀门与管道中心线应垂直，操作机构灵活、准确。阀门安装应保证其型号、规格符合设计要求，表面洁净，朝向正确，启闭灵活。

（5）潜污泵安装

潜污泵安装顺序：偶合装置底座固定→导杆安装→排水立管安装→泵体就位。潜污泵安装前将水池内建筑垃圾清理干净，以免造成水泵堵塞。潜污泵在池内潜入水中的深度应符合设备技术规定及设计要求。

自动耦合装置中的两根导轨应垂直安装并保持互相平行。自动耦合装置中的螺栓、螺母等所有连接件安装时应紧固。水泵自动耦合装置就位前应检查基础的地脚（或膨胀螺栓）的大小、材质，其垂直度必须满足安装要求，螺丝应拧紧，扭矩均匀，螺母、垫圈及底座间接触紧密。潜污泵吊装后，其导向挂件上的两只挂耳，应以导管为中心均匀放置，防止偏向一边而致使水泵倾斜或卡住挂耳破坏密封性能。安装时可以反复提起再吊下，直到使水泵获得正确安装位置。

11. 水压试验及通水消毒

（1）给水及消防系统试压

①给水及消防系统试验

压力为 1.5MPa，水压试验用清洁水（城市供自来水）做介质，从地面水表井处利用临时管线接至车站水系统入口处（正式管路系统未接通前）。注水前，关闭所有附属设备的进水阀及分段处碟阀（与消防系统），并打开管路系统最高点的排气阀，将管路系统内的空气排尽，待水灌满后，关闭排气阀和进水阀，利用试压泵对系统进行加压，压力逐渐升高到一定数值时，停下来对管路系统进行检查，无问题时再继续加压。

②加压过程

整个过程分四次，0.6MPa、0.9MPa、1.2MPa、1.5MPa。当压力达到试验压力 1.5MPa 时，停止加压，对管路系统进行检查，观察压降情况，在 10min 内，压降不超过 0.05MPa 时，既为合格。

③水压试验

合格后须进行严密性试验，将管路系统内压力下降至工作压力，保压 1h，进行外观检查，不漏为合格。

④系统试压

应在系统管线的高低点各加一块压力表，试压泵出口处设一块压力表，厅层与站台层位差较大的管线系统，考虑到静压的影响，试验压力应以系统内最高点的压力为准，但最低点的压力不得超过管道附件及阀门的承受能力。

⑤压力试验

如发现有泄漏，不得带压修理，缺陷消除后，应对该管路系统按照水压试验流程重新进行试验。试验用压力表须经校验，精度不低于 1.5 级，压力表的满刻度值为 2.0MPa。

12. **排水系统试压（试验）**

（1）地铁车站排水系统分为无压、有压排水系统

区间隧道泵房、车站废水泵房及污水泵房的排水（污）系统为有压排水（污）系统，应按照要求进行压力试验，其他排水系统为无压（重力）排水系统，只做灌水试验。

（2）无压排水系统灌水试验

无压排水系统管材为 U-PVC 管，安装完毕后只做灌水试验，向系统内灌水 15min 后，再灌满延续 5min，液面不下降为合格，排水系统管路内灌水高度不低于最高排水位。站厅地漏落水管灌水高度不低于站厅地面地漏。

（3）有压排水系统试压

有压排水系统管材为镀锌钢管，安装完毕后应做压力试验，试验压力 0.4MPa. 保压 30min，无压降为合格。污水有压排水系统试验压力 0.4MPa. 保压 24h，保压期内，进行系统管路外观检查，不漏无压降既为合格。

13. **给水（生活用水）通水冲洗**

（1）给水系统在压力试验合格后，须进行通水冲洗，冲洗水用清洁水（城市供水），冲洗前先检查管路系统内连接的所有附属设备，站厅层电热水器、卫生间给水管应与主干管隔断，以免有体积较大的留存脏污、杂物等进入管道而引起堵塞。待主干管冲洗干净后，再冲洗各支管。

（2）冲洗流量不小于 1.5m/s 流速，根据自来水进口处水表流量来判断冲洗流量是否满足要求。（管道通水能力应满足 20L/s）。水冲洗的排放管接在区间泵房处，冲洗水排入区间隧道排水沟内，在利用废水泵房潜水泵抽至地面城市排水系统。

（3）水冲洗应连续进行，冲洗时间应根据出口处的水色与入口处的水色是否一致来确定，当出口水色和透明度与入口处目测基本一致时为合格。

14. **给水管道流消毒和冲洗**

（1）给水管线部分在系统冲洗完毕后，需要进行管道消毒，用每升含 20-30mg 游离氯的水在管道中留置 24h 以上进行消毒。

（2）采用自制水箱（1m³）配制消毒液，向管路系统内加灌，按每升水加 20-30mg 纯游离氯（20-30g/m³）进行配制。配制时先将水箱内加水，将游离氯缓慢倒入水中，并

搅拌至均匀。配制好消毒液后,打开进水阀门,向管路内加灌至满位置,停留24h进行消毒。

(3)消毒工作完成后,将管路内消毒液采用泄水阀排放至隧道排水沟内,同时打开清洁水源阀门对消毒液进行稀释,利用区间废水泵房内废水泵将稀释后的消毒液排放至城市排水系统内。

(4)给水管线在消毒工作完成之后,须再用饮用水冲洗,并经有关部门取样检验水质未被污染,方可使用。

第三节　城市轨道交通机电系统设备调试

一、工法特点、适用范围与工艺原理

(一)工法特点

本工法从地铁机电系统设备调试工艺着手,有针对性地对机电系统的基础设备调试项目、内容、标准、目的等做了详尽的完善优化、验证,总结相关设备调试工艺步骤和方法。

1. 确定机电各子系统的调试内容,制定设备调试工艺流程。

2. 系统阐述各专业子系统调试、检测标准、方法,总结和梳理机电系统单机、系统调试流程、关键设备、参数检测标准。

3. 明确基础设备调试应具备的条件、步骤和安全注意事项。

(二)适用范围

本工法适用于轨道交通机电系统基础设备调试工程及其他类似工程的施工,同时对其他机电系统基础设备调试施工有借鉴和参考作用。

(三)工艺原理

该工法从如何指导机电系统设备调试施工的角度出发,从检测系统施工缺陷入手,经过调试过程中的不断优化与完善,系统性的总结和梳理各子系统设备的调试工艺特点、检测流程、方法,明确系统设备调试应具备的条件和步骤,并对关键调试步骤、方法和过程等做详细介绍,从而对调试工艺流程、检测标准、效果等进行检验,对调试功效、系统连贯性进行有效测算。

二、机电系统各专业单机调试

（一）低压配电系统单机调试

1. 调试内容

表 3-3-1　低压配电系统单机调试主要内容表

调试对象	重点检查、调试项目
动力电缆	型号、规格；相—地绝缘，工频耐压（3.5kV/5min）；
环控柜	母线、馈线电缆及二次回路的绝缘电阻；耐压试验；低压电器动作情况检查、检验、整定
隧道风机公共区风机	绝缘；启动及运行电流；电机温升；就地、远程正反转控制；软启动；风阀连锁
其他风机	绝缘；启动及运行电流；电机温升；就地、远程控制；风阀连锁
组合式空调器	绝缘；启动及运行电流；就地、远程控制
风冷机组	绝缘；启动及运行电流；就地、远程控制
电动风阀	开度；限位；就地、环控、远程控制；风机连锁
电动蝶阀	开度；限位；就地、环控、远程控制；连锁
冷冻（却）水泵	绝缘；启动及运行电流；电机温升；就地、环控、远程控制；连锁
水泵（消防、污水、废水、排水）	绝缘；启动及运行电流；电机温升；就地、远程控制；高、中、低位自控
双电源切换	自投、自复；相序、相位一致
蓄电池装置	一般检查、绝缘试验、通电操作试验、浮充电装置试验
照明	试亮；照度；三相负荷平衡；事故照明

2. 动力电缆试验

电缆试验主要是检测电缆通断和绝缘情况，绝缘性能通过用 1000V 兆欧表测量其绝缘电阻加以判断电缆需测量相—相、相—地绝缘电阻值。

3. 环控柜检测

（1）柜体外观、铭牌，及其接地装置（柜体间、柜门、底座等处）检查。

（2）环控柜公共母线相序、颜色及绝缘电阻参数检查和测试。

（3）进线柜、母线排连接柜的检查和测试。

①电流互感器的检测

主要有绕阻绝缘电阻的测量、极性测定及变比试验。

② 交流电流表的校验

当校验电流不超过 5A 或与二次额定电流为 5A 的电流互感器一起使用的交流电流表时，标准电流表与被检电流表直接串联连接。

当检验电流限量较大的直接接入式的交流电流表时，可使用标准电流互感器扩大标准电流表的量值。

③ 交流电压表的校验

当用直接比较法检验交流电压时，可按标准电压表与被检电压表并联连接线进行。

④ 二次回路的绝缘电阻检查和工频交流耐压试验。

⑤ 结合设计要求，对热继电器保护特性进行校验。

⑥ 空气断路器的试验

主要包括电压线圈动作值校验、空气断路器脱扣器的整定及校验、空气断路器的动作性能校验，以及机械连锁系统的检查。

（4）馈电单元的检查和测试

各控制柜、继电器柜、就地配电箱进行单元件及整组模拟动作试验，并采用逻辑性模拟动作程序检查方法，确认控制系统技术状态是否良好，就地远动各控制点必须各自做单元模拟动作试验，确认控制系统正确性。与（BAS/FAS）系统的"可编程序控制器"提供接口回路，必须正确无误。

（5）继电器检查和试验

包括对其外部、内部及机械部分的一般检查，以及动作值及返回值等参数检验。

4.1kV 以下配电装置和馈电线路的检查和测试

包括绝缘电阻测量和工频交流耐压试验（主要进行相位检查和线路校对）。

5. 低压电器检查调试

低压电器包括闸刀开关、转换开关、熔断器、自动开关、接触器、主令电器、控制器等。

（1）试验项目

①测量低压电器连同所接电缆及二次回路的电阻。

②电压线圈动作值校验。

③低压电器动作情况检查、采用的脱扣器整定，及其连同所接连电缆及二次回路的交流耐压试验。

（2）低压电器检查调试应符合各项规定。

6. 空调机组、风机、水泵、阀门电机等交流电机试验

试运行前需对电机绝缘电阻、接线、绕阻检测完毕，并完成空载试验等，以达到试运行需求。

7. 主要设备送电调试

（1）检测系统各设备及元件

各回路系统调试完毕以满足通电试验条件,并在接到送电命令后按步骤进行送电操作。

（2）调试项目

主要包括环控室主开关失电压的互投试验、事故照明成套设备试验、电气回路三地控制的调试。

（3）隧道风机送电调试

风阀等安装调试、绝缘检测、控制回路调试正常，满足试运行条件后进行。

①调试指令由有关单位环境控制工程师发出。

②盘车：人力盘动风机，应无明显阻滞现象。开启联动风阀至最大。

③设置软启动器参数，通过软启动器装置上的电位器或操作面板，设定启动电流、启动力矩、启动时间。

④合上主电源空气开关"QF"。将环境控制柜的转换开关"SA"置"环控"位置，现场操作箱的"ISA"转换开关置"就地"位置，进行就地控制试运行。

⑤按下"启动"就地按钮，点动风机，检查风机转向是否正确。

⑥在启动过程中，有专人守候在就地控制箱旁，一旦出现异常声响或启动超时或启动电流超值等异常现象，必须立即停机，查明原因，排除故障。

⑦环境控制试运行正常后，将就地控制箱上的转换开关"ISA"置于"环控车控"位置，将环控柜上的转换开关"SA"置于"环控车控"位置，通过临时按钮短接远程控制系统的输入触点"YKZ"，进行风机"环控车控"试运行。

⑧试运行时需断开远程控制的连线，且各阶段试运行间隔时间大于30min。

⑨各阶段试运行正常后，即可进行风机连续试运行，待其运行结束后，应切断主电源，条件具备时，还应检查空气开关、主接触器的主触头拉弧闪烁情况。

（4）其他风机送电调试

①排风机、送风机、回排风机、排风／烟机、新风机、空调器、推力风机等设备的试运行参照隧道风机。组合式空调器的单体试运行由有关单位进行。

②推力风机为软启动，启动参数参照风机电机功率、软启动器说明书整定。

③排风、烟风机为双速风机，应分别进行高、低速调试；连续试运行时，应先低速，后高速。

（5）水泵送电调试

①正式调试电源，水源充足，水泵、管道安装，管道试压、冲洗完毕，电机绝缘检查合格，控制回路动作正常可靠。

②试运行：

A. 盘车：人力盘动电机，应无明显阻滞现象。

B. 关闭风机盘管、空调器的进水阀门，打开旁通阀。

C. 合上主电源空气开关"QF"，将环境控制柜的转换开关"SA"置"环控"位置；现场操作箱的 ISA 转换开关置"就地"位置，现场控制箱的 2SA 转换开关置于"主用泵"位置，进行主用泵就地控制试运行。

D. 按下就地启动按钮，点动电机，检查电机转向是否正确。

E. 间隔一定时间（一般不少于15min），再次就地启动电机。就地启动正常后，将就地控制箱上的转换开关"ISA"置于"环控主机"位置，将环控柜上的转换开关"SA"置于"环控"位置，在环控室内操作水泵试运行，进行环境控制试运行。

F. 环境控制试运行正常后，将就地控制箱上的转换开关"ISA"置于"环控主机"位置，"2SA"置于"主用泵控制"，将环控柜上的转换开关"SA"置于"主机控制"位置。通过临时按钮短接远程系统的输入触点"PR2"，进行水泵试运行，从而完成模拟远程控制试运行。

G. 启动过程中，用钳形电流表测量启动峰值电流，用电动秒表测量启动时间，正常启动后，即可进行电机连续空负荷试运行。

H. 运行结束后，应切断主电源，如果可能的话，应检查空气开关、主接触器的主触头拉弧闪烁情况。运行时间不少于2h，检查并做好记录。

（6）风阀电气送电调试

①对照风阀（单体风阀和组合风阀）产品说明书，核对接线是否正确。

②开启风阀：带操作器的风阀，应先通过现场操作风阀开闭，开启风阀时，开度要逐次增大，观察风阀开启过程是否稳定、均匀，是否有异常声响。

③校对开度指示：反复有限度的正常开闭几次后，可将风阀开至最大、关至最小，观察风阀开度与操作器上的开度指示是否一致。

④校对限位：将风阀分别开至最大和最小位置，校对机械和电气限位。

⑤环控操作：通过现场操作器调试完毕后，设置操作器为"远控"，环控柜上的"SA"置于"环控"位置，通过"ISA"开关风阀，"ISA"开关标志与风阀动作一致，环控柜上的开闭指示灯与风阀状态一致。

⑥模拟远程操作：设置操作器为"远控"，环控柜上的"SA"置于"车控"位置，通过临时按钮，短接"YKK"，开启风阀，短接"YKT"关闭风阀，确认动作正确。

⑦不带操作器的单体风阀以及组合风阀的调试参照上述步骤执行。

（7）双电源的自投、自复装置送电调试

①地铁车站的一级负荷

火灾报警系统、通信系统、自动售检票系统、消防扶梯、信号系统、监控系统、屏蔽门、变电所用电、事故及疏散标志照明、消防泵、废水泵、雨水泵、事故风机及其风阀等，均为双电源供电。

②事故风机及其风机的配电方式

自变电所两段的母线各引出一路电源至环控室，两路电源通过环控联络柜自动切换。

③公共区照明

采用变电所两段母线各负担一半的方式，其他设备自变压器两段母线各引至设备附近的电源切换箱。

（8）事故照明装置送电调试

① 事故照明装置系统

主要由充电模块、交流配电、交流馈电、配电监控、监控模、逆变器、蓄电池及无功补偿装置组成。

② 系统调试操作过程

设备按施工图要求安装、接线完成后，按下述步骤进行调试检查及操作：

A. 先断开柜上所有开关，检查元器件是否有损坏，一、二次线接头是否有松动或脱落，严格检查电缆接线的正确性，检查一、二次回路的绝缘电阻。

B. 将两路交流电源送入馈电柜，合上两个电源开关，检查两路交流指示灯亮，馈电柜后面接触器 CJ1 应已动作，分别断开一路电源，检查其切换功能是否正常。

C. 合上充电柜上充电模块的所有进线开关，各充电模块很快将建立直流电压，并且充电模块前面板绿色指示灯亮，表示充电模块处于正常，打开监控模块开关，合上充电柜上充电机输出开关，此时监控模块将处于工作状态，显示系统菜单，合上充电柜上电池组开关，观察充电柜的工作是否正常。

D. 合上馈电柜上逆变器直流开关，检查逆变器柜直流输入端、交流旁路输入端相序是否正确，合上逆变器柜开关，柜顶风机工作，逆变器进行自检，随后静态开关动作，这时馈电柜交流母线带电，将逆变器控制手柄顺时针扳动，观察电表指针缓慢上升，直到 200V，放开手柄，同时合上逆变器直流输入开关，观察逆变器工作是否正常。

E. 合上馈电柜上需用的交流开关和无功补偿装置开关；若系统监控、管理等参数已在出厂时设置完成，在系统投入运行时，仍需对上述参数逐一核对。

F. 当系统投入运行后，蓄电池充电完成，充电机工作在浮充状态后，模拟设置故障断开交流电源，使系统工作在由蓄电池经逆变器供电模式，检查蓄电池容量是否能够保证向负荷供电 1h 以上。

（三）给水排水消防系统单机调试

1. 调试内容

（1）给水和消防引入管上的电动蝶阀测试及调试。

（2）潜水（排污）泵测试。试运行和其信号线路测试。

（3）消防系统消火栓（箱）的测试。

（4）检查各类水泵的电气控制柜，按设计监控要求与 PLC 之间的接线正确，严防强电串入 PLC。

（5）按监控点表格的要求检查装于各类水箱的水位传感器或水位开关，以及水量传感器等设备的位置、接线是否正确。

（6）确认各类水泵等受控设备，在手动控制状态下，设备运行正常。

（7）在 PLC 控制器侧，检测该设备的 AO、AI、DO、DI 点，确认其满足设计、监控点和连锁的要求。

2. 电动蝶阀调试

（1）对给水和消防引入管上的电动蝶阀，手动开启、关闭应灵活可行。

（2）电动蝶阀的电源线路、信号回路进行对线复核后检测，按信号响应动作逐台进行模拟动作试验或真实动作试验。

（3）当手动电动切换时，指示机构所指示的开度应一致。

3. 给水排水系统自动耦合潜水排污泵单机调试

（1）电机、水泵运行参数与设计要求和产品参数对照。

（2）水泵的开、停信号测试和调定，按集水井图纸要求调整液位开关高度。

（3）潜水泵的报警信号检测：线路符合设计要求，在车站有监控信号反馈。

（4）进行试运转前，检查所需的水、电等能源的供应是否能够满足使用的要求，并对泵体进行上下提升、落下，检查水泵耦合装置是否能够与耦合底座耦合，及自动脱落。

（5）对水泵及附属管路系统的阀门启闭状态，经检查和调整后符合设计及产品使用说明书要求，水泵运转前，将入口阀门全开，出口阀门全关闭，待水泵启动后再将出口阀门逐渐打开。

（6）水泵启动时，用钳形电流表测量电动机的启动电流，待水泵正常运转后，在测量电动机的运转电流，保证电动机的运转功率或电流不超过额定值。

（7）水泵经试运转检查一切正常，再进行连续运转，运转时间不少于设备说明书中规定，在连续运转中如未发现问题，水泵单机试运转即为合格。

（8）水泵单机试运转合格后，与相关专业配合进行液位控制系统的调试，水泵设低、高、超高水位三档，当在低水位时，两台泵都停泵，高水位时第一台泵开，至低水位时停，在超高水位时，第二台水泵开始启动，同时报警，至低水位时停，两台泵相互切换进行试验，按照设计水位标高启停正常，即可认为合格。

（9）对主动泵及备用泵进行试运转调试时，应对各项参数进行测试。

（10）水泵试运转结束后，应将水泵出入口阀门和附属管路系统的阀门关闭，将泵内积存的水排净，防止锈蚀。

4. 消防水系统单机调试

安装完毕的水消防系统应根据设计图纸、有关技术文件以及相关的规定、规范进行系统单机调试。调试步骤与要求：

（1）打开给水消防管道上的各通水蝶阀，分别测试车站的消火栓用水量，以及区间和车站的消火栓用水量。

（2）系统调试前，从地铁车站站厅层开始逐个检查各消火栓的阀门启闭是否灵活，应保证全部的消火栓阀门开启和关闭自如，无锈涩、开启不到位等影响水流的情况存在。

（3）根据施工设计图纸的消防水系统原理图，确定消防管网系统中水流最不利点（系统末端）进行消防水的通水试验。

（4）首先开启消火栓阀门，检查系统的水流量是否能够达到设计要求的参数，地铁车站内消防用水量20L/s，区间内消防用水量10L/s。

（5）按要求在消火栓头上接好水龙带，并连接好水枪，开启阀门，检查水枪的充实水柱长度是否达到设计所规定的10m要求。在地铁车站进行水枪射程测试的同时，开启区间内的消火栓阀，同时进行试验。

（6）并将消防系统中环状主干管的隔断阀逐个关闭，检查两路供水系统是否全部满足设计要求。

（四）通风空调系统单机调试

1. 调试内容

（1）一般规定

①检查空调设备控制柜的全部电气元件有无损坏，内、外部接线是否正确，严防强电电源串入PLC，如需AC24V电源应确认接线正确，无短路故障。

②检查装在空调设备上的温度、温度传感器、电动阀、风阀、压差开关等的位置、接线是否正确以及输入、输出信号的类型、量程是否和设置相一致。

③在手动位置确认设备在非BAS受控状态下已运行正常。

④在确认PLC控制器和I/O模块的地址码设置正确、送电并接通主电源开关后，观察PLC控制器和各元件状态是否正常。

⑤检测所有相关模拟量输入点送风温度和风压的量值，并核对其数值是否正确。检查所有相关的开关量输出点开与关，确认相关的风机、风门、阀门等工作是否正常。检查所有相关模拟量输出点的输出信号，确认相关的电动阀（调节阀等）的工作是否正常及其位置调节是否跟随变化。

（2）新风机单机设备调试

①启动新风机，新风阀门应连锁打开，送风温度调节阀控制应投入运行。

②模拟送风温度大于送风温度设定值（一般为3℃左右），这时冷水调节阀逐渐加大开度直至全部打开。模拟送风温度小于送风温度设定值（一般为3℃左右）时，确认其冷水阀运行工况与上述完全相反。

③新风机停止运行，则新风阀门以及冷水调节阀门等应回到全关闭位置。

④确认按设计图纸、产品供应商的技术材料、软件功能和调试大纲规定的其他功能和连锁、联动的要求。

⑤单机调试完成时，应按工艺和设计要求在系统中设定其送风温度和风压的初始状态。

（3）空气调节处理机单机设备调试

①空调机、新风机、回风门、排风风门等应连锁打开，各种调节控制应投入工作，且模拟送风温度大于送风温度设定值（一般为3℃左右），这时冷水调节阀逐渐加大开度直至全部打开。

②空调机启动后，回风温度应随着回风温度的设定的变化而变化，在经过一定时间后应能稳定在回风温度设定值的附近，如果回风温度跟踪设定值的速度太慢，可以适当提高PID调节的比例放大作用；如果系统稳定后，回风温度和设定值的偏差较大，可以适当提高PID调节的积分作用；如果回风温度在设定值上下明显地作周期性波动，其偏差超过范围，则应先降低或取消微分作用，再降低比例放大作用，直至系统稳定为止。

③如果空调机是双环控制，那么内环以送风温度作为反馈值，外环以回风温度作为反馈值，以外环的调节控制输出作为内环的送风温度设定值。

④空调机停止转动时，新风机风门、排风门、回风门、冷水调节阀等应回到全关闭的位置。

⑤确认按设计图纸、产品的技术资料、软件功能和调试大纲规定的其他功能和连锁、联动的要求。

⑥单机调试完成后时，应按工艺和设计要求在系统中设定其送风温度和风压的初始状态。

⑦对于四管制空调机，可参照上述规定进行，但冷水管电动阀门的调节应按设计工艺、调试大纲和产品的技术要求进行确认。

⑧如果需要，应使模拟控制新风机风门、排风风门、回风风门的开度限位设置满足空调工艺所提出的百分比要求。

（4）送排风机单体设备调试

检查所有送排风机和相关空调设备，按系统设计要求确认其连锁、启/停控制是否正常，并按通风工艺要求，用软件对各送排风机风量进行组合，确认其设置参数是否正常。

（5）空调冷源设备的调试

①按设计和产品技术说明书规定，在确认主机、冷冻水泵、冷却水泵、风冷机组、风机、电动蝶阀等相关设备单独运行正常的情况下，在PLC侧面检查该设备的全部AO、AI、DO、DI点，确认其满足设计和监控点表格的要求。

②增加或减少空调机运行台数，增加其冷热负荷，检验平衡管流量的方向和数值，确认能启动或停止的空调机组的台数是否能满足负荷需要。

③模拟1台设备故障停运以及整个机组停运，检验系统是否自动启动1个预定的机组投入运行。

④按设计和产品技术说明书规定。模拟冷却水温度的变化，确认冷却水温度旁通控制和风冷机组控制的功能，并检查旁通阀动作方向是否正确。

（6）压差旁通的调试

压差旁通阀用于空调水系统控制供回水总管的压差恒定，如果压差旁通阀门采用无位置反馈，则应进行如下测试。

① 打开调节阀驱动器外罩，观察并记录阀门从全关至全开所需时间和全开到全关所需时间，取此两者较大值作为阀门"全行程时间"参数输入PLC控制器输出点的数据区内。

②按照原理图和技术说明的内容，进行空调水泵压差旁通控制的调试。

2. 各基础设备单机调试

（1）风机单机调试

风机运转前做好各项准备工作，使其满足启动与运转条件后进行试运转。

①运行前其冷冻、冷却水管道已进行循环并冲洗，按要求供给设备冷却水。

②启动运转的程序应符合设备技术文件的规定。

③调节油压应高于排气压力 0.15~0.3MPa，精滤油器前后压差应 ≤ 0.1MPa。

④冷却水温度应 ≤ 32℃，压缩机排气温度和冷却后的油温应符合相关规定。

⑤吸气压力应 ≥ 0.05MPa（表压），排气压力应 ≤ 1.6MPa（表压）。

⑥运行中应无异常声响和振动，压缩机轴承体处的温度应正常。

⑦轴承处渗油量不应大于技术文件的规定。

⑧用卡钳式电流表测试测量运行时的启动和额定电流，应符合标准规范。

（2）空调水泵单机调试

检查机泵各润滑部位注油正常、水泵管道及各类仪表安装调试完毕，水泵及进水管路注水完成，截止阀开启，各项标注合格后进行电机空运转。

①电机试运转合格后，重新装好联轴节，手动盘车，转动应灵活、轻便。

②若是离心泵则需先关闭泵出水管路阀门，全开泵进水管阀门，用水将泵灌满并排尽泵内空气，若是管道泵或轴流泵则进、出水口阀均需打开后方可运行。

③点动电机按钮，作瞬间启动，检查机泵运转方向及有无异常现象。

④启动水泵，只有当水泵转速达到额定值时，才可缓慢打开出水端的阀门，达到所需要（设计）的工作点后，应锁定阀门的开启度。

⑤确认一切正常转速逐渐正常后，慢慢打开出口阀门，注意机泵在运转过程中有无异常如温升、噪声等。

⑥停机前先关闭出水管上阀门，如果出水管道处装有止回阀，而又有足够的水压作用在止回阀上，则可不关闭阀门。

⑦关闭电机，并注意电机减速到停止的过程中运转是否平稳。

（3）组合式风阀、电动防火阀单机调试

①运行准备工作完成后，由电控部分送电，由现场手操器进行操作。

②启动风阀，检查阀片的动作与开启指示灯是否一致，检查阀片运行时有无异常声响。

③关闭风阀，检查阀片动作与关闭指示灯是否一致，阀片与阀体有无变形。

④运行完成后，将现场操作切换控制室。

（4）组合式空调器试运行

冷冻水、温控装置及旁通阀、送回风管和风阀，以及风机电机和控制器等检查完毕，送电满足试运行条件后，开始对空调器系统噪声、风量和风阻，以及空调器的运行状态、温度等参数进行试运行测试。

（5）螺杆式水冷机组单机调试

试运转前需确保冷冻水、冷却水试验合格。机组电气系统和自控系统都已调试完毕，润滑系统工作正常，整个系统气密性试验达标后开始制冷系统试运转。

①试运转操作程序为油泵运转，升油压，滑阀放在零位，开动供液阀，压缩机运转，正常运行，调整膨胀阀。

②试运转过程中，润滑油压力保持高于排气压力0.15~0.3MPa，油温在30~55℃的范围内，排气压力为1.1~1.5MPa，排气温度在45℃~90℃之间。

③调节四通阀，加、减负荷，并进一步检查滑阀动作是否符合要求。

④在压缩机全速运行中，要检查和测定各系统的压力、运转电流、轴承温度是否符合要求，以及运转中有无不正常响声等，发现问题应及时处理。

⑤机组手动正常运转后，要转入自动运转，运转时间应在8h。

（6）冷却塔单机调试

冷却塔单机调试前需确保冷却塔内清理完毕，其补给水和溢流水位符合设备技术文件规定，自动补水阀的动作灵活、准确，且冷风机旋转方向正确，电动机的接地要符合标准要求。冷却塔运转步骤如下：

①运转中应检查冷风机转动情况是否正常，循环水系统有无障碍和水流不畅等现象，且其喷水量和吸入水量是否基本平衡，补给水和积水池水位是否正常。

②电动机的起动和运转电流是否在标准允许的范围内，有无过载现象。

③冷风机轴承温度不超过设备技术文件规定。冷却塔有无振动和噪声问题。

④冷却塔喷水时，有无出现偏流情况。正常运转后，运行应不小于2h。

⑤试运转结束后，应及时清理从管道和空气中带入积水池内的泥沙和尘土。

（7）通风空调基础设备调试注意事项

①通风机、空调机组中的风机，叶轮旋转方向正确、运转平稳、无异常振动与声响，其电机运行功率应符合设备技术文件的规定。

②水泵叶轮旋转方向正确，无异常振动和声响，紧固连接部位无松动，其电机运行功率值符合设备技术文件的规定。

③冷却塔本体应稳固、无异常振动，其噪声应符合设备技术文件的规定。

④制冷机组、单元式空调机组的试运转，应符合设备技术文件和现行国家标准《制冷设备、空气分离设备安装工程施工及验收规范》的有关规定。

⑤电控防火、防排烟风阀（口）的手动、电动操作应灵活、可靠，信号输出正确。

三、机电系统各专业系统调试

（一）低压配电系统调试

调试步骤包括：调试准备→配电箱柜测试→通电测试→照明调试→系统联合调试

1. **调试内容**

（1）低压配电照明系统车站单系统调试主要包括低压配电柜与开关柜之间的联调测试。

（2）低压配电专业与环境监控专业联动设备的测试。

（3）低压配电专业与给水排水消防专业自控设备的测试。

（4）低压配电照明系统事故照明、疏散指示、向导系统供电的测试。

（5）低压配电专业与机动配电监控专业接口的测试。

2. **调试准备**

（1）调试人员要熟悉和了解系统的设计方案、施工图、原理图、接线图和相关设备产品技术说明书。

（2）单机调试完成并合格，现场也已具备系统调试条件后可进行系统调试。

3. **系统送电调试**

（1）送电运行前的检查

①检查受电条件

车站内机械通风设备就位，管线安装试压完毕，具备开通条件。车站内变电所、环控室、配电间所有配电屏，切换箱、动力照明配电箱已安装，动力照明管线、电力控制电缆已敷设，控制线路校对并接线，各回路灯具安装接线完毕，相关专业及装修安装衔接工作已完善。

②受电前的准备工作，由现场有关人员作全面检查，变电所配电间内杂物必须清除，拆除一切临时线及短接线。

③核查一次设备安装的正确性，检查设备螺钉是否接连紧固，母线接触面是否良好，相位标志是否正确，外观有无尘土油垢。

④检查插接母线、过渡箱及母线紧固件导电部位的接触是否良好，有无异物进入母线槽，有无渗水现象，进行定相和连续性试验，各相的标记是否完好。

⑤对所有电气线路，电机绝缘电阻重作一次复查，确认所有电气设备及线路绝缘良好。

⑥检查所有控制器和安全装置的状态，检查所有的电气设备，电缆支架、电缆金属外皮与 PE 线连接是否牢固。

⑦检查电气箱内的配线是否符合设计图纸要求，是否有错号、漏号的线头。卸下起动箱内接触器的消弧装置，检查内部铁芯是否有灰尘或生锈。

⑧检查试验接触器，继电器动作是否灵活，触头接触是否良好，接线端连接是否牢固。

⑨按设计图编号检查所有配电回路，并挂上标示牌，防止误操作。

⑩检查刀开关及操作机构是否灵活可靠。

⑪检查测温元件，调节器及执行机构安装位置的正确性。

⑫环控电控室及各配电间必须挂上标示牌，门加锁。

（2）送电安全事项

①健全安全值班运行管理制度，制定变电所运行值班安全注意事项、送电合闸及倒闸

操作程序，防止误操作。

②车站站台每端电控室设两名送电人员，分别负责每端电控室及蓄电池室的送电、停电操作及监护工作。

③无关人员未经许可不得进入电控室及蓄电池室，非指定人员不得进行送、停电操作及监护工作。

④送电人员应熟悉各配电回路操作程序及规范。

⑤送电前应由用电班组填写受电申请表，送电人员凭申请表方可送电。

⑥送电申请表应填写受电回路名称，编号及出线柜的编号和用电性质、受电时间、停电时间等内容。日常由专职人员负责场内清洁，并保持室内干燥。

（3）有关操作规程

①电源切换箱操作规程

A. 送上切换箱回路电源，电源指示灯（红）亮。

B. 合上 1QF、2QF，合上 1SF，1KM 吸合，指示灯（绿）亮，合上 2SF，2KM 不会吸合（Ⅰ号电源向母线供电，Ⅱ号电源备用）。

C. 断开 1SF，2KM 自动吸合（Ⅱ号电源向母线供电），合上 1SF，1KM 不会吸合（Ⅰ号电源备用）。注意：可按实际情况选用供电电源及备用电源。

②事故照明直流装置操作程序

A. 交流电源投入操作

合上 1Q、1KM1.1KM2 接触器动作（2KM1.2KM2 不会动作）。

合上 2Q、2KM1.2KM2 接触器动作（1KM1.1KM2 不会动作）。

合上 IQ、2Q，按动 1SA 或 2SA，二路交流电源互相投入正常。

B. 充电装置启动，运行操作

转动充电屏 3CK，检查进线电源电压应正常。

合上 3Q，KK 打到手动位，调动"手动""自动"调节电位器回零，按动 1QA，EA 电压表有电压指示（充电器启动）。

合上 4Q 事故照明屏，2CK 转向"自动"位，合上 5Q，充电屏 K2 放至"自动恒压"，慢慢调节电位器，使输出达到 220V（浮充电状态）。

调整 1SJ 时间继电器时间，按动 2QA（充电器均充电状态）。

C. 恒压充电转向恒流状态（或手动状态）操作

调节电位器回零，转 K2 至"恒流"位（或"手动"位），调整电位器，使输出达到 220V（恒流充电状态）。

D. 自动启动操作

工作状态放在"自动恒压"位置，转动 KK 开关在"自动"位，（自动充电）。

注意：禁止在"恒流"或"手动"状态采用自动启动。

E. 事故照明直流装置运行参数、直流母线调压装置和电池保护参数整定。

③开关柜抽屉操作开关操作规程：

A. 控制回路试验（调试）操作：手柄由"分断"位打向"试验"位即可，此时主回路断开，控制回路接通电源，可进行控制回路试验。

B. 合闸试车（单机试车）操作：控制回路试验正常后，手柄由"试验"位回至"分断"位，然后按下手柄转至"接通"位置。

C. 分断（停电）操作：停机后，操作手柄转至"分断"位置即可。

④抽屉开关操作手柄与主开关操作手柄操作规程：

A. 抽屉操作手柄相和主开关操作手柄相位置及其开关功能参见相关图表。

B. 正常分断状态是抽屉开关处于"分离"位置，主开关处于"分闸"位置。

C. 控制回路试验（调试）操作：主开关手柄处于"分闸"位置，抽屉开关手柄由"分离"位转至"试验"位置即可。

D. 准备合闸操作：控制回路试验正常后，主开关手柄仍处在"分闸"位置，抽屉开关手柄由"试验"位置转"接通"位置。

E. 合闸操作（单机试车操作）：抽屉开关手柄处"接通"位置，主开关手柄由"分闸"转至"合闸"位置。按启动按钮开机，按停止按钮停机。

F. 分开闸操作（断开操作）：停机后，把主开关手柄由"合闸"转至"分闸"位置，然后把抽屉开关手柄由"接通"转至"分离"位置后，把抽屉拉出 30mm 锁定。

G. 主开关盒抽屉开关连锁关系：抽屉开关处于"接通"位时，两开关解除连锁，主开关可以分开闸或合闸；合闸后，两开关连锁，抽屉开关不能操作。

（4）机电设备的投入运行

①回路连接正确性的检查

A. 直流电源的引接线，要鉴别其正、负极有无接错现象，不能发生混淆。

B. 仪表互感器的连接是否正确（包括变化、极性两个内容）。

C. 检查接线是否正确。

②二次回路通电投入前，应检查回路绝缘情况

A. 检查所有设备、导线及接线端子的外部情况及其完整性。

B. 测量绝缘电阻前应先清除所有被测设备端子导线上面的灰尘、油污及安装时可能遗留下来的各种碎物。

C. 警告：在使用兆欧表时应将不能承受兆欧表电压的元器件标明。

D. 变流器二次线圈与外壳及线圈间，交流器到盘上端子板间的电缆芯，对外皮及各条芯线间的绝缘。

③电气设备绝缘电阻必须符合投运要求

A. 绝缘电阻和吸收比的测量

用兆欧表测量绝缘电阻 1000V 以下的电气设备和线路是一种比较可靠判断绝缘状态的方法。确定电机绕组绝缘强度的好坏，通常用介质吸收法确定电气设备绝缘受潮与否。

B. 电气设备的干燥

电气设备采用的干燥方法甚多，应采用的办法必须结合现场的条件，不论哪种干燥电机的方法，都必须采用简便、安全、科学的方法，干燥不当会使电气设备绝缘烧坏。

C. 控制、信号、事故电源控制回路的检验和投入

电气机械连锁回路，保护回路的检验和投入。电气动作检查与辅助拖动试车（包括风阀执行器、操作器、电动蝶阀、防火阀动态调试）。蓄电池充放电，直流系统操作绝缘监察装置测量直流系统的绝缘装置，检查与投入。

D. 电动机的控制回路和投入

试验控制操作功能包括：地铁站采用三地控制，即就地控制，环控控制室及地铁车站机电设备的通电运行。

（5）电气系统通电模拟动作调试

①各控制柜、继电器柜、就地配电箱，根据设计及出品厂，技术资料进行单元件及整租模拟动作试验。

②控制回路送电，主回路暂不送电，试验其控制程序是否符合设计原理要求。

③采用逻辑性模拟动作程序检查方法，确认控制系统技术状态是否良好。

④控制系统采用三地控制：就地、环控控制室、地铁车站控制室各控制点必须各自作单元模拟动作试验，确认控制系统正确性。

⑤与（远程）系统的"可编程序控制器"提供接口回路，必须正确无误。

（6）控制、信号、事故电源控制回路的检验和投入

电气机械连锁回路、保护回路的检验和投入：电气动作检查与辅助拖动试车（包括风阀执行器、操作器、电动蝶阀、防火阀动态调试）。

（7）电动机的控制回路和投入

地铁站采用三地控制，即就地控制、环控控制及地铁车站控制室控制，各控制点必须各自模拟动作试验，确认控制系统的正确性，方可投入运行。

（8）隧道风机启动特性的试验

风机正转停机后，经 30s 实现对电机反向启动，电源反接制动瞬间，电动机处于堵转状态，堵转电流对电机、电揽等设备的发热是一个恶化因素。当超过允许堵转时间后，过载仍未消除，保护装置应该自动断开系统工作，并发出信号。

（9）机电设备运转中的检查与观察

运转中必须检查指示灯、信号装置情况。

4. 调试方法

（1）高低压柜之间的联调测试

①在做好低压柜的内部调试后，做好调试前准备和联调控制电缆敷设工作。

②根据设计图纸和联调功能要求，断开低压侧主回路，由高压柜侧面利用模拟信号向低压控制柜发出遥控指令，观察低压柜开关通断情况。

③断开高压侧面主回路，在低压柜侧面发出遥信信号，观察高压侧面收到信号情况。

④断开高压侧主回路，在低压柜侧面加 AC220V 交流回路，通过测量线路，观察高压侧对其测量数值，与低压侧核对比较，填写配置表。

（2）与机电设备监控系统接口的测试

①结合地铁车站机电设备监控系统输入、输出点分布一览表。按其监控功能 I/O 监控点，分为监视信号和控制信号。

②由环境控制专业协助，分别对隧道风机、双速风机、新风机、送风机等其他风机、风阀、组合式空调、水泵等控制回路（电机等主回路断开）进行试验。

③低压照明配电专业负责照明、三类负荷、蓄电池控制回路（主回路断开）试验、导向系统，分别发出照明开关状态、三类负荷投切、蓄电池电机、逆变器工作状态、交直流电压正常、蓄电池故障、导向系统开关信号，并核对检查确认相关端子排的信号正确性。

④由给水排水专业协助，分别对排水泵、排污泵、蝶阀控制回路（电机等主回路断开）进行试验。

⑤配合机电设备监控专业对控制电缆进线测试，做好标示、挂牌、控制电缆头的制作等工作。

⑥由机电设备监控专业发出相关信号，本专业负责对信号确认，核对其正确性（测试主回路断开）

⑦上述点对点测试完毕后，联合其他专业进线相应主回路调试。

（3）与环境控制专业的接口测试

①为避免风阀和水管电动蝶阀在关闭的情况下开启电动机，增大对风阀、风管、水管、蝶阀的承载量。

②与环控接口的测试主要是部分风阀与风机的联动测试，水系统电动蝶阀门与水泵的联动。

③在进行风机与风阀单体调试、控制回路测试完成的基础上，将风机控制柜上转换开关打在远程环境控制位置，关掉风机控制柜主回路电源。

④电动蝶阀与水泵联动测试参照上述原理进行。

（4）给水排水系统接口测试

主要是排水系统主水泵与备用水泵之间的调试。检查水泵具备运行条件后，将转换开关置于"自动"位置。断开主回路电源，将控制回路电源送出，并进行手动控制测试。手动将该控制箱低浮球闭合，观察接触器动作情况及指示灯是否显示正确，在带负荷情况下向主回路送电。

（5）事故照明装置的测试

主要采取模拟方法测试在发生事故时，事故电源照明直流电源屏供出的电压、电流、供电时间等参数以及正常供电与事故供电的相互转换。即断开事故照明装置的正常电源，由事故电源照明直流电源屏供电，每隔 20min 测其电压、电流。在额定供电时间内，与设备技术参数进行比较。在以上测试操作中，应系统地观察事故照明灯具、导向系统标志、疏散指示灯标志是否与设计吻合。

（6）照明系统的照度测试

在照明系统的回路调试、开关及断路器的整定调试、灯具的亮度调试工作完成后，依据设计图纸对站内公共区、设备房、区间照度的要求，利用照度计分区进行送电测试，记录所测数据并看其与设计参数是否吻合，以测量照明灯具的照度能否满足设计要求。

（二）给水排水消防系统调试

给水排水消防系统主要包括：给水、排水及消火栓系统。

调试步骤为：调试准备→给排水设备单机试运转（排水泵、消防泵）→消防水泵联动→系统联调。

1. 给水排水消防系统调试的一般技术要求

（1）给水系统调试

①各用水点的管路通水能力，打开给水管道上各通水蝶阀、闸阀及截止阀；单独和同时开放卫生间的洁具冲洗，茶水间的水龙头等用水点冲洗；单独和同时开放站厅、站台层各种洗消火栓，检查水流量、流速是否足够。

②主干管的电动蝶阀及蝶阀应受远程监控系统进行监控。

（2）排水系统调试

①各排水点排水

按给水系统的配水点同时开放，检查卫生间地漏、站厅层地漏及入口地沟地漏排水是否畅顺流通，检查各条压力排水管在潜水泵抽水时，是否畅通和管道是否稳固无变形。

②潜水（排污）泵测试、试运行与电气系统接口测试、联动调试

水泵各项参数与设计要求对照无误，按集水井图纸要求，调整液位开关的高度，测试和调定潜水泵的开 / 停信号。

③潜水泵的报警信号检测

线路符合设计要求，在地铁车站有监控信号反馈，进行水电联调，开 / 停水泵及水位越线时，监控中心有信号显示。

（3）消火栓系统调试

①管道系统压力测定及调整：按系统最高点处的消火栓满足 10m 消火栓充满水的要求，用压力表测定系统压力，应能满足压力要求。

②系统内消火栓（箱）的测试。

（4）消防系统联动试验

①全部单项测试完毕，不正常的线路和设备处理完毕，开动主机运行 48h，让联动柜的电脑记忆环境参数。

②消防系统联动试验，将对每个区的各种信号源（电动蝶阀、烟感、温感、破坏）进

行一次联动试验，计划分区域、分功能系统进行。

③进行消防联动试验时，每一个信号源动作时间为 10min，每一个控制反馈点的设备动作信息必须在 10min 内报出，记录人员及时进行记录。

④一条信号源进行试验完毕，响应设备复位，恢复正常运行时间安排为 15min，每个控制反馈点须在 15min 内将设备的恢复情况信息报出。

⑤下一个信号源的试验必须在设备完全恢复正常后进行。

2. 给水排水系统联合调试

（1）潜污泵、电气控制系统联合调试

① 潜污泵的启动、停止等工作状态是由液位（浮球）自动控制的，潜污泵的液位分为低水位、高水位及超高水位三个位置。

② 根据水位要求固定好浮球后，向水池内冲水，当水位到设计高度时，相对应的浮球应能对水泵进行启 / 停控制，分别按下列要求的水位高度进行调试，满足设计的要求即合格。

（2）给水、排水管线系统的调试与配合其他专业的联合调试

①在潜污泵单体调试结束之后，进行排水管道的试验。

②开启地面水表井内的总进水阀门，给系统内冲水至设计规定的压力（城市供水压力），关闭与消防系统连接的隔断阀，按设计要求同时打开最大数量的生活配水点，检查是否全部能够达到额定的流量。

③给水排水系统与其他专业联合调试给水排水系统单体调试完成后，需配合其他专业进行联合调试。

3. 水消防系统

消火栓系统调试主要包括水源压力测试、室内消火栓功能试验和系统的联动试验等内容。

（三）通风空调系统调试

调试准备→通风空调设备单机试运转（风机、风阀、空调器、冷水机组、冷却塔、空调泵）→系统风量测定及调整（风机、风口、系统平衡）→空调水系统测定和调整→室内空气参数测定及调整→防排烟系统测定和调整→系统联调。

1. 通风空调系统项目测试

（1）检验条件

在各通风空调系统单机试运转合格，单系统风量的测定与调整完成，系统联动运转正常后，通风空调系统的无负荷联合试运转已完成。

（2）待检系统条件

通风系统、局部通风系统、事故通风和排烟系统应连续、稳定运行 6h 以上。空调系统、制冷系统应连续、稳定运行 8h 以上。

序号	指标名称	检验方法	合格判据
		第一部分：关键指标	
1	送回风空气状态参数	检测送回风口的风量	经平衡调整，各风口的风量与设计风量的允许偏差不大于15%，系统总风量与设计风量偏差不大于10%
		采取风口加罩法直接测量风口风速后可直接根据公式计算风量。	
2	室内空气温度和相对湿度	按照设计要求的测点布置干、湿球温度计，测量计算站厅、站台和设备管理房等区域的室内温度和相对湿度。	室内温度和相对湿度达到设计要求
3	环控机房、站厅、站台及风亭外噪音值	室内噪音可仅测A声级的是数值，也可测倍频程声压级。测噪声仪器用带倍频程分析仪的声级计，测量稳态噪声时应使用声级计"慢档"时间特性，在一次测量时应取5s内的平均值。测点由设计单位指定，如无指定，可按下列规定确定： A：测点沿大厅长宽方向以4米距离矩阵分布测点，测点高度距地面1.5米。	不低于设计要求指标
		B: 站台噪声测量：测点选在站台四周，每隔2-4米取一点，测定高度距地面1.5米。	
		C: 设备与管理用房噪声测量：视室内面积，每隔2-4米取一点，测定高度距地面1.5米。	
		D: 隧道消声器噪声测量：测点距消声器首（末）端距离等于通风隧道的等效直径。测定距隧道地面高度1.5米，距隧道侧壁大于1米。当通风隧道轴线为圆弧形时，测点应选在弧形轴线的外侧，以远离气流涡区。	
		E: 风亭噪声测量：测点距离风亭百叶2米，距地面≥1.5米。传声器向上或侧向。	

序号	指标名称	检验方法	合格判据
		第二部分：一般指标	
1	正压值	静压差在关闭所有的门的条件下进行测量，采用的微压压力计进行测量，其灵敏度不低于2.0Pa	空调正压值在0~25Pa之间，或按照设计给定的指标
2	冷水机组性	测量以下参数： （1）冷冻水送、回水温度、流量 （2）冷却水送、回水温度、流量 （3）机组电机运转电流及功率	冷冻水温和冷却水温均满足设计要求，性能达到设备技术参数要求
3	空调机组性能	（1）送风干、湿球温度，回风干、湿球温度和混合风干、湿球温度 （2）送风速度及风压，计算机组送风量 （3）机组冷冻水流量 （4）机组电机运转电流及功率	送风量、温度、风压均达到设计要求性能达到设备技术参数要求
4	通风空调系统控制和监测性能	配合FAS、BAS系统施工单位，按照设计要求的工况条件进行逐个试验	控制、监测设备能与系统的检测元件和执行机构正常沟通，系统的状态参数能正确显示，设备联锁、自动调节、自动保护能正确动作

2. 调试方法

（1）调试方法的一般规定

①检查送风、回/排风管路上的风口、风阀、防火风阀是否已全部打开，并将其调整到最大开度。

②逐台启动送风机、空调器，回/排风机，并检查其启动。运行状态是否正常，是否达到设备技术文件的规定。

③先启动冷冻水泵，再启动冷却塔，检查设备运行是否正常，水压、水温、流量是否达到设计要求。

④冷却水循环正常并达到设计要求后，启动冷冻水泵，检查水压与流量并通过反馈信号调节冷水机组进出口电动蝶阀的开启度，使水压及流量正常，然后启动水冷机组，运行平稳并达到设备技术文件要求的时间后，检测冷冻水温是否达到设计要求。

⑤所有设备都正常后，通过24h平稳的运行，此时过程中应再次检查送风以及回/排风中的各个风阀、防火阀、风口等部件是否已全部打开，动作是否灵活，为系统的测定和

调整做好充分准备。

（2）系统无负荷联合测定调试

①必须按照设计及规范要求对系统风管风压、风速检测

站厅、站台的设备与管理用房、隧道消声器及风亭百叶等典型测量点的风速及噪声测定，关键在于选择测量点，应在某一截面上选择几个区域测量取其平均值。对于测量噪声可取测量区域的最大和最小声级点，再取平均值。

②系统风量测量和调整

利用风量等比分配法和基准风口法对系统风量进行调整。其中，小系统风量测定和调整一般采用基准风口调节法，小系统风口较少，可不用基准风口：大系统的风量测定和调整方法主要有：

A. 采用"基准风口法"调整各风口、支管、主管风量。

B. 各风口、支管、主管风量平衡好后，组合空调器、回排风机风量分别进行小新风、空调季节全新风、非空调季节全新风运行模式总风量测定和调整。

C. 风量平衡好后进行系统排烟测定和调整，分别测量组合式空调机组混风箱、送风静压。

③ TEF 排热系统风量分配的测定和调整

为达到设计的功能要求，必须采用"基准风口法"对轨道顶和站台下排风的比例作调整，风量平衡好后进行系统排烟测定和调整。

④区间隧道风量测定和调整

启动隧道风机正反转，通过关闭与开启相应组合阀，分别测量送风与排风工况风量。同时，测量与相连车站进行区间隧道排烟系统的工况运行情况：当本车站运行排风同时相连车站运行送风，当本车站运行送风同时相连车站运行排风，在风机进出口组合阀门测量送、排风量并测量隧道内风速。

⑤制冷系统测试及调整

根据设计要求，系统的开机程序为冷冻水泵主机，开启冷却水泵、冷冻水泵。在开启水泵操作时需注意：当水泵开启至转速稳定后，慢慢打开水泵出水阀门，在以上程序运行正常后，方可启动主机。

3. 系统设计负荷联合试运转

（1）根据施工图的设计说明中要求

①当空调季节室外新风的焓值大于地铁车站回风混合点焓值时，采用小新风运行；当室外新风的焓值小于地铁车站回风混合点焓值，且室外新风温度高于送风点温度时空调采用全新风运行；当室外新风温度小于空调送风点时，系统转入全通风运行。

②地铁车站回排风兼作排烟风道，排烟时关闭排风机，启动高温排风机进行排烟。站厅、站台以车站为中心线对称分为两个防烟分区，排烟风机按同时排除两个防烟分区的烟量配置。

③地铁车站在通道出口设置送风机作为通道新风机使用。通道排烟设排烟风道，连接至车站大系统回排风道兼排烟风道，并利用大系统的排烟风机进行排烟。

④站厅的气流组织方式采用上送下回，送风管设于站厅两侧，排风管设于站厅的中央位置；站台的气流组织也采用上送下回方式，送风管设于站台一侧，排风管设于站台另一侧。

（2）按要求对室外新风、送风、回风、混合风和室内各控制点的干、湿温度，以及设备区所有空调房间的室内正压值，站厅、站台的设备与管理用房、隧道消声器及室外风亭、冷却塔等典型测量点的风速及噪声测定。

4. 系统各参数的测定、调整

（1）系统总风压、风量测定

系统总风量与风机的风量有极为密切的关系，风机的风量必须达到规定值。测定截面的选择应考虑设在气流均匀而稳定的部位，即应在风管的直管段上，按气流方向位于局部阻力之后，大于或等于 4 倍风管大边长的直管段上。

（2）系统与风口的风量平衡

①用基准风口调节法将全部风口普测一遍风速，列表排出实测风量与设计值相比，以比值最小的为基准，通过调节风口上的人字闸阀调整相邻风口的风量，使 L（基）/L（邻）≈L（基设）/L（相邻设计），通过同样的方法依次调节其他风口风量与基准风口的风量比值，使之接近设计的比值。

②所有风口风量以及支管风量均达到平衡后，其各风口的风量并不等于设计风量，需将主干管的风量调节到设计风量，则各风口的风量便可达到设计风量。

③整个系统调试完成后，应即时整理测试调整记录，并完成"风口风量试验调整报告"，调试结束后，应将所有的已调整好的风口、风阀、电动蝶阀以及手动阀等调节设备锁定或标明其在不同运行工况下的开启度。

5. 通风空调专业系统调试重点

空调水系统中冷冻水管的管路长且卡箍连接口多，系统内的清洁度要求高。

（1）管路的试压

试压前将管道与不宜和管道一起试压的设备、仪表拆除，用临时短管把供、回水管接口连通，并在系统的最高点装排气阀，最低点装排水阀。加压前，尽可能从低处灌水，高处排气，要反复充水、排气直到排尽系统内的空气为止。

（2）管道冲洗

根据系统管路布置特点，冷却水冲洗比较简单，冷冻系统管路长且复杂，是冲洗的难点，也采用分段进行冲洗。

（3）轨行区排风口的风量平衡

轨行区设置了轨顶和站台下两条排风道，拟采用基准风口调整法分别对其风口进行平衡，完成后再通过风室内电动风量调节阀进行风量分配，以满足设计要求。

第四章　铁路机电安装与运行调试

第一节　铁路机电安装施工

一、电缆敷设与防护作业指导书

（一）作业准备

1. 内业技术准备

在开工前组织技术人员认真学习实施性施工组织设计，阅读、审核施工图纸，澄清有关技术问题，熟悉规范和技术标准，制定施工安全保证措施，提出应急预案。对施工人员进行技术交底，对参加施工人员进行上岗前安全技术培训。

2. 外业技术准备

电缆敷设前，应严格按程序对土建等相关工程施工的接口、作业面验收交接，并检查是否符合下列进场条件。

①桥、隧、路基地段，同一区间的电缆槽及衔接部分的槽道已同步建成并贯通。

②同一区间预留的手孔（井）已完成，过轨管道与手孔（井）之间已连通，并预留钢丝保持管道畅通。

③桥、隧、路基地段，经过手孔、水沟、路堑、边坡到设备房电缆井的电缆槽、管道应贯通，并在路基、护坡形成前已完成。

④站台电缆槽及出口与相关通道同步建成并贯通；车站站台电缆槽至机械室电缆间的引入槽道（或防护钢管）已同步形成。

⑤电缆引入信号设备机房（包括电缆井、引入通道等）具备电缆敷设条件。

⑥桥梁上预留的锯齿孔、电缆槽用爬架滑道齐全。

现场复测已完成，各设备标识已完成。电缆电气测试完成，电缆配盘完成，具备电缆敷设及防护的施工条件。

（二）技术要求

1. 电缆弯曲半径不得小于电缆外径的 15 倍，内屏蔽数字电缆、应答器数据传输电缆弯曲半径不得小于电缆外径的 20 倍。

2. 防护管内径应大于电缆堆积外径 1.5 倍。

3. 信号电缆按 A、B 端敷设，敷设时引入室内侧为 B 端，室外设备侧为 A 端，电缆按 A、B 端相接进行敷设。

4. 电缆敷设过程中不得出现背扣、直角弯现象。

5. 室外主干电缆采用直埋方式时每端余留量不得小于 2m，采用电缆槽道敷设方式时，留足一次做头预留量。50m 以下的分支电缆长度可不做预留。

6. 电缆与夹石、铁器以及带腐蚀性物体接触时，应在电缆上、下各垫盖 100mm 软土或细沙。

7. 跨越过道、水沟、公路、高边坡、深路堑时，应采用钢管防护。

8. 防护管为钢管时，管口处应打磨，并采用橡胶管（套）防护，防止电缆穿越时损伤电缆外护套。

（三）施工程序

施工准备→运抵现场、沟槽清理→电缆敷设→电缆防护→沟槽恢复→清理现场。

（四）施工要求

1. 施工准备

①电缆配盘应符合下列要求

A. 根据信号设备机房、中继站箱式机房、区间和站内设备位置里程和径路长度，选择合适的电缆盘长。

B. 电缆配盘按自编盘号顺序排列。

C. 接续位置不宜选择在与河流、公路等过渡位置上。

D. 根据实际复测径路确定的电缆长度及电缆盘长、电缆单端接地长度不得超过 3000m 及 300m 以下电缆不得接续的要求，进行合理配盘，减少电缆接续。

E. 先配主干电缆，再配支线电缆。

②电缆运输

A. 运输前应做好线路调查，详细了解进入每个敷设点的路径及路况，保证运输过程中的道路交通安全。

B. 电缆装卸作业时，宜使用机械装卸。严禁将电缆从车上直接推落到地面。

C. 使用车辆运输时应在电缆盘前后加三角垫木固定，并用钢丝绳紧固在车体上。车辆严禁超载、偏载。

D. 敷设前，按配盘顺序将电缆从屯放点运送到敷设点或离敷设点最近的位置。

③平整、清理场地：面积不小于 3×3m，场地平整坚硬。

④根据敷缆计划，配备足够人力、交通工具、通信工具、防护器材等。

⑤掀开盖板，并摆放整齐、稳固，敷设前应清除沟、槽内杂物。

2. 施工工艺

（1）信号电缆敷设方法

①敷设电缆时应设专人指挥，配备通信工具。

②再次确认电缆芯数、型号、端别。

③电缆盘就位，将电缆盘逆电缆缠绕方向滚动至平整后场地，并调整至电缆支架位置，电缆出缆方向应在电缆盘上部。电缆盘的支撑杆应与电缆受力方向垂直。

④电缆盘架设，电缆盘在支撑杆中间，两端同时均匀升起，并保持水平。软土地段电缆支架下部采用垫木支撑，电缆盘离地不大于100mm。

⑤电缆盘支撑处应指定专人负责，电缆盘前部应有制动措施。

⑥敷缆人员按10–15m为宜，遇转弯或障碍时，人员分布应适当加密。敷设人员应在同侧抬电缆，拐弯时应站在外侧。

⑦敷设电缆时，宜先敷设较长电缆后敷设较短电缆。双层防护管宜先使用下层管道，后使用上层管道。

⑧为了防止电缆进水受潮，电缆端头应及时进行密封处理。

⑨电缆敷设完毕后，在电缆的始端和末端分别做好临时标识，注明电缆编号及去向。

⑩槽道内电缆敷设完毕后，应采取措施对电缆进行防护，防止电缆损伤，并及时将槽道盖板封盖。

⑪电缆敷设完毕后应填写电缆隐蔽工程记录表、电缆工程检查证等。

（2）电缆防护

①路基地段干线电缆槽与设备之间应采用防护管防护，埋设于防水层下。防水层施工之前应进行防护管的预埋，埋设深度在防水层下150–200mm，防护管引出防水层位置应采用120°弯头连接。防水层已经施工完毕的路段，应采用切割机直线切割防水层面，宽约100mm防水层下沟深150–200mm埋设防护管，防护管引出防水层位置应采用120°弯头连接。施工后应恢复路基表面防水层，多余渣土应清理运出现场。

②电缆通过桥梁接缝处时，采用不小于500mm电缆槽跨接在电缆槽道断开处。为防止电缆槽前后位移，在电缆槽底部穿一根M6×50mm镀锌螺栓。

③数字电缆和应答器传输电缆储备量不得盘圈，在电缆槽内应采用"S"状敷设，电缆井内应采用"Ω"状盘放。

④穿越防护墙时，电缆应从预留孔中引出，在防护墙至设备箱部分的引出电缆，应采用防护管防护固定。

⑤防护管（槽）两端拐弯处夹角应为1200–1450。

⑥高架桥电缆槽至方向盒的外露电缆应采用软管防护。

（五）材料要求

电缆规格、型号应符合设计文件，电缆指标测试合格。

（六）质量控制及检验

1. 质量控制

（1）材料控制

电缆在敷设前按照设计图纸复测，确认电缆规格型号。保证防护管、电缆封端热缩套管、油浸麻袋片、管口防护套的正确使用。

（2）过程控制

严格执行工序标准，合理组织人员，防止出现拉伤、背扣现象。放入沟槽的电缆平顺不交叉，不背扣，弯曲半径、备用量满足要求，电缆防护保证验标要求。

2. 质量检验

（1）信号电缆敷设应符合下列要求

①电缆按 A、B 端敷设，主干电缆应统一 A、B 端方向，分支电缆依次 A、B 相接。

②电缆绝缘外护套无损伤、变形、背扣。槽内电缆布放应排列整齐无交叉。

③电缆敷设最小弯曲半径要求。

④综合护套电缆不得小于电缆外径的 15 倍。

⑤内屏蔽数字电缆不得小于电缆外径的 20 倍。

⑥手孔、人井内的电缆与其他电缆无物理隔离时应加防灾电缆标志。

⑦检验数量：全检。

⑧检验方法：观察、测量检查。

（2）电缆预留长度应符合下列要求

①主干电缆每端余留长度采用直埋方式时不应小于 2m，采用电缆槽方式时留足一次做头余留长度，50m 以下的分支电缆可不留余留长度。

②室外电缆进入室内的预留长度不得小于 5m。

③电缆地下接续时，接续点每端电缆的预留长度留足一次接续的余量。

④桥隧两端及线路两侧的手孔、人井不留预留量。

⑤槽内预留电缆应成"∽"形布放，并排列整齐。

⑥检验数量：全检。

⑦检验方法：观察、测量检查。

（3）电缆敷设在预留的电缆槽内时，电缆槽底部应平整无杂物

①检验数量：全检。

②检验方法：观察检查。

（4）箱盒内电缆两端应有电缆去向标牌

①检验数量：全检。

②检验方法：观察检查。

（5）防护管为钢管时，管口处应进行打磨处理，并有防止电缆被割伤措施

①检验数量：全检。

②检验方法：观察检查。

（6）从电缆槽道引至设备的外露部分电缆，应采用防护套管进行防护，电缆槽盖板采用水泥混凝土砂浆封堵严密。

①检验数量：全检。

②检验方法：观察、测量检查。

（7）防灾电缆敷设在高边坡、深路堑地段及跨越涵洞顶部时，应采用电缆槽或钢管防护，外露钢管部分应采用砖砌混凝土包封。电缆敷设在桥梁外侧时，应采用钢槽或复合槽防护。

①检验数量：全检。

②检验方法：观察检查。

（8）当信号电缆敷设在路基表面防水层下时，应采用镀锌钢管或 UPVC 管防护。施工后应恢复路基表面防水层，多余渣土应清理运出现场。

①检验数量：全检。

②检验方法：观察检查。

（9）电缆通过桥梁接缝处时，应在电缆槽道断开处增加电缆槽防护。

①检验数量：全检。

②检验方法：观察检查。

（10）电缆穿越防护墙、人井、手孔时，外露钢管管口应用泡沫填充剂防护。

①检验数量：全检。

②检验方法：观察检查。

（七）安全及环保要求

1. 安全要求

①电缆装卸应采用叉车、吊车等专用装卸机械，由专人负责统一指挥。注意装卸过程中电缆的防护工作和作业人员安全。将电缆盘在车厢内利用支撑、防滑桩、钢绳等固定好。

②电缆要放置在平稳地段，并利用三角木等防滑物品将电缆固定。

③施工地点应设警示标志，隧道内施工应设警示灯。

④施工中使用的机具应安放平稳，牢固。

⑤施工点应设专职安全员负责现场安全工作。

⑥开挖沟槽无法恢复需过夜的，应设警示标志，必要时派人看守。

⑦高架桥防护栏未安装时，敷设电缆作业人员应走在防撞墙内侧。

⑧在电缆敷设过程中需转弯、穿越障碍时，要有专人看守，以免电缆损伤。

⑨敷设后的空电缆盘，应将电缆横倒以免滚动伤人。

2. 环保要求

将施工过程中产生的废弃物及时回收，统一处理，做到人走料清场地净。

二、室内机柜安装

（一）作业准备

1. 内业技术准备

在开工前组织技术人员认真学习实施性施工组织设计，阅读、审核施工图纸，澄清有关技术问题，熟悉规范和技术标准。制定施工安全保证措施，提出应急预案。对施工人员进行技术交底，对参加施工人员进行上岗前安全技术培训。

2. 外业技术准备

①室内设备安装前，对室内接口（工作环境、防静电地板、集中接地端子排、设备安装位置、接地电阻、电缆引入口、电缆井、室内管沟槽道等）进行检查，确认符合设计要求。

②设备、机柜安装前监理单位、施工单位、各供应厂家进行开箱检验，根据厂家供货清单对设备数量清点和外观检查，相关文件（合格证、检验报告、说明书等）齐全。

③根据室内机柜尺寸、位置，绘制走线槽布置图。

（二）技术要求

1. 机柜底座安装要求

①机柜底座与柜体尺寸匹配。

②机柜底座应按照室内设备布置图布置。

③当地面铺设防静电地板时，底座应与防静电地板等高。

④底座应做防锈处理。

⑤同排的底座前面应在同一直线上，主通道侧的纵向侧面应在同一直线上。

⑥底座应安装牢固。

2. 机柜安装要求

①机柜固定在底座上，并连接牢固。

②机柜与机柜之间连接牢固。

3. 走线槽安装要求

①槽与槽之间、槽与盖之间、盖与盖之间的连接应严密，槽与各机柜连接应牢固。

②走线槽应安装横平竖直，线槽应拼接成一条直线。

③上走线槽外部颜色与机柜颜色相协调。

④下走线槽应固定在防静电地板下，并在线缆引入口处采取必要的防护措施。

（三）施工程序

室内设备定位→底座安装→机柜安装→走线槽安装。

（四）施工要求

1. 室内设备定位

①按照设计图总体布局，确定底座安装位置。

②保证同排的底座前面应在同一直线上，主通道侧的纵向侧面应在同一直线上。

2. 机柜底座安装

①采用 M10*100mm 的膨胀螺栓直接固定在房屋地面上，箱式机房直接焊接在地面上。

②底座安装后用水平尺测量，通过增加垫片使底座水平后，最后紧固螺栓。

3. 机柜安装

①机柜与底座间垫加 1.5mm 厚的环氧树脂板。

②采用机柜与底座预留固定孔相配套的高强度尼龙螺栓固定。

③调整机柜正面在同一平面上，并与地面垂直，采用套有绝缘套的螺栓及绝缘垫片将相邻机柜连接，相邻机柜间隙应紧密靠拢。

④机柜间用 $6mm^2$ 多股铜线连接。

4. 安装走线槽

①核对每一段槽道，确定使用的部位，在槽内铺设绝缘阻燃垫层。

②槽道内每隔 1m 处设置一处格栅。

③上走线槽安装

A. 先将每架走线槽与机柜相连，然后将相邻架间走线槽两端用螺栓连接，待同排全部连接后再进行排间连接。

B. 走线槽不形成环状。若走线槽闭合时，排间必须进行绝缘处理。

C. 从线槽底部引出线缆时，拐角及开口处采取保护措施。

（4）下走线槽道安装

① 根据走线槽布置图进行槽道连接。

② 槽道下方设置支架，支架高度为 30mm，支架宽度与槽道宽度相同，相邻支架间隔 1.5m 左右，槽道连接处增加支架设置，槽道与支架用螺丝固定，支架采用 4×40mm 镀锌扁钢。

（五）材料要求

1. 机柜、底座及槽道规格、型号、数量符合安装需求，安装附件齐全。

2. 机柜、底座及槽道表面无变形、无损伤，镀层、漆饰完整无脱落。

3. 机柜内部件完好、连接无松动，无受潮锈蚀。

（六）质量控制及检验

1. 质量控制

①机柜柜门应自由关合，无卡阻。

②配线应使用阻燃型配线电缆、软线。

③各种线缆应有分隔措施。

④机柜与墙体绝缘。

⑤机械室不满足设备使用环境时，应采取防护措施。

2. 质量检验

（1）机柜设备进场验收应进行验收，其规格、型号应符合设计要求及相关技术标准的规定。

检验数量：全检。

检验方法：观察、测试检查。

（2）柜内附属器材质量应符合相关技术标准的规定。

检验数量：全检。

检验方法：观察、测试检查。

（3）机柜安装应符合下列要求

①机柜设备安装位置、方式、排列顺序、排间距离等应符合设计要求及相关技术标准的规定。

②机柜底部应增加连接支撑底座，底座与机柜连接牢固，底座着地不悬空。

③机柜与底座、柜与走线槽、走线槽与走线槽间的连接螺栓应连接牢固。

④主通道侧的各排机柜纵向侧面应在同一直线上。

⑤同排机柜的正面应在同一直线上。

⑥机柜应竖直，相邻机柜应紧密靠拢。

检验数量：全检。

检验方法：观察、测试检查。

（4）机柜走线槽安装应符合下列要求

①机柜走线槽应采用钢槽，其槽内及拐角处应增垫橡胶垫。

②走线槽不应形成环状，走线槽闭合时，排间必须进行绝缘处理。

③槽与槽之间、槽与盖之间、盖与盖之间的连接应严密，槽与各机柜连接应牢固。

④走线槽应安装横平竖直，线槽应拼接成一条直线。

⑤从线槽底部引出线缆时，开口处应采用橡胶圈或其他保护措施。

检验数量：全检。

检验方法：观察、测试检查。

（5）机柜内的各类部件应安装牢固，鉴别销、卡扣、锁扣等应正确、齐全。

检验数量：全检。

检验方法：观察检查。

（6）各类机柜门、侧板平整，无凹凸现象，漆层无损伤，机柜通风口清洁、通畅。

检验数量：全检。

检验方法：观察检查。

（七）安全及环保要求

1. 安全要求

①施工人员进入现场，必须穿安全防护服，戴安全帽，并根据相关要求配置其他防护用品。

②使用发电机时应使用专用插头，电源插座必须有漏电保护器。

③搬运机柜配备足够人力，专人指挥。

④室内按消防要求配备灭火器材，室内禁止存放易燃易爆物品。

⑤不得在室内使用发电机。

⑥临时照明应使用标准作业灯，使用临时电源时应设置带有漏电保护装置的配电箱，临时用电应设专人管理。

2. 环保要求

将施工过程中产生的废弃物及时回收，统一处理，做到人走料清场地净。

第二节　城市轨道交通机电系统联合调试

一、机电设备联调的作用与意义

城市轨道交通工程是涉及专业多、设备多，运载旅客要求的安全性高的一项系统工程，因此，在各条城市轨道交通线路开通运营前，都必须进行设备系统联调工作。设备系统联调这一新的综合工作，将越来越显现出它的重要性。为从系统角度检验设备，并施以严格的系统质量控制。

近年来，国内外一些城市在城市轨道交通建设过程中，将设备总联调作为一个独立环节，如深圳地铁1号线和南京地铁1号线都对机电系统联调进行了独立的招标。系统总联调可确保全系统的最佳匹配，为大系统的顺利运转奠定坚实的基础。

系统总联调即指各设备及系统间的联合调试，它是在调试好所有子系统的基础上，启动各子系统，使它们在类似运营的条件下带负荷运行，以检验各子系统间的接口关系是否正确、性能是否达到设计要求、运作是否协调，以及能力是否满足各种可能出现的设计预定情况和运营要求，并从整体上检验城市轨道交通大系统运作的可用性、稳定性、安全性。

系统总联调是连接城市轨道交通工程建设阶段和运营阶段的关键环节，其成功与否直接决定了工程能否顺利按时按质完成和开通运营的总目标，是城市轨道交通工程建设的一个重要环节。

（一）总联调可以实现最佳整体匹配

就城市轨道交通列车运行而言，线路工程是基础，列车和供电是关键，通信信号与网络是运行和安全的保障，三者是不可分割的整体；从动态观点上来看，三者又可分为移动设备与固定设备之间的有机结合，总联调就是在系统目标协调下寻求它们之间的最佳整体匹配。

1. 城市轨道交通建设的系统目标

运输能力：最大的输送客流量，最短的运行时间及列车运行间隔。

服务质量：旅客乘坐的舒适性，列车运行的安全与平稳性，售检票的便捷性及车站环境的协调性。

社会经济效益：投入产出目标合理，社会和经济效益明显。

2. 助总联调，实现系统目标协调下移动设备与固定设备的最佳整体匹配

通过总联调实现城市轨道交通各子系统的"综合集成"。城市轨道交通相关子系统的设备出厂前均按规定的技术条件和参数指标进行严格的检验和监测，各子系统所包含的接口条件也经过功能性测试和考核。然而，符合单项技术指标体系要求的子系统未必能够顺利地构成一个具有性能指标高、完全符合设计要求的大系统。因此，需在总联调中经由大系统到子系统的多次反馈与调整方可认定子系统功能结构的完整性与合理性。

在城市轨道交通设备中存在着多方位的接口关系，借助接口来实现各子系统的动态调整，完成大系统的综合集成。总联调的目的就在于通过对单项目标进行有条件的变换和调整，逐步在整个系统上谋求最优。

所有的设备在其安装完成并通过安装验收之后，即进行设备调试。设备单体调试的目的是将设备的任何潜在的质量缺陷在早期发现并予以排除，并检查其性能的指标是否符合有关技术标准要求。而设备子系统（或单站、单所）的调试，则可检查设备间接口，并证实合同中规定的功能指标都已达到。设备系统的调试重点在于检查其内外部的接口是否全部解决，并验证各个子系统功能的相互匹配，全部技术指标是否已达到设计要求。该阶段涉及的系统间接口调试，也可视作系统间前期联调的一部分。

尽管地铁是由多个子系统组成的综合性大系统，但仅就地铁列车运行而言，则可以说线路工程是基础，列车和供电是关键，通信信号与网络是运行和安全的保障，三者是不可分割的整体。从动态观点上来看，三者又是移动设备与固定设备之间的有机结合，联调就是在系统目标协调下，寻求这两类设备间的最佳整体匹配。

任何庞大而复杂的系统，都需要在设计、制定技术规范、制造、安装（或施工）及测试的各个阶段特别注意子系统之间的界面，因为子系统不单独运行，所以各子系统与其他的界面必须检查和验证，以证实其具备所需的功能并且不存在不兼容性。旅客乘坐地铁列车的安全性、舒适性及平稳性是通过地铁线路与列车的最佳匹配来实现的，线路的高平顺性及曲线半径的合理配置可减小列车的振动和轮轨间的动力作用，使行车的安全和平稳舒适性都能得到保证，轨道和电动客车部件的寿命和维修周期也随之延长；而列车的垂向、横向作用力又反过来明显地影响轨道及路基的稳定性与通过曲线的安全性，严重时将导致轨道变形、不平顺加剧直至出现严重的磨损与破坏。在现实中，没有不产生动力作用的列车，也没有不产生变形的线路，系统联调的任务就是寻求二者之间的匹配。

弓网匹配在常规电气化铁路运输中的矛盾一直比较明显，然而在低净空地铁隧道中所产生的弓网匹配问题却更加突出，除要求设计合理外，还须经联调实现弓网的最佳匹配，尽可能地降低离线率，提高受流质量，延长维修周期。

（二）总联调可以实现系统的安全分析

城市轨道交通作为输送旅客的大运量运载工具，不允许发生危及行车安全的事故，因此，系统的可靠性要求很高。首先要通过总联调判别可能出现的故障和涉及范围，其次，则是确定系统出故障时能否导向安全，及系统经维修后能否恢复规定功能的能力，也就是说，要确认系统是否具有高可靠性、可用性、可维修性和安全性。

根据系统目标，在联调中按实际功能分析各子系统的安全性：一种是子系统故障将导致行车事故；另一种则是子系统故障仅影响大系统的局部功能，不致危及行车安全。

对前一类子系统，应设定高可靠度，并据此确定系统部件的寿命期限，如线路轨道结构、电动客车走行部件、制动部件、列车运行控制系统（包括 ATS，ATO，ATP）的关键部件等。至于第二类不危及行车安全的子系统，则不必要求过高的可靠度，可采取定期检修与更换的手段，以恢复规定的功能。对故障将危及行车安全的子系统，需经联调确认其故障导向安全的性能。地铁而的运行控制及行车指挥系统在发生故障时，必须以牺牲效率来换取列车的安全运行。这种特性应通过系统联调和运营演练加以检验、确定和完善。

（三）实现地铁工程的系统性目标

地铁各子系统受专业、经验和其他因素的影响，最终往往局限于各自子系统目标的满足，或者虽在主观上预测它能满足大系统的要求但事实上达不到，需在联调中经由大系统到子系统的多次反馈与调整，方可认定子系统功能结构的完整性与合理性。地铁系统是由多个相互作用及匹配的子系统构成，是一个有机的集合体，表现出很强的关联性，其特征是各子系统设备间相互联系、相互作用或彼此制约。因此，在地铁设备中存在着多方位的接口关系，借助接口来实现各子系统的动态调整，完成大系统的综合集成。也就是说，只有经过对各子系统接口关系的动态联调，才能从整体上完成地铁设备大系统的有机集成。

（四）为运营提供技术系统

联调测试将是系统验证和测试过程的一个重要部分。一系列的电动客车联调测试，包括电动客车、地面通信、监督控制和数据采集系统及信号联调，都将在制造厂、实验基地、现场完成。这些测试将为其后进行的系统联调测试检验和验收过程的按时完成提供可靠的保证。

系统联调和运营演练的最后过程是系统预运营，包括进行所要求的可维修性的预运营测试，采取所要求的日常和紧急维修措施的预运营，以及系统可用性和稳定性的预运营。通过系统的预运营，以验证系统的技术成熟性与技术可靠性。

（五）保证国产化地铁顺利开通

地铁设备国产化是一项具有深远意义的战略决策，是我国地铁建设蓬勃发展的根本出路。作为我国地铁电动客车及机电设备国产化的依托工程，地铁电动客车及机电设备国产化率要求高，有些设备是首次应用到地铁系统中。各系统设备之间或子系统设备之间，大量存在国产化产品和国外产品的组合。为实现较高的国产化率，一些技术成熟的关键设备采用国产化产品。但相对于系统而言，它又是首次应用，存在着系统集成是否成功的风险。为此，必须进行系统联调和运营演练，以保证国产化设备的顺利开通。

（六）提供解决商务争议的依据

地铁系统联调和运营演练是实现地铁建设系统目标的有效措施。通过联调和演练认证系统的运输能力，包括系统最大的输送能力，最短的运行时间及列车运行间隔；通过联调提高系统的服务质量，实现旅客乘坐的舒适性、列车运行的一安全与平稳性、售检票的便捷性及车站环境的协调性；通过联调认证系统的社会经济效益，以使投入产出目标合理，社会和经济效益明显。

地铁工程系统联调和运营演练方案的指导思想是由有经验的、合格的各专业技术人员进行规定的各系统、各项工作的测试、试验和调试，保证测试仪器和试验系统的先进性、可靠性、合法性。工作将按计划进行合理的部署，协调推进，达到工程按要求开通的最终目的。运营单位的人员也将参与此项工作及其后的测试，运营单位的管理和技术人员通过与专业化联调队伍的合作，了解各系统性能、系统之间的技术接口，系统达到使用功能的工作过程、系统易于出现的故障和解决故障的途径，并由此得到宝贵的在职实践培训。

通过系统联调和运营演练，可验证各子系统或设备是否达到与承包商约定的各项性能指标，检验在大系统工作条件下各子系统是否满足相应承包商合同所规定的要求，并指导各系统承包商和安装承包商在联调阶段的工作。通过客观、中立的检测记录和试验报告，为业主进行验收及索赔提供各项技术依据。由此可见，系统联调和运营演练是地铁建设进程中的一个十分重要而不可缺少的环节，应当认真规划和安排，使其发挥应有的作用。

（七）为地铁运营提供优质服务

①接近实际运营的情况下考验设备，及早发现设备或事故的隐患，同时测试设备功能的稳定性。

②对各设备系统间的技术参数进行配合调整与修改，使其满足运营的实际需要。

③对运营人员进行现场培训，积累实际工作经验，检验车站客运、服务设施能力及相关预处理方案，确保全线顺利开通试运行。

④检验深圳地铁一期工程的各项与运营有关的规章制度，以及行车组织办法的有效性。

⑤检验调度、司机、车站员工在非正常情况下的组织、协调、应急应变能力，检验非正常情况对运营的影响。

⑥进一步完善车站灭火疏散方案，提高车站员工在火灾初期的灭火疏散自防、自救能力。检验 OCC 各调度员的组织能力和司机对火灾事故的处理能力。

⑦检验消防设备设施的协调功能和操作人员的应急处理能力。

⑧检验地铁总部各相关职能部门之间的协调配合能力。

⑨检验地铁公司及政府公安及消防部门在紧急情况发生时的协调及协作效率。

二、机电设备系统联调的基本思想与总体构想

（一）设备系统联调的基本思路

1. 总联调应以相对独立的时间和具备必要条件的空间作为支撑。

2. 总联调是"合格"设备的调试，不是系统的重构和再生。

3. 制定系统总联调试验大纲及总联调试验实施计划。

4. 在总联调中坚持信息沟通、资源共享。

5. 配置各类必要的测试设备。

（二）实施设备系统联调的基础

1. 具备的基本要求及先决条件

（1）单系统调试

各设备系统的调试及其相关的联调，是有其技术上及管理上的接口关系。在考虑联调开展可能时，应综合考虑以下各有关单系统调试的先决条件。

①工地安装测试检查完成，设备达到品质标准，测试报告经审查批核。

②部分系统测试检查完成，各设备在个别站场设备室（如车站、车辆段、OCC）单独功能合乎规格，测试报告经审查批核。

③各设备系统调试完成，各子系统完成整合，全线设备得到联系，全系统功能合乎规格，测试报告经审查批核。

④注意部分系统功能需配合其他系统来验证（如牵引供电系统的最大负荷测试），其系统调试将待系统联调阶段方可完满完成。

（2）接口完成

联调是两个或以上的系统连接接口的功能测试，所以，联调的前提要求是单系统调试成功，同时，连接两系统的接口亦已根据施工图和设计文件安装完成。

（3）稳定供电

当进入联调阶段，为避免影响测试的进行和测试结果，稳定的供电是必要条件之一。如有停电安排必须预先通知各联调项目组，做出合理的安排和配合。

（4）检查限界

当进行有关车辆联调测试之前，必须确保列车经过地方的限界内，不受有任何设备或对象侵入，以免造成对列车的损害及意外。

（5）人员配合

联调测试开始之前，联调项目组负责人及有关系统负责人必须对联调细则内容，包括测试目的、测试前的要求、测试程序、测试中安全事故、处理紧急意外程序有充分了解和适当人手设备安排，才可以依计划编配的时间进行。

2. 接口管理

地铁设备系统的接口资源管理是设备总联调的核心，也是总联调工作的难点，接口资源管理的优劣直接影响到大系统性能和能力的发挥。

现以对称的二维矩阵表述地铁各子系统设备的界面与接口关系如表4-2-1所示。其相关性较强和接口界面较为复杂的是地铁车辆与综合自动化等子系统，在总联调过程中这类子系统应视为重点调试对象。表中表示各子系统的相关问题，应在系统总联调之前予以充分认证、检测与调试。表中方框内容表示各子系统间的相互关系，需经总联调进行认证、检测与调试。

地铁设备总联调包括试验测试、调试、改进完善、性能检定评估、系统认定。由于各类试验的出发点与所需解决与评价的问题均不同，评价方法亦各有差异，为便于描述，将各种试验的分类及其对应关系如表4-2-2。其中，对角线上的单元为子系统的单项试验内容，右上矩阵各单元对应子系统间的相关问题和总联调的试验内容。

表 4-2-1　子系统间接口关系分析

	地铁车辆	列控与信号	通信	供电	轨道与土建工程	售检票	环境控制	防灾报警	安全监控	综合自动化
地铁车辆		运行控制	移动通信	弓网系统	轮轨关系与相互作用	运能评估	振动噪声	隧道火灾防护	车辆检测系统	列车测控
列控与信号			控制信号传输	信号双备份供电	隧道内信号设备				列车定位于与信号监控	中央控制台
通信						售检票信息传输	电磁干扰		系统自保护	系统传输
供电								漏电与过载保护	供电监控	供电控制与耗能分析
轨道与土建工程							振动噪声	隧道火灾防护	轨道几何检测系统	轨检数据采集与分析
售检票									系统检测	自动售票与数据库

续表

	地铁车辆	列控与信号	通信	供电	轨道与土建工程	售检票	环境控制	防灾报警	安全监控	综合自动化
环境控制										
防火报警									系统安全	检测系统
安全监控										图像与数据分析
综合自动化										

表 4-2-2 实验测试内容分析

	地铁车辆	列控与信号	通信	供电	轨道与土建工程	售检票	环境控制	防灾报警	安全监控	综合自动化
地铁车辆	牵引制动动力学性能	系统辨识与自动控制	车上信息传输移动通信与差错控制	弓网关系与受流	平稳舒适度轮轨动力学		振动与噪声	防灾系统测试	车辆子系统性能测试	列车测控网络

	地铁车辆	列控与信号	通信	供电	轨道与土建工程	售检票	环境控制	防灾报警	安全监控	综合自动化
列控与信号		信号可靠性	列车自控系统ATS、ATP、ATO		轨道电路				信号监测系统性能	中央控制台性能
通信			误码率等性能指标		连锁装置与轨道电路车站设施	售检票网络测试	电磁干扰测试		冗余性测试	数据网络性能
供电				供电系统与接触网性能				漏电与过载保护	供电监控系统性能	供电控制系统性能
轨道与土建工程					平顺性、弹性、稳定性		振动与噪声	防灾系统测试	轨道电路性能	轨检数据采集与分析
售检票						可靠性			检测系统性能	自动售票与数据库性能
环境控制							环境评价			

续表

	地铁车辆	列控与信号	通信	供电	轨道与土建工程	售检票	环境控制	防灾报警	安全监控	综合自动化
防灾报警								灵敏度与可靠性	系统安全性综合测试	检测系统性能
安全监控									稳定性与灵敏性	安全系列数图分析系统性能
综合自动化										可靠性与数据吞吐能力几网络测试

3. 接口文件编制流程

为确保设备系统联调的顺利进行，必须在联调过程中强化接口管理，实施设备系统接口追踪。

（1）接口文件编制流程与联调关系

接口按其性质可分为管理接口、硬件接口和信息接口。本接口文件特指的是除管理接口之外的硬件接口和信息接口。

①管理接口一般是指组织架构、程序、责任界面划分、调试顺序和工期衔接等。

②硬件接口又称为物理接口，表示的是设备或系统之间存在的电气、机械方面的直接连接。

③信息接口是设备或系统之间存在的功能、软件及通信规约方面的互相匹配以便协调运作的接口。

（2）各设备系统负责人，根据业主提供的地铁工程设备系统的施工设计文件、施工图纸、技术规格书和有关文件等资料，在充分熟悉、掌握各设备系统各自的功能、各设备系统之间的功能要求的基础上完成。

①找出其设备系统需要配合其他设备系统才能完成的功能。

②画出其设备系统在功能上需要连接其他设备系统的框图，标明相连设备系统的接口、功能要求、接口群编号。

③在功能要求表上，详细列出每一个功能要求、连接系统的名称、接口群编号和参考资料。

④在接口关系表上，填写接口群内每一个接口资料，包括接口地点、接口位置、物理接口资料、信息接口资料和系统接口编号。而系统接口编号需要有关供货商、承包商提供资料。

⑤编制地铁工程设备系统联调咨询服务设备系统接口文件。

A. 接口总表，则要列出系统之间需要联调的接口、关键功能和接口关系表编号，如表 4-2-3 所示。

B. 设备系统接口框图，列出系统之间的联调接口。

C. 各设备系统接口功能表，列出各设备系统的接口功能表、连接系统和参考资料。

D. 各设备系统接口关系表列出各设备系统的接口地点、位置、物理接口资料、信息接口资料和接口编号。

表 4-2-3　设备系统接口总表

系统	连接系统	关键功能接口	接口关系表编号
车辆	供电系统接触网系统	供电系统经接触网为列车提供牵引电力，实现保护配合。	
	信号系统	车辆配合信号系统完成 ATC 功能	010-040
	通信无线子系统	为列车司机与中心调度员提供无线通话，控制中心广播	010-053
	限界	在列车动态运行时应满足限界要求	
车辆段及其他基地设备	没有	不适用	
供电系统	车辆	实现保护配合	
	SCADA	实现对供电设备的监控功能	030-123
接触网系统	车辆	接触网为列车提供牵引电力	

续　表

系统	连接系统	关键功能接口	接口关系表编号
信号系统	车辆	车辆配合信号系统完成 ATC 功能	040-010
	EMCS	信号系统为 EMCS 提供列车在区间内行车信息，启动隧道通风设备	040-121
	SCADA	SCADA 为讯号提供信息完成接触网的各区段带电状态显示功能	040-123
	PIS	为 PIS 提供行车信息	040-124
	通信传输子系统	通信传输子系统为信号提供由控制中心至控制车站点对点，一主一备信道	041-051
	通信时钟子系统	通信时钟子系统为信号系统提供统一时钟信号	041-052
	通信无线子系统	信号系统为通信无线子系统提供列车资料实现用车次号呼叫列车	041-053
	通信广播子系统	信号系统提供信息使通信广播子系统完成列车到发自动广播	041-055
	站台屏蔽门系统	信号系统控制屏蔽门开 / 关	042-070
通信传输专网	信号系统	通信传输子系统为信号提供由控制中心至控制车站点对点，一主一备信道	051-041
	AFC	通信传输子系统为 AFC 提供 E1 信道，由各车站至控制中心点对点	051-060
	EMCSSCADA	通信传输子系统为 EMCS/SCADA 提供一主一备以太网信道，为主变电所提供点对点通道	051-121
通信运输公网	PIS	通信传输子系统为 PIS 提供千兆以太网信道	051-124
	门禁系统	通信传输子系统为门禁系统提供百兆以太网信道	051-125
通信传输子系统（光纤）	FAS	通信传输子系统为 FAS 提供车站之间光纤	051-122

续　表

系统	连接系统	关键功能接口	接口关系表编号
通信时钟子系统	信号AFCEMCSFASPIS门禁系统	通信时钟子系统为各系统提供统一时钟信号	052-040052-060052-121052-122052-124052-125
通信无线子系统	车辆	为列车司机与中心调度员提供无线通话，控制中心广播	053-010
	信号系统	信号系统为通信无线子系统提供列车资料实现用车次号呼叫列车	053-040
通信电视监控子系统	大屏幕显示	通信电视监视子系统为大屏幕显示提供电视画面信息	054-126
通信广播子系统	信号系统	信号系统提供信息使通信广播子系统完成列车到发自动广播	055-040
AFC	通信传输子系统	通信传输子系统为 AFC 提供 E1 信道，由各车站至控制中心点对点	060-051
	通信时钟子系统	在 OCC 通信时钟子系统为 AFC 提供统一时钟信号	060-052
	标志系统	通过闸机与标志系统的接口，实现相互状态的联动	060-150
站台屏蔽门系统	信号系统	信号系统控制站台屏蔽门开关和进行相关信息交换	070-040
	EMCS	EMCS 实现对站台屏蔽门系统监视	070-121
自动扶梯和电梯系统	EMCSFAS	EMCS/FAS 实现对自动扶梯的监控	080-121080-122
环控系统	EMCSFAS	EMCS/FAS 实现对环控系统的监控	090-121090-122
给排水及气体消防	EMCSFAS	EMCS 实现对给排水系统的监控FAS 实现对消防水泵及气体消防系统的监控	100-121100-122

续 表

系统	连接系统	关键功能接口	接口关系表编号
EMCS	信号系统	信号系统为 EMCS 提供列车在区间内行车信息	121–040
	通信时钟子系统	通信时钟子系统为 EMCS 提供统一时钟信号	121–052
	通信传输子系统	通信传输子系统为 SCADA/EMCS 提供一主一备以太网信道	121–051
	站台屏蔽门系统		121–070
	环控系统		121–090
	给排水系统	启动隧道通风设备	121–100
	人防密闭隔断门系统		121–140
FAS	通信传输子系统	通信传输子系统为 FAS 提供车站之间的光纤	122–051
	通信时钟子系统	在 OCC 通信时钟子系统为 FAS 提供统一时钟信号	122–052
	消防系统 EMCS 系统	实现对环控和消防设备的监控	122–100122–170
SCADA	供电系统	SCADA 实现对供电系统设备的监控功能	123–030
	信号系统	SCADA 为信号提供信息完成接触网的各区段带电状态显示功能	123–040
	通信传输子系统	通信传输子系统为 SCADA/EMCS 提供一主一备以太网信道	123–051
PIS	信号系统	信号系统在 OCC 为 PIS 提供行车信息	124–040
	通信传输子系统	通信传输子系统为 PIS 提供千兆以太网信道	124–051
	通信时钟子系统	在 OCC 通信时钟子系统为 PIS 提供统一时钟信号	124–052
门禁系统	通信传输子系统	通信传输子系统为门禁系统提供百兆以太网信道	125–051
	通信时钟子系统	在 OCC 通信时钟子系统为门禁系统提供统一时钟信号	125–052
大屏幕显示	信号系统 / 通信电视监控子系统 / EFS	大屏幕显示通信电视监控子系统画面信息大屏幕显示列车位置及信号设备状态、进路状态及 EFS 监视画面	126–040126–054
标志系统	AFC	通过闸机与标志系统的接口，实现相互状态的联动	150–060

（三）设备系统联调的流程

1. 联调需要的基础资料

（1）设备系统技术规格书。

（2）设备系统施工设计资料。

（3）单设备系统调试资料。

（4）设备系统联调文件编制。

（5）设备系统调试进度。

（6）设备系统安全保证资料。

2. 联调计划

根据系统功能要求，对以下但不限于系统制定联调计划：

（1）车辆系统联调。

（2）供电系统联调。

（3）信号系统联调。

（4）通信系统联调。

（5）自动售检票（AFC）系统联调。

（6）站台屏蔽门系统联调。

（7）自动扶梯和电梯系统联调。

（8）EMCS+FAS+SCADA 系统（综合监控系统）联调。

（9）环控系统联调。

（10）给排水及气体消防系统联调。

（四）联调文件编写

根据国内联调实施情况，一个联调文件至少应包含以下内容：

1. 联调目的

为地铁设备系统联调提供一套计划和技术性文件，规范联调技术测试程序，统一设备系统接口功能验收的标准，确保设备系统联调的质量，以及使整个联调工作有条理和系统性地控制联调进度和按计划完工。

2. 文件概述

本文件详细描述联调目的、联调内容、联调程序概述、联调具体要求和联调项目的具体安排。

联调内容概述联调测试的范围。

联调程序概述描述联调测试的整体步骤和阶段。

联调具体要求是联调前的先决条件。

联调项目列出全部测试项目。

至于联调步骤、联调时间安排、联调中安全及应急处理程序、联调组织与人员要求、联调所需要的测试设备和仪器仪表、联调过程所需要的各种表格会在联调细则详细描述。而联调顺序图就会包含在联调计划。

本联调大纲为编制各联调测试细则的基础。主要包括有关设备系统测试、调试、联调。

3. 联调内容

联调项目是验证系统与系统之间连接后的功能，而各系统内部的子系统之间的功能测试则属于系统调试项目。

由于，EMCS、FAS、SCADA、乘客资讯、门禁、大屏幕投影显示是同一总承包商，这六个系统之间的调试是由总承包商负责，而这六个系统与其他系统的功能测试则包括在联调项目之中。

由于总承包商已开始 EMCS 和 FAS 与相关机电设备的就地级测试，所以这两系统的联调测试就从 EMCS 车站级和 FAS 分级开始。

由于车辆与信号系统之间的联调都是以信号系统为主导，车辆承包商配合，所以车辆与信号系统的联调项目的测试细则，将由信号系统承包商提供。各系统之间的工程界面都不是联调项目的范围。

工程界面包括供电系统对各系统设备的供电和接地、系统与土建的工程接口等，都是属于该系统的安装调试及验收时应有的项目。而本合同包括的系统和合同以外的系统之间的测试，例如公务电话与公用电话网连接，亦不会包括在联调项目之中。

4. 联调程序概述

联调测试可分为三级测试和三步骤测试。

（1）三级测试就是就地级测试、车站级测试和中央级测试。

① 就地级测试就是设备系统与设备系统之间的第一级功能测试，验证接口的基本功能。通过就地级测试，就可以进行车站级测试和中央级测试。

② 车站级测试主要是验证由车站控制室对各设备系统的监控功能。

③ 中央级测试就是由中央控制中心对整个地铁设备系统进行功能验证。

（2）三步骤测试就是物理接口测试，接口功能测试和设备系统功能测试。

① 物理接口测试是要验证设备系统之间的接口是否匹配正确，符合规格要求。

② 接口功能测试目的是要验证接口能达到信息传递无误。

设备系统功能测试是要根据设备系统的合同技术规格书内所列出的系统与系统之间的整体功能进行验证。

5. 联调分类

设备系统联调主要可分为四大类。

（1）车辆系统联调

车辆系统主要包括接触网、车辆、车载设备和信号系统。车辆系统联调可分为三阶段：
①第一阶段是车辆与接触网的联调测试。

②第二阶段是车辆与信号系统的联调测试，包括信号系统车站级功能测试。

③第三阶段是整体测试包括行车功能测试和其他设备系统联调，包括站台屏蔽门、车辆、信号系统、无线通信、控制中心对列车广播和列车到发自动广播。

（2）车站系统联调

有 EMCS、SCADA、自动售检票系统、乘客咨询系统和其他系统，主要是就地级测试和车站级测试。

①就地级测试

A. EMCS 的可编程通信接口（PLC）与屏蔽门、环控系统、给排水系统、人防门系统、自动扶梯和电梯、照明系统进行接口基本功能测试。

B. FAS 与环控、给排水及消防设备的接口基本功能测试。

C. SCADA 设置在各种变电所内的综合自动化子系统的接口基本功能测试。

②车站级的功能测试，在车站控制室对 EMCS 和 FAS 的设备进行功能测试。

③中央级测试就是在中央控制中心对整个地铁设备系统进行功能测试。

AFC 是一较独立的车站系统，主要连接系统是传输系统，传输系统为 AFC 提供传输信道连接各车站与票务中心。另外时钟系统在控制中心为 AFC 提供统一时钟信号。AFC 亦可分为两阶段测试，一是车站级，是连接传输信道的测试；二是中心级测试，是乘客咨询系统的整体功能测试。

AFC 车站级测试主要是单系统调试，包括在 MCP 盘上的功能测试和与传输信道的联调测试。中心级测试就是 AFC 在控制中心通过传输信道对各车站设备进行整体功能测试。乘客咨询系统的车站设备与中央控制中心设备的传输信道是由通信传输子系统提供，而连接其他系统的接口在中央控制中心。

（3）传输信道联调

传输信道测试主要是通信传输子系统为其他系统提供传输信道的测试，包括信号系统、EMCS、SCADA、自动售检票系统、乘客咨询系统和门禁系统，另外为 FAS 提供站与站之间的光纤连接。

（4）控制中心联调

控制中心系统主要有 EFS、信号系统、无线通信系统、自动售检票系统。当车站级的 EMCS、FAS 和 SCADA 的功能测试完成后就可以进行中央级的功能测试。

EFS 测试是验证 EFS 对各车站、区间、车辆段的应有功能，包括正常工况模式、阻塞工况模式和灾害工况模式。信号系统的中央级测试要在信号系统的车站级调试完成后才可进行，号系统中心功能测试就是 ATS，ATO，ATP 全面功能测试，包括降级功能测试。

无线通信系统的调试要在信号系统测试完成后。无线通信系统测试主要验证无线通信系统用列车编号作呼叫号功能，车辆段与正线之间的无线通信功能和列车中央广播功能。

自动售检票系统的中心级测试是对系统的整体功能测试。当传输系统提供传输信道之后，自动售检票系统就可以进行全系统的功能测试。

当设备系统联调测试完成后，表示各设备系统已结合成一个有机的整体就可以进行运营演练，验证各设备系统能满足运营的要求。

6. **联调组织**

（1）联调工作组

①联调工作组成员包括业主有关部门的代表、咨询公司代表。

②联调工作组在联调领导小组指导下，负责整个联调工作的管理和决策，建立及实施有效管理程序，包括安全程序。

③联调工作组负责颁布联调计划及实施细则，安排各系统承包商、集成商人员、设备进行系统联调，并审查确认联调结果。

④做出技术性协商及决定，给予系统承包商及集成商指导，向联调领导小组提交联调结果进度报告。

⑤跟进解决设备系统技术性及工程进度问题，如遇重大问题未能解决，将上报联调领导小组处理。

（2）联调项目组

①在实施过程中将根据不同设备系统间的联调方案分别成立具体联调项目组，负责具体实施联调工作。

②联调项目组成员包括联调工作组业主成员代表、相关系统的业主专业工程师、本项目咨询公司专业工程师、设备系统承包商/集成商专业工程师、监理单位的监理工程师。

③联调项目组具体工作：

A. 审查相关先决性单系统调试结果。

B. 完善联调细则及确定最终执行日期。

C. 安排承包商按联调细则执行测试。

D. 报告测试结果及技术问题，一切文件依既定联调管理程序及表格编写。

E. 整改失误，实现既定系统功能要求。

F. 实施安全程序，确保联调过程的人员设备安全。

7. **联调项目**

联调项目可分为四类：

（1）中央级功能测试项目

是要验证所有系统在中央控制中心应有的功能，对车站或其他地方进行监控。

①信号系统 ATS 功能测试

验证信号系统 ATS 功能包括中央控制与车站控制切换、列车运行及路线监察、车辆段状态监控。具体测试功能由信号系统承包商提出。（主系统：信号。有关系统：车辆、传输信道。）

②通信无线子系统功能测试

验证由中心调度员用车次号叫车和验证列车由正线进入车辆段后，中心调度员控制转为车辆段调度员控制。（主系统：无线通信。有关系统：信号、车辆。）

③列车中央广播功能测试

验证由中心调度员通过无线子系统对列车进行广播。（主系统：无线通信；有关系统：信号、车辆）

④AFC功能测试

验证AFC能透过通信传输子系统的传输信道，完成AFC应有的中心功能。（主系统：AFC；有关系统：传输信道）

⑤EMCS功能测试

验证EMCS透过中央工作台对各远程设备监控。（主系统：EMCS；有关系统、传输信道、车站设备）

⑥FAS功能测试

验证FAS透过中央工作台对各远程设备监控。（主系统：FAS系统：光纤、消防设备）

⑦SCADA功能测试

验证SCADA透过中央工作台对各远程设备监控。（主系统：SCADA；有关系统：传输信道、供电系统）

⑧门禁系统功能测试

验证门禁系统透过中央工作台对各远程设备监控。（主系统：门禁系统；有关系统：传输信道）

（2）车站级功能测试项目

是要验证车站控制室内的系统符合功能要求，对车站管辖地方的设备能进行监控。

①EMCS（车站级）功能测试

验证从EMCS车站控制室工作台对站内远程设备进行监控。（主系统：EMCS；有关系统：就地级设备）

②FAS（分控级）功能测试

验证从FAS车站控制室主工作台对远程设备进行监控。

③车站紧急状态功能测试

验证各系统在车站紧急状态时的应有功能。（主系统：EMCS/FAS；有关系统：AFC、自动扶梯和电梯、事故照明）

④车站电磁兼容测试

验证各系统在各种工作状况下的电磁兼容能力。车站通信、AFC、信号及EFS设备是否受其他机电设备发出电磁干扰包括导电性、辐射性电磁波等所影响。（主系统：EFS；有关系统：信号、通信、AFC、供电）

（3）系统与系统之间功能测试项目

主要是两个系统之间的功能测试，验证两系统连接后应有的功能。这些测试包括物理接口测试。

①列车与接触网之间运作测试

验证列车受电弓和接触网能正常运作。（主系统：列车／接触网）

②列车与站台屏蔽门操作测试

验证当列车到站、离站时站台屏蔽门操作是否符合要求。（主系统：信号；有关系统：车辆、屏蔽门）

③列车到发自动广播功能测试

验证当列车到站时和发车时的自动广播功能。（主系统：信号；有关系统：列车广播）

④列车自动操作测试

验证列车和信号系统的自动操作功能。（主系统：信号；有关系统：列车）

⑤列车 ATP 监控人手操作测试

验证列车和信号系统的半自动操作功能。（主系统：信号；有关系统：列车）

⑥列车限速操作测试

验证列车和信号系统的限速操作功能。（主系统：信号；有关系统：列车）

⑦列车紧急制动测试

验证列车和信号系统的紧急制动功能。（主系统：信号；有关系统：列车）

⑧由车站控制列车运行测试

验证中央控制与车站控制切换，列车由控制站控制和列车运行在中央屏幕显示。（主系统：信号；有关系统：列车）

⑨通信时钟子系统测试

通信时钟子系统为 FAS 提供时钟信号功能测试（主系统：时钟；有关系统：FAS）。通信时钟子系统为 AFC 提供时钟信号功能测试（主系统：时钟；有关系统：AFC）。通信时钟子系统为 PIS 提供时钟信号功能测试（主系统：时钟；有关系统：PIS）。

⑩ SCADA 与供电系统就地级功能测试（主系统：SCADA；有关系统：供电系统）。

⑪ EMCS 与信号系统之间功能测试

信号系统在控制中心为 EMCS 提供列车在区间隧道的阻塞位置情况和时间。（主系统：EMCS；有关系统：信号系统）

⑫接触网短路测试（主系统：接触网；有关系统：供电系统，接触网）。

⑬列车短路测试

验证各系统在各种工作状况下的电磁兼容能力（主系统：列车；有关系统：供电系统）。轨旁信号及通信设备是否受车辆及供电系统发出电磁干扰包括谐波、辐射性电磁波等所影响（主系统：信号；有关系统：通信、供电、车辆）。

（4）接口功能测试项目

主要是验证通信传输子系统提供的传输信道和光纤符合连接系统的要求，成为连接系统的一部分。

①通信传输子系统为 EMCS/SCADA 提供的传输信道功能测试。

②通信传输子系统为 AFC 提供的传输信道功能测试。

③通信传输子系统为信号系统提供的传输信道功能测试。

④通信传输子系统为 SCADA 提供的传输信道功能测试。

⑤通信传输子系统为门禁系统提供的传输信道功能测试。

三、机电系统联调的概述

地铁建设作为一项重大的综合系统工程，涉及城市规划、市政发展、工程施工、地下管道（水、煤气等）、电力供电、公交系统、工程总体规划和计划以及施工组织等诸多方面，迫切需要统筹规划协调进度顺序，强化组织领导和保证物资、材料供应等。

地铁工程自身的设备系统又包含电动客车、供电、通信、信号、售检票、环境控制、车站设备监控、防灾报警等多种技术和专项子系统设备。而子系统又各具相对的独立性和整体性，其设备配置必须满足子系统的功能要求，设备品种繁多，且来自不同的厂商，彼此衔接均有特定要求等。

所有这一切决定地铁设备应进行综合性的大系统联调和运营演练，其目的是确保地铁交通工程在城市交通运输体系中的主导地位，体现其良好的综合社会效益。

（一）机电系统总联调和运营演练的任务

依据各子系统之间的相关程度与接口复杂程度，在系统联调和运营演练时，可将地铁系统划分为电动客车运行相关系统和运营相关系统两部分。

电动客车运行相关系统包括电动客车子系统、信号与控制子系统、通信子系统、供电子系统、接触网子系统、轨道子系统、电动客车段子系统；运营相关系统包括售检票子系统、车站设备监控子系统、环控子系统、防灾报警子系统、电梯与扶梯子系统、给排水消防子系统。

1. 机电系统总联调工作任务分析

为保证所有的子系统和各类部件充分发挥应有的作用，协调配合以提供高效的系统能力，需科学、全面地构思设备联调任务。依据各子系统之间的相关性，可将联调划分为电动客车/信号/通信设备预联调、系统冷滑试验、系统热滑试验、列车运行相关系统联调、运营相关系统联调、全系统联调、系统试运营、系统评估。

在联调过程中，地铁列车的运行是核心，各子系统均应在列车运行状态下动态调整。对它们来说，满足系统目标的要求主要体现在满足列车运行的要求上。

联调可分为单系统调试、双系统接口调试、多系统联合调试、系统总联调等阶段。单系统调试、双系统接口调试任务一般涵盖在各系统承包商的供货或安装调试合同条款中，其实施主体是各系统承包商。多系统联合调试、系统总联调调试任务在各系统承包商的供货或安装调试合同条款中只明确其参与配合的责任，考虑到责任主体的管理力度和难度的要求，一般由业主或监理组织实施。主要项目应包括：

（1）车站机电设备间的联调，包括 FAS、BAS、气体消防、给排水及消防、冷站及环控系统、屏蔽门、扶梯、低压电器及事故照明。

（2）电力监控系统 SCADA 与供电系统间的联调，包括与信号间的联调。

（3）无线集群与信号、电动客车间的联调。

（4）通信时钟、传输网与各相关系统间的联调，包括信号、AFC，FAS，BAF，SCADA 办公自动化，并模拟传输网中断时对各相关系统的影响。

（5）信号系统与电动客车间的联调。

（6）信号系统与屏蔽门之间的联调。

（7）信号系统与车站设备监控系统（BAS）间的联调。

（8）最大行车密度、低压满负荷不同运营方式时的供电能力与谐波测试（做 8 列车 3min 间隔）。

（9）在最大行车密度运营条件下，对弱电系统及计算机设备的电磁抗干扰试验，结合最大行车密度、低压满负荷、不同运营方式下的供电能力与谐波测试进行。

（10）电动客车与牵引供电系统间的短路试验。

2. 运营演练工作任务分析

运营演练是验证、整合、构建整个地铁工程设计功能与使用功能的各项目标是否相互对应的关键环节，是进一步建立安全、可行、有序、高效的运营规章、行车规章、安全规章制度的前提，是实现整个地铁工程人与机可靠互控、人与人协调配合的最重要阶段，同时也是地铁工程由建设验收向运营移交的过渡阶段，可以说所有参与建设、运营的业主，设计、咨询、监理、承包商等单位都担负着各自不同的工作任务。因此，运营演练是名副其实的集团化作业，演练的决策层、指挥层、操作层、协助层必须实行强有力的组织管理、周到缜密的实施计划、动态闭环的现场控制，主要项目应包括：

（1）运营时刻表演练（兼做信号 144h 试验）。

（2）降级模式下的运营模式演练。

（3）列车在区间的故障救援演练。

（4）票务运作演练。

（5）列车火灾紧急救援疏散演练。

（6）车站火灾紧急疏散演练。

（7）车站大客流演练。

（二）车辆系统

1. 车体结构和材质

随着车辆大型化，采用铝合金制造的车体结构来降低轴重已势在必行。为达到这一目的，必须实现铝合金型材国产化，并且按照国际标准，或沿用发达国家的标准，或自己制定国家标准来设计制造铝合金车体。为此，须加快建设铝合金生产线，使之形成批量生产的能力。

此外，在降低轴重和延长车辆使用寿命方面，用不锈钢制造的车体结构也有突出的优点，并且也有良好的发展前景，以适应不同用户的需要。为降低国产车辆的造价，以适应各地城市轨道交通建设的需要，有必要保持一定规模不锈钢车体结构车辆的生产。

2. 传动系统

我国地铁车辆的开发经历了凸轮变阻、斩波调阻、斩波调压等直流传动系统。交流传动车辆牵引电机体积小、重量轻，可减少簧下重量、减少对轨道结构的冲击，维修少，噪声小，启动牵引力大，黏着性能好，能再生制动，节能效果好等。

鉴于这些优点，我国地铁已经开始应用 V 竹 F 交流传动控制系统的车辆。在北京复八线地铁车辆上，安装了由日本生产的采用 GTO 元件和热管冷却并具有再生制动功能的 VVVF 交流传动装置。上海、广州等地的地铁，同样使用装有德国、法国生产的竹 VF 交流传动装置的车辆。鉴于我国城轨交通车辆需求量的大幅增加，有必要加大该技术研发的投入，研制开发具有自主知识产权、标准化的竹 VF 交流传动控制系统。该系统具有 IGB 丁元件或工 PM 元件和热管冷却，且有再生制动和电阻制动功能。

3. 提高车辆高科技含量

提高地铁和轻轨及其他城轨交通车辆的高科技含量，采用先进车载装置，主要表现在：

（1）信息管理和故障诊断系统

国际著名的有 S 工 BASI6 以及 ABB、日立等系统。

（2）模拟式电气指令制动控制系统

这方面在北京复八线地铁、出口德黑兰地铁的车辆上安装了英国、法国、日本的装置。

（3）列车通信网络系统

简称 TCN，它应用了高速数字传输技术和计算机信息处理技术，以达到如下功能：监视各种设备的运行和故障状态并进行诊断，将驾驶室主控制器的指令传送到各种设备，乘客服务设备的集中控制，向驾驶室提供运行信息等。

（4）车载列车控制装置

统称 ATC 系统，它可实现对列车精确定位、列车速度正确控制、车地实时通信、无人驾驶和单人操纵等。

4. 关于列车控制技术

我国的城轨交通虽然有关人员对列车控制技术（ATC）还未全部掌握，但已经采用了 ATC 装备。尽管这种装备从国外进口，但一地一样，甚至一线一样、各不相同，不能兼容。以上海地铁 1、2、3、5 号线（莘闵轻轨线）为例，4 条线由 3 个国家进口、4 种制式，轨道电路、联锁设备、列车自动保护系统各不相同，见表 4-2-4。上海城轨交通 ATC 制式各不相同，不适应各线的联通联运需要，也不利于其他线路对 ATC 装备的统一选型，更不利于该设备的国产化与标准化，对此建议国家有关部门，有必要采取措施，组织力量攻关研发，早日开发出中国技术标准的 ATC 系统。在此肯定两点：一方面，肯定 ATC 技术也是我国城轨文通的发展方向；另一方面，对于客运密度不是太大的线路，有必要保留传统的列控技术。事实表明，在一些发达国家中的城轨交通，也不是每条线路都采用 ATC 系统。

表 4-2-4　上海城轨交通 ATC 系统

城轨交通名称	地铁 1 号线	地铁 2 号线	地铁 3 号线	莘闵线
引进国	美国	美国	法国	德国
公司	GRS	USS	ALSTOM	SIEMEN
轨道电路	音频无绝缘轨道电路	AF-902，AF-904 数字式无绝缘轨道电路	DTC921-I 型无绝缘 Digicode 数字轨道电路	FGTS 音频无绝缘轨道电路
联锁设备	南延线 6052 继电联锁，北延线 VPI 微机联锁	MICRO－LOCK 微机联锁，双机热备	ASCV（VP12）微机联锁	SIMIS 微机联锁系统，3 取 2 工作方式
列车自动保护系统	采用头尾各双套冗余车载设备，ATP 系统处于速度码方式，运行间隔 120s，设计间隔 100s	采用头尾各双套冗余车载设备，基于目标速度方式，设计间隔 100s	采用 SA－CEM 系统，地面设备为 3 取 2 系统，车载设备头尾各双重配里，基于目标距离方式，设计间隔 100s	采用点式发码非连续式地对车通信，车载设备为 2 取 2 方式，基于目标距离方式，运行间隔 163s，最小设计间隔 100s

5. 车辆联调的关键

车辆是地铁客运载体，其性能稳定直接关系到乘客安全、乘坐舒适性，开通前必须进行与相关系统的调试。

（1）车辆与牵引供电系统间的短路试验

检验车辆内部短路故障时，回路直流断路器与牵引变电所直流断路器保护动作跳闸的选择性是否正确，检验车辆断路器的分断能力，确保地铁正常运营后，车辆发生短路故障时车辆和供电系统的安全。

（2）车辆与信号系统间的联调（先在试车线上调试，后在正线上调试）

通过列车在线上运行，检查信号车载功能是否达到设计要求并满足运营需要。系统能否满足安全、舒适、高效运行，检查信号系统与车辆接口是否达到设计要求。

（3）车辆与无线集群间的联调

用列车实际上线运行，检验通信无线系统与信号列车自动监控系统（ATS）之间的各项列车消息接收是否正确、及时，能否满足运营的需要；列车实际上线运行，检验通信无线系统为行车调度和车广调度能否准确地与所管辖的列车进行通信；通过联合调试，确认通信无线系统与列车广播系统之间的广播功能正常，列车广播优先级正确。

（三）牵引供电系统

1. 以地铁为例，城市轨道交通电力牵引供电系统的组成，其各部分的名称及功能简述如下：

（1）牵引变电所

将三相高压交流电变成适合电动车辆应用的低压直流电，供给地铁一定区段内牵引电能的变电所。

（2）接触网（架空线或接触轨）

沿列车走行轨架设置的特殊供电线路，电动车辆通过其受流器与接触网的直接接触而获得电力的导电网。（北京、天津地铁采用接触轨，上海地铁采用架空接触网。）

（3）回流线

用以供牵引电流返回牵引变电所的导线，将轨道回流引向牵引变电所。

（4）馈电线

从牵引变电所向接触网输送牵引电能的导线。

（5）电分段

为便于检修和缩小事故范围，将接触网分成若干段称为电分段。

（7）轨道电路

利用走行轨道作为牵引电流的回流的电路。

（8）走行轨道

构成牵引供电回路的一部分。

一般将接触网、馈电线、轨道、回流线总称为牵引网。

2. 牵引供电系统由牵引变电所和牵引网组成，其中牵引变电所和接触网是牵引供电系统的主要组成部分。

（1）城轨供电系统的组成

供电系统是城轨交通的动力能源，一般包括牵引供电系统、动力照明供电系统和高压电源系统。

牵引供电系统供给电动车辆运行的电能，它是由牵引变电所和接触网组成的。

动力照明供电系统提供车站和区间各类照明、扶梯、风机、水泵等动力机械设备电源和通信、信号、自动化等设备电源，它是由降压变电所和动力照明配电线路组成的。

高压电源系统要视各城市情况而定，它可以是二成市市电直接供给交通线路的各变电所，亦可以由城市高压供电线路集中供电给城轨交通线路，然后由电源变电所再分配给轨道沿线各变电所，还可以是这两种情况的综合。从节约投资看，高压供电系统最好由城市市电分散供给各变电所，但此系统决定于城市供电部门。

城轨交通供电系统的变电所除电源变电所（或称高压变电所）外，一般包括牵引变电所、降压变电所和牵引降压（混合）变电所三种。牵引变电所是只供给地铁、轻轨电动车辆电能的变电所，如轨道沿线区间单独设置的牵引变电所或停车场的牵引变电所；降压变电所是将 10kV 电源降压为 380V/220V 动力照明电源的变电所，它一般设置在车站内。牵引降压变电所是这两种变电所的结合，具有牵引和动力照明两种电源，它一般也是设置在车站。

从主降压变电站及其以后部分统称为"牵引供电系统"。它应该包括主降压变电站、直流牵引变电所、馈电线、接触网、走行轨及回流线等。

（2）电力牵引系统

电力牵引用于轨道交通系统已有 100 多年的历史，随着经济和科学技术的不断发展，用于轨道交通的电力牵引方式有许多不同的制式出现。这里所说的制式是指供电系统向电动车辆或电力机车供电所采用的电流和电压制式，如直流制或交流制、电压等级、交流制中的频率（工频或低频）以及交流制中是单相或三相等。

①城市轨道交通直流牵引系统概况

直流牵引系统电力牵引网的额定电压多种多样，其供电电压范围一般是 DC500V~DC3000V，其中较普遍采用的是三个电压等级 DC750V，DC1500V 和 DC3000V，但也有许多其他电压等级的系统运行，如雅典、伦敦、纽约、芝加哥、波士顿采用 DC600V~DC650V 牵引系统，亚特兰大采用 DC700V 牵引系统，旧金山 BART 线采用 Dc1000V 牵引系统，巴塞罗那、布宜诺斯艾利斯采用 DC1200V 牵引系统，日本、中国香港等较普遍采用 DC1500V 牵引系统，在欧洲部分国家和地区采用 DC3000V 牵引系统。在我国内地只采用其中两个电压等级：北京、天津等采用 DC750V 牵引系统，上海、广州等则采用 DC1500V 牵引系统。

②直流牵引系统基本组成

在城市轨道交通中一般将整个电力系统分为三大部分：

A. 电源系统指由城市公共电网提供的交流电源点，如 110kV，35kV 或 10kV 等。

B. 直流牵引系统，其中主要包含降压整流系统、直流牵引网等。

C. 内部变配电系统，城市轨道交通内部变配电系统提供各类辅助系统运行电源，如风机、水泵、照明、消防、信号等。

③直流牵引系统电力牵引网构成方式

直流牵引系统的牵引电力网构成方式非常独特，主要有如下两种应用形式：

A. 正极为接触轨馈电，负极为走行轨回流方式。该方式一般应用于净空受限、运行速度较低、电压等级较低的直流牵引系统中，正极接触轨是沿走行轨道线路平行架设于轨道外侧的附加轨，俗称第三轨。

B. 正极为架空接触网（线）馈电，负极为走行轨回流方式。该方式应用范围较广，不同电压等级、不同运行速度均有采用，主要是出于安全起见。

④由于对牵引列车的电动车辆或电力机车特性有以下一些基本要求：

A. 起动加速性能，要求起动加速度大且平稳，即具有恒定的大的起动力矩，便于列车快速平稳起动。

B. 动力设备容量利用，列车主要动力设备即是牵引电动机，要求其具有牛马特性，以使之无论在重载还是轻载的情况下都可以达到牵引电动机容量的充分利用，即牵引力与运行速度的乘积，功率容量近于常数。

C. 调速性能，调速过程中既要求达到容易变速，还要尽可能经济，不要有太大的能量损耗。

不难看出直流串激电动机的性能是很符合上述要求的，其机械特性正符合重载时速度低，轻载时速度高的要求，从起动和调速来看也比较容易实现。城市轨道交通几乎毫不例外地都采用直流供电制式，这是因为城市轨道交通运输的列车功率并不是很大，其供电半径也不大，因此供电电压不需要太高。

采用直流制需增加变电所整流设备和运行费用，而且使用效率也有所降低，直流制还存在电网谐波、电腐蚀、电磁干扰等难以解决的危害，这些问题在设计中需认真研究和采取必要的措施加以克服或减少这种危害。但由于电力电子器件的不断发展，斩波技术和变频技术的不断进步，给直流制的应用打开了一个更宽广的天地，使它更有生命力。

为了规范各国城市轨道交通的电压制式，国际电工委员会（IEC）、国际铁路联盟（UIC）和欧洲标准化委员会（EN），以及各国都提出了相应的标准。现在 IEC、UIC 和 EN 拟定的电压标准为 600V、750V、1500V 和 3000V 四种，对未来架设的有轨电车和地方铁路馈电的直流牵引系统，明确推荐后三种标称电压值。根据我国国家标准《地铁直流牵引供电系统》（GB10411–89）和《城市无轨电车和有轨电车供电系统》（GB5951–86）的规定，并参考国际上城市地铁和轻轨线路普遍采用的供电制式和发展趋向，建议我国城市地铁、轻轨线路牵引电压制式采用 750V 和 1500V 两种。具体选择哪种电压，涉及供电系统的技术经济指标、供电质量、运输的客流密度、供电距离和车辆选型等，需根据车辆、线路结构和电气设备水平，以及各城市的具体条件和要求，综合论证决定。

3. 供电联调的关键

供电系统为地铁所有系统提供动力，在地铁系统中属核心系统，其可靠性、可用性必须得到保证，在系统联调阶段应进行重点调试。

（1）牵引供电系统与车辆间的短路试验。

（2）电力监控系统与供电系统间的联调（包括与信号间的联调）

①测试 SCADA 系统与供电系统、信号系统及主时钟的接口功能，确保各系统满足设计及合同要求。

②检验 SCADA 系统遥控、遥信、遥测、遥调功能是否稳定可靠。

③测试各程控项目，检查每个项目的细目是否按照设计要求有序联动。

④对操作维修人员进行现场培训，确保地铁今后安全运营。

⑤通过联调检查供电设备性能。

（3）最大行车密度、低压满负荷不同运营方式时供电能力与谐波测试

①检验地铁供电系统与其他各系统之间的接口关系是否满足设计要求，特别是在最大行车密度和低压满负荷运行方式下，不同运行方式时的供电能力和谐波测试。

②验证在故障运行方式下，供电系统的供电能力对各相关用户的影响。

③验证电调、值班人员的应变和故障处理能力。

（四）屏蔽门结构及控制系统

1. 结构组成

屏蔽门一般应由固定门、滑动门、应急门及端门组成。

滑动门在数量及位置上的设置应与车辆门一一对应。在两对滑动门之间的屏蔽结构由固定门组成，固定门是不能打开的。

应急门是当列车进站的停车误差超过设计的停车误差而列车又不能再进行位置调整时的疏散通道（其中包括列车未完全进站或未完全出站发生的意外情况）。

端门设置在站台两端，与靠站台而设的屏蔽门垂直连接，并与它们一起与设备房外墙构成一个全封闭的屏蔽系统。

2. 控制系统及工作方式

屏蔽门控制系统所采用的网络在其拓扑结构上是总线型的局域网。其中主控机（PSC）、远方操作报警盘（（PSA）以及每个门控器（（DCU）都是挂接在总线上的一个网络结点。其总线结构及网络协议应采用公开、规范的通用形式，以便于完成与 EMCS（机电设备监控系统）系统之间的接口。总线型结构可以保证网络上任何一个结点发生故障都不会影响整个网络其他结点的正常运行，并可以通过网络对屏蔽门进行全程控制、运行参数修改、声光报警等功能。

屏蔽门控制系统在一些重要的节点及命令上采用硬线传输，充分利用其高可靠性及抗干扰性能，保证整个控制系统的可靠性。像主控机与信号系统、主控机与站台端头控制盒（PSL）之间，以及屏蔽门的开门、关门命令的发送及反馈，均采用硬线传输。在运营初期，信号自动控制系统未运行阶段，列车进站停稳后，由司机下达开门控制命令，无线接收系统将开门信号传递至控制系统，由控制系统通过通信系统将开门命令迅速传出，活动安全门就打开了。

当信号自动控制系统开通后，屏蔽门与自动列车信号系统（ATC）相联动，只要列车停靠到规定的位置，屏蔽门的开启与列车门完全配套同步，不用人工开启，安全可靠。列车在规定的停站时间后，活动安全门将全部关闭并锁紧。每扇门都是一个独立系统，某扇门被夹，不会影响其他门的开关。如果遇到突发事件，车站车控室也能操纵安全门的开关。

3. 屏蔽门的作用

（1）安全性

城市轨道交通系统装设屏蔽门后，作为站台与轨道隔离的一道屏障，把轨道线路和站

台及乘客完全分隔开，只有当列车停靠站台，并且列车门与屏蔽门完全对正时，屏蔽门才打开进行乘客上下车，从而避免乘客探头张望列车到来和随车奔跑的现象，也避免候车人员及物品跌落站台轨道的危险，同时起到防止意外伤害发生的作用。另外，屏蔽门上还安装了探测各种障碍物的传感器，一旦有障碍物存在，传感器发出的信息将使屏蔽门再开闭机构动作，这样可有效地减少车门夹人、夹物的事故。

（2）节能

由于城市轨道交通中地下车站和区间隧道是长条形的地下建筑，除车站的出入口、通风亭和隧道洞口与室外沟通外，基本上与大气隔离，因此，需要空气和温度调节系统来保证乘客安全、舒适和确保设备使用寿命。

设置第一种类型屏蔽门系统后，车站空间与列车运行空间完全隔开，避免大量空调冷气进入隧道，减少了列车刹车时所散发出的热量进入候车区，并减少站台出入口由于列车活塞作用吸入大量自然风所形成的冷负荷。这减少了冷量消耗，达到空调节能的目的。地铁屏蔽门单在节能方面，可以大大减少车站的冷气通过隧道而散失，节约空调通风系统20%的电能，这对于运营压力相当沉重的地铁公司来说，是非常具有吸引力的。

（3）环保

列车行驶时会产生噪声。安装屏蔽门系统之后，站台屏蔽门在站台和轨道之间形成一个物理屏障，可以大大降低城市轨道交通站台中的噪声，这会给乘客提供一个更加舒适安静的候车环境。在那些利用活塞风通风的车站，活塞风经常把轨道上的垃圾和灰尘带至站台，设置屏蔽门后可将垃圾和灰尘拒之于屏蔽门外，使站台能保持一定的舒适度和清洁度。

4. 屏蔽门联调的关键

（1）屏蔽门与 BAS 系统间的联调

验证屏蔽门系统与其有关接口的功能是否完好并满足运营要求。即验证屏蔽门系统与信号系统之间、屏蔽门系统与机电监控系统之间的接口功能是否正常。

通过模拟联合调试，对运营维修人员进行培训，确保地铁今后安全运营。

（2）屏蔽门与信号系统之间的联调

用列车实际上线运行，检验信号系统与屏蔽门系统接口功能是否正常，能否满足运营的需要。

（五）SCAOA（电力监控系统）

1. SCADA 系统构成

主要监控对象为高压变电系统、低压变电及供电系统、牵引变电系统等，实施对整个供电系统的数据采集、实时监控、安全控制、远程通信和供电复示，提供事故照明的备用电源。

2. SCADA 联调的关键

SCADA 系统联调的重点是与供电系统的联调，以验证其中央级功能，并完成与通信、时钟系统和信号系统的联调。

（六）FAS（防灾报警系统）

1. FAS 系统构成

主要对轨道交通范围内各种建筑的火警火灾进行监控。火灾报警系统由全线 FAS 中央控制中心及车站控制室、电动客车段控制室的车站级 FAS 系统、各种车站现场设备以及网络通信设备组成。车站现场设备包括火灾探测器、监视模块、手动报警钮、感温电缆、消防专用电话和插孔、警报器、复示盘等。

2. FAS 联调的关键

FAS 系统联调的重点是与通信系统、时钟系统的联调，以验证其中央级功能。

（七）AFC（自动售检票）网络管理系统

AFC 系统由中央计算机系统、编码系统、密钥管理系统、车站计算机系统和车站 AFC 终端设备、票卡、运营辅助设备、培训设备和软件系统等构成，监控 / 管理对象为 AFC 系统的各种售票机、加值机、闸机、验票机、车站主机、中心主机及网络设施。AFC 系统联调的重点是与通信系统、时钟系统的联调，以验证其中央级功能。

（八）PIS（旅客向导系统）

系统的设备包括 LED 旅客向导牌、LED 发车计时器，提供旅客乘车信息、政府公告、出行参考、实时多媒体资讯信息和视频信息的旅客资讯播出设备，在行车调度中心（OCC）和正线各车站之间构建的旅客咨询系统，提供各车站 LED 旅客向导牌、LED 发车计时器及相应的旅客资讯播出的控制器和服务器等设备。PIS 系统联调的重点是与通信系统、时钟系统的联调，以验证其中央级功能。

（九）EMCS（控制中心中央级设备）系统（BAS）

1. EMCS 系统包括三个子系统

（1）ECS 子系统，它对区间隧道或车站的通风空调系统进行监控。

（2）BS 子系统，对车站照明系统护自动扶梯、给排水系统进行监控。

（3）PIDS 子系统，对车站公共区内的导向系统进行监控。

每个子系统各配置相应的 PLC 控制器，各子系统的 PLC 控制器通过车站 EMCS 系统的光纤以太环网进行数据通信，从而实现整个车站内相关设备之间的联动。

2. EMCS 系统联调重点

（1）EMCS 系统与环控系统联调

验证 EMCS 系统与环控系统之间的接口功能是否与设计相符，并满足运营要求。

测试通过 EMCS 系统对环控系统各种设备进行遥控（包括单体控制和模式控制），并模拟各种灾害情况，测试 EMCS 系统与环控系统的协同运作，确保系统能完全满足设计及消防要求，保持地铁安全和舒适的运营环境。

通过模拟联合调试，对运营操作及维修人员进行培训，确保今后地铁安全运营。

（2）EMCS 系统车站与冷站系统联调

验证 EMCS 系统车站与冷站之间的接口功能是否与设计相符，并满足运营要求。

测试通过 EMCS 系统各种数据参数的交换，并模拟各种灾害情况，测试 EMCS 系统车站与冷站系统的协同运作，确保系统能完全满足设计及消防要求，保持地铁安全和舒适的运营环境。

通过模拟联合调试，对运营操作及维修人员进行培训，确保今后地铁安全运营。

（3）EMCS 系统与照明配电及导向系统联调

验证 EMCS 系统与照明配电及导向系统之间的接口功能是否与设计相符，并满足运营要求。

测试通过 EMCS 系统对照明配电及导向系统各种设备进行遥控（包括单体控制和模式控制），并模拟灾害情况，测试 EMCS 系统与导向系统的协同运作，确保系统能完全满足设计及消防要求，保持地铁安全和舒适的运营环境。

通过模拟联合调试，对运营操作及维修人员进行培训，确保地铁今后安全运营。

（4）事故照明系统与 EMCS 的联调

本联调的目的就是要核实事故照明系统与 EMCS 有关接口的功能是否完好，并能真正实现 EMCS 对蓄电池实际运行状况的监视作用，满足运营需要。同时，对运营操作及维修人员进行现场培训，确保地铁今后安全运营。

（5）自动扶梯与 EMCS 系统间联调

验证自动扶梯与 EMCS 系统之间的接口功能是否与设计相符，并满足运营要求。

通过模拟联合调试，对运营维修人员进行培训，确保地铁今后安全运营。

（6）EMCS 系统与屏蔽门间的联调。

（7）车站气体灭火、FAS、EMCS 系统间的联调

通过联调，模拟火灾发生时现场可能发生的各种情况，测试 EMCS 系统与 FAS 系统以及气体灭火系统的接口联动功能，确保各系统满足设计及消防要求。

在突发火灾情况下，检验 FAS 系统及气体灭火系统及时检测火警信号、发出声光报警及执行消防联动控制的功能。

通过联调，测试在火灾情况下，环控设备能否正确执行和反馈信号。

对操作维修人员进行现场培训，确保地铁今后安全运营。

通过施放烟幕弹试验，抽检车站环控系统排烟能力及车站施工封堵情况。

检查 FAS 和 EMCS 中央级的监视功能是否能实现。

（8）EMCS 与给排水系统间联调

测试 EMCS 系统对车站、区间给排水系统所有潜污泵监视情况和对所有给排水系统车站市政给水电动蝶阀、区间消防电动蝶阀监控情况，确认上述设备现场与 EMCS 系统

协同运作，确保设备完全满足设计和消防要求，为运营提供安全保障。

通过模拟联合调试，对运营维修人员进行培训，确保地铁今后安全运营。

（十）信号系统

列车自动监控子系统（ATS 系统），可自动或由人工监督和控制正线（电动客车段、试车线除外），以及向行车调度员和外部系统提供信息。ATS 功能由完全位于 OCC 内的设备实现，设备包括时刻表数据库，库里存储有 ATS 功能要求的所有时刻表信息。

列车自动防护子系统（ATP 系统，包含了联锁系统），为实现列车自动防护任务，需要与联锁和轨道空闲检测设备、各种电动客车设备（安全制动，驾驶和制动控制，车门）及列车自动监督 ATS 系统有众多接口。信号系统联调重点是：

①信号系统与车辆间的联调（先在试车线上调试，后在正线上调试）。

②信号系统与屏蔽门之间的联调。

③信号系统与车站设备监控系统（EMCS）间的联调。

（十一）通信系统

系统包括传输、无线、公务电话、专用电话、广播、电视监控、时钟、电源、光电缆等子系统，除了传输通信系统所需的语音、数据、图像等各种信息外，还可以对电力监控（SCADA）、自动售检票（AFC）、信号、防灾报警（FAS）等系统的信息实现透明传输，并传输其他运营管理等所需的信息，构成传送语言、文字、数据和图像等各种信息的综合业务传输网。通信系统联调重点是：

1. 通信时钟、骨干传输网与各相关系统间的联调

包括 EMCS、FAS、SCADA、办公自动化，并模拟骨干传输网中断时对各相关系统的影响。通过联合调试，检验 AFC、FAS、SCADA、EMCS、OA、AI、S、闭路电视、广播、电源、站内与轨旁电话、公务电话、无线、集中网管等其他系统在通信时钟信号源故障及中断再恢复后是否能正确接收时钟系统的标准时间信号，达到各系统时间的统一。

2. 无线集群与信号、车辆间的联调。

（十二）运营演练

运营演练是地铁开通前的必需步骤，是保障安全运营的要求，包括桌面演练和实地演练两种方式，其主要内容如下：

1. 营运时刻表演练方案

营运时刻表的准确性、稳定性；列车区间运行时间准确性；控制中心行车调度员操作；车厂调度操作。

2. 车上无线电在正线及车辆段通信测试

测试车上无线电在正线、侧线及车辆段各个地区的收发能力。

3. 降级模式下的运营演练方案

测试在降级模式下控制中心的行车调度及处理能力；测试站务室员工在各个降级模式行车的组织及执行能力；故障维修的协调及处理能力；测试在降级模式下的可营运水平。

主要包含短交路行车测试（含行调微机联锁故障）、大区段行车法（含轨道 ATP 故障）、单线双向行车、不同速度限速设置测试。

（4）系统／设备故障演练方案

检验客车救援程序的效率；检验行调、司机、站务人员在故障状态下的组织、协调、应急应变能力；检测紧急救援组的效率。

主要包含列车故障、正线信号设备轨道电路故障、正线信号设备道岔故障、屏蔽门故障（一只／数只／全部）、供电系统故障、控制中心设备故障、车辆段设备故障、票务运作设备售检票机、出入闸机故障。

（5）紧急模式下的运营演练方案

检验调度、司机、车站人员在紧急状态下之应急应变能力；检（行规）等规章在紧急情况下之处理效率；检验 OCC 调度组织指挥能力和司机对事故的处理能力；检验消防设施设备系统和操作人员的应急能力；检验与分公司各部门及对外间的消防与警察的协同配合能力。

主要包含列车在区间火灾紧急救援疏散、车站站台怀疑有不明有毒气体需要紧急救援疏散、列车在站台上火灾紧急救援疏散、列车在区间遇上大停电乘客需要有秩序疏散到车站、车站发生意外事故需要乘客紧急疏散、车站大客流人流控制演练、恶劣天气（台风）演练。

四、机电设备具体调试具体实施

机电设备系统总联调的功能是从系统的角度，验证机电设备之间的接口技术，整合各机电设备的技术性能和使用功能，实现各机电设备系统在同一技术水平、同一管理模式、同一安全认证平台上机与机、人与机之间有序可控、安全可靠的协调运转。运营演练是对系统总联调的功能验证，是地铁工程实施建设与运营无缝对接的关键环节，是实现地铁工程人与机、人与人之间和谐、高效管理的外延，是关系到地铁工程能否顺利开通运营的第一步，在地铁运营环节中占据着重要的地位。

（一）车辆的调试

地铁建设过程中列车调试作为一个独立环节，越来越受到人们的重视。列车的调试成功为系统总联调一次成功、为大系统的顺利运转提供基础。

南京地铁 1 号线采用法国阿尔斯通公司设计的 Metropolis 系列产品，共计 20 列，120 辆车，每列车采用 6 辆编组，4 动 2 拖方式。第 1 列车直接由阿尔斯通生产，其余 19 列车由法国阿尔斯通／南京浦镇车辆厂联合体在南京生产。调试工作从最初的到货接车，逐步涵盖为到货检查、静调、动调、列车上线冷热滑、列车上正线 300km 试运行，以及一系列整改工作和最后预验收工作。

1. 首列列车到达前工作

（1）设施的准备及落实

在调试初期，车辆提供方会提出车辆调试的设施需求（包括轨道、信号、接触网、检修设备等），因此，需要地铁指挥部牵头，会同车辆部及供货商对轨道、信号、接触网等设施进行磋商，对发现不符合车辆调试要求的设施，由指挥部协调，车辆部全面跟踪，及时纠正，避免由于上述工作的不善，影响调试工作的开展。

（2）调试、验收与工作流程

首列列车到达基地后，要充分保证调试进度与地铁总联调同步进行，最终实现顺利开通、安全运营的目标。但调试、验收项目与计划的制定，是根据本单位调试需求，并在与指挥部及供货商达成共识的基础上，由供货商提供最终版本的调试、验收项目与计划的合同大纲（包括书面和电子版本），使调试工作做到有案可稽、有本可依、按章办事。

（3）车辆调试组织架构

指挥部应成立首列列车到货的领导小组。

（4）试组人员组成、职责及制度

根据调试工作的内容可分为电气、机械两大专业。调试组初期人员可设置电气工程师1名、机械工程师1名、调试技术人员4名（电气2名、机械2名），主要负责到货列车的调试工作。另设1名对外联系人，其主要工作职责为：代表运营分公司调试方负责对外联系；加强与指挥部、供货商、运营分公司之间的联系及信息反馈。

调试组在完成调试任务的同时，还需要负责质量周报和调试资料收集、整理、存档的工作，为后续列车的调试工作积累经验。在调试组运作的过程中，必须建立健全相关的调试管理制度，使调试工作有章可循，在实际运用中加以修改、完善，从而满足调试的要求。

2. 后续列车到达后工作

后续列车到达后，在调试中的各个阶段，供货方与调试组共同遵循经双方确认过的调试项目及计划，进行调试工作。双方在执行有关车辆合同文件的同时，应做好相互协调及信息沟通。调试组的技术人员，在做好列车调试、整改工作的同时，根据调试的小同阶段，认真做好相关记录，并填写《地铁车辆调试跟踪记录表》。列车调试结束后，由供货方完成经双方确认过的列车调试报告，移交调试组，经调试组收集整理，汇编成册，作为技术资料存档。

后续列车到达后，在调试中的各个阶段，供货方与调试组共同遵循经双方确认过的调试项目及计划，进行调试工作。双方在执行有关车辆合同文件的同时，应做好相互协调及信息沟通。

调试组的技术人员，在做好列车调试、整改工作的同时，根据调试的小同阶段，认真做好相关记录，并填写《地铁车辆调试跟踪记录表》。列车调试结束后，由供货方完成经双方确认过的列车调试报告，移交调试组，经调试组收集整理，汇编成册，作为技术资料存档。

（1）车辆调试工作重点及优化

根据南京地铁南北线1号线合同文本规定，列车从出厂到交付使用要经过以下程序：

出厂后的形式试验、列车到货检查、静动调试、冷热滑试验、"开口项"的整改项验收的确认鉴字等。出厂后的形式试验主要是厂家根据合同要求来做，并提供相关试验总结报告给调试组，作为技术资料收集。列车到货检查主要是对新到基地的列车做一些基础性的检查，包括检查接线是否松动，零部件是否有明显损坏及车辆外观和内装情况等。车辆机械尺寸检查主要检查列车的地板面的高度、车体限界等。南京地铁对阿尔斯通/浦锁厂联合体生产列车的主要调试工作共计 30 个大项目以及 300km 第 1.2 列为 500km 运行试验。

静调 18 项，包括电池充电、列车准备和紧急照明、高压通电、驾驶室、正常照明和司机室照明和外部照明、自举线路、空调、空压机的车门、主管道气密性试验、制动气密性试验、通信、停放制动、常用制动、紧急制动、RIC 制动隔离控制、电池充电器、WC、S 车间电源。

动调 12 项，包括 EVR 试验程序、综合检测、门打开时列车运行、向前限速模式（RMF）、清洗模式（WM）、向后限速模式（RMF）、牵引性能、紧急制动方式、快速制动方式、常用制动方式、警惕按钮试验、紧急按钮。

在对首列列车进行车钩联挂形式试验时，发现车钩电气部分有时连接不到位。特别在曲线半径 150m 联挂车钩机械、电气连接时有问题，经过我们提议协商将车钩联挂试验纳入例行试验，确保车钩联挂的可靠性，这对列车的救援联挂有着重要的意义。

列车水密性测试主要是测试车门及通道是否渗漏水，此项试验对今后高架线路的行车亦为重要，南京地铁 1 号线共计 16 个车站，其中 5 个为地面及高架车站，为此有必要将水密性测试纳入调试例行试验。

冷滑试验是指接触网无电状态下，列车升弓并由内燃机车牵引，主要测试全线弓网接触关系以及车辆与隧道、车辆与站台限界的复核，列车回库后重点检查受电弓情况，情况良好只做 1 次即可。

热滑试验是指接触网有电状态下，列车首次在正线运行，通过监视器记录弓网关系有无大的火花，列车由低速逐步过渡到高速分阶段进行测试。列车回库后主要检查受电弓情况，碳滑板有无大面积的掉块及灼伤，情况良好只做 1 次即可。

"开口项"主要是指列车在调试阶段发生的故障未完全处理好而作为验收遗留的项目。调试组应密切注意"开口项"整改措施，调试组有责任跟踪调试及整改的全过程，对发现的问题要及时记录并反馈阿尔斯通/浦锁厂联合体，并将"开口项"是否关闭情况及时上报有关部门，同时也为后续列车调试提供资料和数据。

（2）车辆预验收

列车的交接，是在供货方确认列车完好、无故障的情况下，由调试组对列车做最终的验收工作，经双方共同确认合格后，方可进行交接。

调试组的工作重点是：在调试工作结束后，根据阿尔斯通/浦锁厂联合体提供的调试报告及相关试验数据，在确定列车符合各项技术参数规定的前提下，本着一丝不苟、科学严谨的态度，根据调试报告、相关试验数据及后期整改情况，做一次全面的复查，逐个完成测试和验证，为列车验收签字提供技术保障。

3. 整改建议

（1）车辆调试工作在整个地铁建设中具有举足轻重的作用，宜尽早成立调试组，确保人员精干、固定。调试组由车辆部直接领导管理，相对独立，隶属明晰，避免多头管理，以达到提高工效之目的。

（2）邀请供货商及相关合作方定期召开调试质量分析联合会议，及时掌握车辆调试质量动态，修改并优化调试。

（3）有计划地让车辆调试组和车辆监造组定期进行技术交流，做到第一手信息的传递，制定出较为完整的调试项目，确保各项工作的顺利完成。将车辆监造组纳入调试组工作范畴，确保调试工作的闭环，便于从源头控制车辆基本质量。

（二）供电系统的调试

本节以上海轨道交通 3 号线为例来探讨供电系统在运营前的调试。

上海轨道交通 3 号线是我国第一条露天高架式轨道交通线路，也是我国第一条大规模采用国产化设备的轨道交通线路。短路试验的目的是为了检验电气设备的稳定性，校验牵引供电系统继电保护整定值的准确性，以及检验牵引供电系统运行的可靠性。

上海轨道交通 3 号线开通时间为 2000 年 12 月 26 日，短路试验时间为 2000 年 11 月 20 日，此时还未正式运营，属于机车热滑试验阶段。短路试验应具备的条件是变电所已经向牵引网送电和牵引网达到空载时间。

1. 短路点选择的思路

短路点的选择应根据理论产生最大短路电流及最小短路电流的地点进行选取。如应选取最大容量变压器最近馈出点进行短路，该点的短路电流理论值最大，可检验电流速断保护（大电流脱扣保护）是否正确动；选取最小容量变压器最远馈出点进行短路，该点短路电流理论为最小，可检验电流增量保护是否正确动作。另外，还应该根据供电方式对短路点进行选取，如是否越区供电、是否单边供电等。

上海轨道交通 3 号线牵引变压器分两种类型：容量 2200kVA，短路阻抗 8%；容量 3300kVA，短路阻抗 8%。

根据线路情况选择了以下三种试验方案：

（1）大容量变压器、单边供电、近点短路。试验区间为宝山路—中潭路。试验变电所为宝山路变电所（牵引变压器为 3300kVA），由宝山路变电所单边供电，并在其出口短路，供电距离为 0.15km。

（2）大容量变压器、单边供电、远点短路。试验区间为宝山路—中潭路。试验变电所为宝山路变电所（牵引变压器 3300kVA），由宝山路变电所单边供电，在中潭路变电所短路，供电距离为 3.737km。

（3）小容量变压器、单边越区供电、远点短路。试验区间为虹桥路—长宁路—曹杨路。

试验变电所为虹桥路变电所（牵引变压器为 2200kVA），由虹桥路变电所单边供电，通过长宁路变电所越区，在曹杨路变电所短路，供电距离为 4.975km。

2. **接触轨短路连接方式**

防止短路时烧毁接触轨，接触网短路应按照以下方法进行操作：

①在接触网双导线上并联辅助导线。辅助导线采用 $TJ-120mm^2$，铜绞线，与接触线可靠连接。

②接地线采用 $90mm^2$，防护接地线。

③接地线连接在走行轨上，连接前走行轨需打磨除锈，涂电力脂可靠连接。

④接地线上端挂在辅助导线上。

3. **试验步骤**

①相关区间的接触网停电。

②在所选地点按前述要求的连接方式进行连接。

③连接完成后，试验变电所应采用"电压 – 电流法"测量闭合回路的直流电阻，确认回路为完整闭合回路，且回路电阻应与理论计算相符（理论计算是根据欧姆定律计算，回路电阻是接触网电阻、馈出电缆电阻、走行轨电路电阻之和）。

④检查整流机组断路器、直流开关继电保护整定值是否与设计整定值相符。

⑤先对变电所直流开关二次侧进行模拟试验，在分流器处加入小电流，确保继电保护动作正常。

⑥使用大于 $2.5mm^2$ 的普通铜导线从直流开关柜正负极电流回路分别引出。

⑦将高速记录仪的测试钳型线夹夹在引出线上。

⑧闭合中的被测试开关 1，然后按下高速记录仪的启动按钮"start"。

⑨从测试仪器读取短路电流数值、波形及电弧分断时间，将收集的数据与设计整定值相比较。

⑩短路试验结束，检查直流开关柜快速开关及触头是否烧伤或有残留物。

⑪撤除试验区段接触轨短路点的辅助导线和临时接地线，检查接触轨、走行轨短路点连接处是否烧伤、损坏。

4. **试验结果**

上海轨道交通 3 号线采用的直流快速开关为德国 Adtranz 产品，保护装置为 Adtranz 的 DCP–106 型装置，精度为 0.5 级。整流机组进线侧断路器为上海华通开关厂生产的 35kVSF6 断路器。

直流开关继电保护设计计算整定值为：直流快速开关本体大电流脱扣保护值为 11000A；电流速断保护值为 9000A；过电流保护值为 6500A，2500ms；电流增量保护 $+\Delta I$ 保护值为 200A/ms+4000A。

（1）"大容量变压器、单边供电、近点短路"试验情况

发生短路后，电流最大值为 1135 以，直流快速开关本体大电流脱扣保护动作。实际

短路产生的短路电流超过了电流速断与本体大电流脱扣保护整定值，两者同时启动；但大电流脱扣动作时间比速断时间快，因此大电流脱扣保护动作。

（2）"大容量变压器、单边供电、远点短路"试验情况

发生短路后，直流最大电流为 8400A，灭弧时间为 44ms；整流机组进线侧电流为交流 240A。当时未查看 DCP-106 记录数据，因此不能确定继电保护动作类型，但从数据、波形等分析，应为电流增量保护+DI 保护动作。因为从波形陡峭情况与最大电流（8400A），时间（44ms）来看，均满足设计整定值要求。

（3）"小容量变压器、单边越区供电、远点短路"试验情况

发生短路后直流最大电流为 6104A，灭弧时间为 430ms。DCP-106 保护装置显示的故障情况为电流增量保护+ΔI 动作，电流增量保护值为 559A/ms，ΔI 为 4044A。

（三）SCAOA 和信号系统的调试

本节以深圳地铁系统为例来主要介绍了联合调试技术。

1. 测试文件编写

测试文件描述系统与系统之间的关联功能测试，包括测试前的要求和准备，测试步骤和测试结果的提交等。以 SCADA 系统与信号系统测试细则为例说明测试文件的内容。

本文件详细描述 SCADA 与信号系统 ATS 设备间功能测试，包括测试前的要求和准备，测试步骤和测试结果的提交。

本次联调内容主要是在控制中心调度大厅，实施 SCADA 系统设备与信号系统 ATS 设备之间提供信号系统监视接触网带电情况的功能测试。

当 SCADA 系统与各变电所已经完成控制中心级的联调测试，现场的接触网已具备带电运行的条件，能在控制中心通过程控卡片操作实际反应现场接触网的带电情况，方可实施 SCADA 系统与信号系统 ATS 设备间功能联调测试。

2. 联调的目的

（1）通过与信号系统 ATS 设备之间在控制中心的联合调试

确认 SCADA 系统（OCC）与信号系统 ATS 设备之间通信通道数据传输及通道故障恢复功能是否满足要求。

（2）通过与 ATS 间设备联合调试

确认 SCADA 系统（OCC）能向信号系统 ATS 设备提供接触网带电情况的数据，同时确认信号系统 ATS 设备能正确接收 SCADA 系统提供的各项数据功能是否正确，并且能正确显示。

3. 联调先决条件

（1）EFS（SCADA）系统控制中心级设备安装调试完毕。

（2）信号系统 ATS 控制中心级设备安装调试完毕。

（3）SCADA 系统与信号系统 ATS 设备间的通信电缆敷设调试完毕。

（4）通信系统通信传输子系统设备调试完毕，可以交付使用。

（5）通信系统通信传输子系统与 EFS（SCADA）系统间的功能调试完毕。

（6）控制中心 SCADA 调度台与各牵引降压混合变电所之间的调度电话和程控电话设备调试完毕，可以交付使用。

（7）SCADA 与各牵引降压混合变电所间控制中心级功能测试已完毕。

（8）已经申请并得到电调系统的同意，可以对接触网系统进行带电操作。沿线没有任何与接触网相关的施工作业。

4. 组织安排

SCADA 系统与信号系统之间功能测试属于深圳地铁一期工程全线设备系统联调的一部分，成立 SCADA 系统与信号系统之间联合调试小组，由 SCADA、信号系统 ATS、供电专业组（根据需要）负责实施，通信传输子系统专业组负责配合（根据需要），主要负责联调工作的实施。

5. 联调所需的工具和仪器

（1）工器具的名称及数量

地铁公司提供手持对讲机 4 台（其中 1 台备用）；SCADA 便携式维护计算机一台；手电筒一支。

供电系统安装承包商提供常规工具一套。

（2）工器具的配置情况

控制中心 SCADA 设备机房现场人员、控制中心信号系统设备机房现场人员、控制中心调度大厅工作人员各配一台手持对讲机。

6. 联调程序和信息传递

（1）联调负责人检视测试人员到位，测试仪器/工具到位。

（2）联调负责人阐述测试步骤和有关安排，务使测试顺利完成。

（3）联调人员检查设备状态，然后将检查结果向工作小组报告。

（4）如联调负责人认为准备不足或有其他因素影响测试，联调负责人应停止测试，并呈报上司详情。

若条件满足，工作小组联调负责人发布联调开始命令，测试开始。

7. 联调内容

（1）OCC、SCADA 设备与信号 ATS 系统设备数据通信通道功能联调

①据通信通道运行状态确认，装置上电运行

信号系统 ATS 系统设备定期（时间可调，本次按照 5 秒考虑）向 SCADA 系统发出数据请求报文，SCADA 系统设备发出相应的响应报文。在控制中心 SCADA 系统设备及信号 ATS 设备处确认通道通信状态指示灯运行正常，在控制中心调度台监视器上确认通信相关信号显示正确。

②数据通信通道故障恢复功能检查

在控制中心 SCADA 系统设备处确认数据通信状态运行正常的情况下，人为将通信电缆拔出，模拟通信故障，在控制中心 SCADA、ATS 调度台监视器及相关打印机上确认有相关报警信号显示和打印，同时有报警音响发出。

在控制中心 SCADA 系统设备处人工将通信电缆插入指定的通信口，模拟通信故障恢复，记下开始时间，同时观察，确认整个通信的数据通信功能完全恢复，记下结束时间。

确认 SCADA 系统与 ATS 系统设备间的数据通信通道故障自动恢复功能正常。

（2）确认需进行联调测试的接触网区段均处于不带电状态

①在控制中心 SCADA 工作站确认

A. 现场需联调测试接触网区段已全部处于不带电状态。

在此状态下，确认与现场相关变电所的数据传输正常，现场相关变电所的 DC15100V 母线已全部处于不带电运行状态，现场相关的直流断路器及电动隔离开关控制挡位已处于"远方"控制位。

B. 现场需联调测试接触网区段部分处于不带电状态。

在此状态下，确认与现场相关变电所的数据传输正常，现场相关变电所的 DC1500V 母线已部分处于不带电运行状态，现场相关的直流断路器及电动隔离开关控制挡位已处于"远方"控制位。

在控制中心通过单控 / 程控操作，确认将现场需联调测试接触网区段全部处于不带电状态。

②在控制中心信号系统 ATS 系统工作站确认

A. 现场需联调测试的接触网区段已全部处于不带电状态。

在系统的显示器或大屏幕上，确认相应的接触网区段显示为"灰色"，不带电，状态。

B. 现场需联调测试接触网区段没有全部处于不带电状态。

在系统的显示器或大屏幕上，确认相应不带电部分的接触网区段显示为"灰色"，不带电状态，相应带电部分的接触网区段显示为"红色"，为带电状态，且显示的对应区段位置正确。

（3）在控制中心通过 SCADA 程控卡片操作依次进行接触网的分区段送电

①在控制中心 SCADA 工作站处工作内容

A. 调出程控清单选择画面，选择相应的程控操作，被选中的程控项目进入等待列表，同时在提示区域内显示该程控操作的各单项内容。

B. 确认无误后执行相应的程控卡片操作。

C. 操作结束后，确认有相关执行成功的信息显示，并在 SCADA 相应的显示界面上，确认相应的接触网区段已带电运行。

按照从正线至车辆段、1# 线至 4# 线、接触网上行至下行、首端至末端的顺序依次进行接触网送电的程控操作。

②在控制中心信号系统 ATS 工作站处工作内容

在 SCADA 工作站进行操作的同时，在信号系统 ATS 工作站的显示器或大屏幕上确认相应带电部分的接触网区段显示由"灰色"转为"红色"，即由不带电状态转为带电状态，且显示的对应区段与 SCADA 显示一致且位置正确。

如果显示位置不对应，需及时通知 SCADA 联调人员进行处理。

8. 联调的安全措施

（1）在实施方案 A 时，牵引降压混合变电所 1500V 直流母线带电运行，需严格按照高压设备操作规程进行操作，防止联调测试人员的意外触电。

（2）需遵循地铁公司颁布的相关的安全规章制度。

9. 故障及事故处理

如在测试期间，有关的设备发生故障时应立即通知联调负责人，并由有关系统专业进行评估，是否能及时抢修，并应立即回报联调负责人。如果设备故障至令联调不能继续进行，承包商须负责抢修，有关专业须与联调负责人商议，改日再作安排。所有发生之故障及事故必须详细记录在记录表上，然后提交联调工作组。

10. 联调总结评估

联调完成后，由联调项目小组填写联调测试记录表，并对测试结果进行分析、总结和评估，填写《深圳地铁一期工程联调成果报告》，内容包括：

（1）联调工作的完成情况。

（2）各系统设备的表现情况。

（3）联调工作中存在的不足之处和整改措施。

11. 联调资料的提交

由工作小组将联调测试记录以及对联调测试结果进行分析评估报告，提交一份给深圳地铁一期工程联调工作组。

（四）机电系统的联合调试

本节主要是讨论了广州地铁一号线机电系统的联合调试。

1. 广州地铁 1 号线机电设备系统构成

广州地铁 1 号线全长 18.48km，首期段于 1997 年 6 月 28 日开通试运行，1999 年 6 月 28 日全线投入商业运营。

广州地铁 1 号线的运营系统为由控制中心（OCC）监控的自动运转系统，它包括以下主要机电设备系统：

（1）列车车辆

每列车有两个单元，每个单元由 2 节动车和 1 节带驾驶室的拖车组成。列车由 16 台连续额定功率为 190kW 的三相交流牵引电动机驱动，最高运行速度为 80km/h。每台动车的 4 台牵引电动机并接于一台采用 GTO 元件的直—交变频变压竹 VF 逆变器，通过安装在拖车车顶的两个单臂受电弓从直流 1500V 架空接触网上取电。制动系统由电制动（再生 / 电阻）与可控的踏面制动融合而成。由于采用了再生制动，整个系统的电能效率得到提高。每节车顶装了两台总制冷量达 80kW 的空调器。列车还配有综合自动诊断系统，在司机室的显示器上可看到列车状态信息和故障信息，对列车安全运转起到辅助作用。

（2）供电系统

采用集中供电两级电压制。全线设两座 110kV 主变电站，各通过 4 条馈线和双回 33kV 环网电缆给 8 个牵引混合变压所和 25 个降压变电所供电。主变电所和 . 地面变电所为单母线分段，设母联断路器，其余均为单母线。地下车站和车辆段都有两个变电所，所间用联络断路器和 33kV 电缆联络；每所设 2 台动力变压器，分别由两个所交叉供电。每个牵引变电所设 2 台 1500V 整流机组，接于同一段 33kV 母线上，进线和馈线均采用直流快速断路器，其中馈线经电动隔离开关向接触网供电。

直流牵引供电系统额定电压为 1500V，波动范围为 1000~1800V。架空接触网在车辆段为简单悬挂，正线为 1 根承力索和双接触导线的全补偿简单悬挂。正常时接触网实行双边供电。

（3）信号系统

为列车自动控制系统（ATC）。主要由列车自动防护子系统（ATP）、列车自动运行子系统（ATO）、列车自动监控子系统（ATS）、微机联锁子系统（S 工 CAS）等构成。S 工 CAS 和 ATP 为整个系统的基础，它们为列车提供安全进路以及信号、道岔和进路的互锁，实施列车占用检测、超速防护追踪安全间隔以及为列车提供安全驾驶信息等。其设备基础使用了既反应轨道状态（空闲或占用），又能从地面列车上传输 ATP 信息两大功能的数字编码式音频无绝缘轨道电路。

ATC 系统有三种运行模式，即自动驾驶和定点停车的 ATO 模式、ATP 连续监视而由司机操纵的列车编码人工驾驶 SM 模式、限速人工驾驶 RM 模式，并具有自动折返功能（无人自动、ATO 式自动及无折返轨的自动换向）。ATS 则负责列车运行的自动监控以及运行管理等工作，主要由车站级远程遥控单元 RTU 和中央发布式计算机系；统及一些外围设备等构成。

（4）通信系统

是基于地铁专用通信和公务通信而建立起来的内部通信系统。它由开放式传输网络（OTN），程控电话、无线通信、闭路电视、广播、时钟、不间断电源（UPS）及网络管理（NMS）共 8 个子系统构成。其中 OTN 有两个光环，一主一备互为备用进行数据、声音、局域网、视频及其他多种信息的传输。控制中心的各专业调度可以通过有线调度电话或无线电话分别与车站、隧道、车辆段、变电所、列车等进行通话，以实现统一的调度、指挥和控制。另外，广播、时钟、闭路电视等的设置，为行车、维修、防灾、乘客服务提供关于整个通信系统设备的功能及故障信息，以便及时分析与处理，进而保证系统的正常运行。

（5）自动售检票系统

为使用磁性车票（预留IC卡的功能接口）进/出闸机的闭式系统。它实行计程计时票价，使用单程票或多程的储值票。所有车站设备（自动售票机、半自动售票机、验票机、进/出闸机等）均与车站计算机连接，而中央计算机则收集各站信息并形成管理报表。中央计算机与车站计算机相互协调工作，完成全线整个系统的运作，记录统计运营信息及数据，管理和下达运作控制参数，建立数据信息库等。在地铁中，此系统乃是一个财务收入的运作系统，从某种意义上讲是地铁的经济命脉，因而对其安全性和可靠性提出了很高的要求。

（6）环境控制系统

由区间隧道机械通风和活塞通风、车站站厅与站台制冷空调及通风大系统、车站管理设备用房及空调通风小系统等部分组成。它们通过在车站内设置的各类风机、风管、风道，与空调制冷设备（空调机、冷水机组、冷冻水泵、冷却水泵、塔等）配合实现地铁内部对环境的要求，以及区间隧道的通风、换气、排热和火灾事故排烟等功能。

车站其他辅助设备，如给排水及消防设备、电力照明、自动扶梯、残疾人用液压电梯等，用以保证乘客的安全和一定的服务水平。

（7）车站设备监控系统

为对全线环控系统以及给排水设备、自动扶梯、事故照明电源监测的自动控制系统。在火灾或列车阻塞情况下，它接收来自火灾报警系统或ATS的信息，启动相应防排烟或隧道通风模式。系统为中央、车站、现场三级管理。现场设备主要是在环控电控室安装的带模拟显示屏的控制器柜，集中监控车站大小空调通风系统及隧道通风系统设备，监测380V二级母线失压情况，并在邻接冷冻站一端的环控电控室监控冷水系统的状态。车站计算机系统除主机及外围设备外，还设有模拟显示屏，可实现对站内全部现场设备的监控。中央计算机系统主要由2台互为备用的主机、外设、大型模拟屏及多个控制器等组成，可监控全线各站上述设备的运行状态，并实现管理功能。正常运行以车站控制为主，隧道通风则主要由中央级控制。车站计算机与中央计算机通信通过以太网接口，由OTN网连接。

（8）火灾报警系统

全线采取4120对等式网络，每个车站作为一个节点，设备消防控制盘（FACP）。它收集现场设备（温感、烟感探测器、对射式探头、感温电缆、手拉破玻璃器、警铃、电话、探测、监视、控制、信号模块等）信息，传输到网络上，并根据网络或站内程序做出反应（如报警、启动相应分区的防排烟模式等）。各车站还装配有图形命令中心（GCC），用以显示现场设备布置地图，打印报表和执行防火功能。4120FACP网络通信采用OTN光缆中的4根光纤，每个节点使用2个TC1100光纤上的模块并采用STYLE-7闭环通信方式。在控制中心设置2台图形命令中心，一台用于显示地铁全线各个节点上的所有设备；另一台用于记录系统运作信息，实现管理功能。

2. 调试与联调的实施

所有的设备在其安装完成并通过安装验收之后，即进行设备调试。设备单体调试的目的是将设备的任何潜在的质量缺陷在早期发现并予以排除，并检查其性能的指标是否符合有关技术标准要求。而设备子系统（或单站、单所）的调试，则可检查设备间接口，并证实合同中规定的功能指标都已达到。设备系统的调试重点在于检查其内外部的接口是否全部解决，并验证各个子系统功能的相互匹配。

（1）调试与联调计划

归纳起来，机电工程项目需要经过五个主要过程阶段。显然，每个阶段的按时正确完成，即成为开展下一阶段工作的前提条件。因此，证明安装工作全部完成的安装证书的签发，即成为开展调试与联调的重要标志。

（2）计划的实施

对于每一项调试或联调，均应制定具体的技术方案。该方案应对调试或联调的内容、目录、原理、操作、测试、安全及技术组织措施、所需资源条件等一一列明，以使所有参与者都能主动和协调一致地工作。

3. 联调的具体应用

现以变电所与接触网联调中直流短路试验为例作一概要介绍。

（1）试验目的

①检验牵引供电系统在故障情况下保护的动作，并最后调整其整定值，特别是直流馈线保护整定值的调整，使其能与牵引供电回路实现参数以及列车实用牵引曲线相互匹配。

②确保在接触网发生短路故障时，各保护元件能有选择地动作，可靠地切除故障，并将事故范围缩至最小；同时又能避免列车启动或其内部故障时的误动作，保证地铁系统的正常运行。

（2）试验前提条件

① TPS 和 OCS 所有设备已经过调试，可以正常运行或已受电。

②直流馈线断路器大电流脱扣整定值及保护整定值已据设计进行预整定。

③短路现场与牵引变电所具有足够的通信措施。

④接地网已完工并经过测试合格，区段上所有设备（牵引与非牵引）接地以及轨道上的均流线均已正确连接。

⑤试验区段及与之相邻的区段均无任何施工作业，接触网上所有临时地线、照明线均已拆除。

（3）短路点选择原则及具体位置

①不同类型接触网悬挂或不同导线截面的区段应分别设置短路点。

②要考虑试运行、正常运行、正常供电、越区供电等各种情况，并在最长的供电距离处设置短路点。

③运行中可能出现的不同形式短路应有考虑（如导线接地或接钢轨等）。

④方案优化，尽可能减少试验次数，尤其是近点短路，以减少对设备的损伤。

（4）试验接线及所用仪器

对记录仪器的要求是，至少可同时记录并打印电流、电压与时间的关系曲线，时间分辨率至少为毫秒级，放大器是否使用及其参数选择决定于变送器和记录仪器之间的电流、电压是否匹配。

（5）安全技术措施

① 在短路点处

为防止接触导线的异常烧损，应用电连接线夹可靠地接入一段辅助导线。该线夹接触面不小于 120~200mm²，短路连接线则只能跨接在辅助导线与钢轨间；短路连接线应严格按先接钢轨，验明无电后再接上部辅助导线（接入时）以及验明无电后先拆离辅助导线再拆除接轨线夹（拆除时）的顺序进行；送电合闸时安装列车或梯车平台上不得有人停留，并距离短路点 10m 以上；在确认变电所断路器已跳闸（或分闸）后验明无电方可检查短路点导线、钢轨、线夹的烧损情况。

② 在牵引变电所处

对直流馈线断路器的操作和监视，应由有经验人员进行，一旦发现合闸后未跳闸，须随即手动分闸；在用装有合闸自动检测装置的直流开关柜进行短路试验时，试验前应设法将该检测装置退出工作，以便断路器能合闸；每次短路试验后，均应检查断路器的触头和灭弧室，确认无危及运行的烧伤，方可继续试验或转入投运。

4. 实施的组织

（1）调试领导小组

由有经验并具有协调管理能力的专家组成，其职责是：

①管理包括所有安装承包商和供货商负责的调试工作。

②制定或批准调试计划。

③组织制定各种检验表格。

④审查试验条件是否具备，批准（或授权调试工作组批准）开始调试工作。

⑤审批联调方案，审查联调条件是否具备，批准开始并组织实施联调工作。

⑥协调及处理调试与联调中的重大问题。

⑦审查确认最终调试与联调成果等。

（2）调试领导小组下设五个（可根据系统数量而定）调试工作组和一个领导小组办公室。它们的设置是根据地铁系统的功能组群做出的。调试工作组的职责是：

①管理本工作组各专业所有由安装承包商及供货商所负责的调试工作，审查并确认调试人员名单。

②制定和审核本工作组各专业的调试计划，组织制定各种检验表格。

③审批各承包商和供货商呈报的调试大纲和调试方案。

④检查并落实调试条件，上报领导小组批准或被授权批准开始调试工作。

⑤协调和处理本工作组各系统调试、联调中遇到的重要问题。

⑥审查确认本工作组各系统最终调试结果。

⑦组织审核联调方案中与本工作组相关部分。

⑧检查本工作组各系统联调条件是否具备，并协调实施。

除上述通用职责外，各工作组还需根据安装承包商和供货商合同的不同特点及规定，制定各自相应的职责。领导小组办公室则负责信息及有关的协调工作。

（3）专业调试组

主要是参与调试工作，了解和掌握相关系统的性能、调试方法、故障判断与排除技术，以及监督、证明调试原始记录的完整性、正确性。此组可以组织较多的专业技术人员参加。

5. **实施的结果**

通过各设备系统细致而全面的调试与联调，以及与此同时进行的边调边整改，不仅克服它们内部存在的缺陷，消除各种隐患，而且使之达到合同规定的功能和质量要求。例如，曾发现：110kV主变压器调压开关直流电阻超标，从而避免了送电后将可能发生的烧损事故；列车车门、牵引及制动、空调等故障；各设备系统部分元、器件损坏，电路板故障及软件问题；牵引供电继电保护整定配合及与列车保护配合不当；安装接线错误（大量）等，不一而足。

检查各牵引供电设备系统的物理接口和功能接口，尤其是涉及列车运行安全效率的重要功能得到了核实，验证了整个地铁系统的可靠性。例如：

（1）检测了列车分别以8、6、4、2min的行车间隔投入运行时，在线路可能的最大负荷情况下供电系统及接触网的能力与功能。尽管列车高密度运行情况的再现可能是十数年之后的事情，但在此确认其通过能力。

（2）供电系统产生的谐波和其他电磁干扰，不会降低各机电设备系统的技术指标及功能，当然也同时提出了滤波装置完善及运行改进的建议。

（3）在任意一个牵引变电所退出运行期间，列车的运行以及对其他系统的影响。

（4）在主变电所一台主变压器或两个主变电所之一退出运行时，在最大可能列车负荷及车站负荷降低（三级负荷切断）的情况下，供电系统的功能。

（5）各种运行模式对信号系统的影响，并验证了满足运行与安全的要求。

（6）对列车自动停车精度统计，在联调期间以及144h测试时共停车33770次，精度在±0.sm的技术标准内的占99.29%。经过分析和调整之后，在后来的试运行中，已接近100%，这从侧面验证了信号系统的可用性。

（7）检查了各种运行模式对通信系统（尤其是其中的无线子系统）、各个自动控制系统的影响，以及它们相互之间的影响。

（8）机电设备发热及设备房温升状况得到了检查，确认了工作的可靠性及运行寿命满足的可能。

在整个调试及联调工作中，还积累了大量数据、资料，为安全运行及经济运营创造了条件，奠定了基础。

第五章　汽车装配及运行

第一节　概述

一、汽车分类标准

目前，我国汽车分类标准比较混乱，汽车生产销售市场上没有统一的车型分类标准，就连国家各管理部门中，对于汽车的分类也不能做到整齐划一。

（一）我国汽车分类旧标准（GB/T3730.1–88）

是 1988 年制定的，分为三大类，即载货汽车、客车和轿车，各类按照不同的划分标准进行了细分类，具体为：

1. **轿车按照发动机排量划分**

有微型轿车（1L 以下）、轻级轿车（1–1.6L）、中级轿车（1.6–2.5L）、中高级轿车（2.5–4L）、高级轿车（4L 以上）；

2. **客车按照长度划分**

有微型客车（不超过 3.5m）、小型客车（3.5–7m）、中型客车（7–10m）和大型客车（10m以上）；

3. **货车按照载重量划分**

有微型货车（1.8t 以下）、轻型货车（1.8–6t）、中型货车（6–14t）、重型货车（14t以上）。

（二）新的车型分类

在参考 GB/T3730.1–2001 和 GB/T15089–2001 两个国家标准，它大的分类基本与国际较为通行的称谓一致，分为乘用车和商用车两大类，由于各国在车型细分上没有统一的标准，因此，对于乘用车和商用车之下的细分类是按照我国自身的特点进行划分的：

1. **乘用车**（passenger car）

在其设计和技术特征上主要用于载运乘客及其随身行李和 / 或临时物品的汽车，包括驾驶员座位在内最多不超过 9 个座位，它也可以牵引一辆挂车。

与旧分类相比，乘用车涵盖了轿车、微型客车以及不超过9座的轻型客车，而载货汽车和9座以上的客车全部不属于乘用车。有一类特殊情况，即我们考虑部分车型如金杯海狮同一长度的车既有9座以上的，又有9座以下的，在实际统计中，该车均列为商用车，在以下商用车的解读中不再重复叙述。

乘用车下细分为基本型乘用车、多功能车（MPV）、运动型多用途车（SUV）和交叉型乘用车四类。

2. **商用车**（commercial vehicle）

在设计和技术特征上用于运送人员和货物的汽车，并且可以牵引挂车。乘用车不包括在内。

相对旧分类，商用车包含了所有的载货汽车和9座以上的客车。在旧分类中，整车企业外卖的底盘是列入整车统计的，在新分类中，我们将底盘单独列出，分别为客车非完整车辆（客车底盘）和货车非完整车辆（货车底盘）。商用车分为客车、货车、半挂牵引车、客车非完整车辆和货车非完整车辆，共五类。

GB/T3730.1–2001新国标将汽车分为乘用车（不超过9座）和商用车。乘用车下设11种类型，分别是普通乘用车、活顶乘用车、高级乘用车、小型乘用车、敞篷车、仓背乘用车等；商用车分为客车、货车和半挂牵引车。其中，客车有8种类型，分别是小型客车、城市客车、长途客车等；货车有6种，分别是普通货车、多用途货车、全挂牵引车等。按规定，这份国标是汽车行业的"通用性分类"，适用于一般概念、统计、牌照、保险、政府政策和管理的依据。

中国汽车工业协会目前采用的车型分类分为乘用车和商用车两大类，乘用车分为基本型乘用车、多功能乘用车、运动型乘用车和交叉型乘用车；商用车分为客车、货车、半挂牵引车、客车非完整车辆和货车非完整车辆。据介绍，协会原本计划废止标准中"轿车"的分类，但考虑到"轿车"这个词在我国使用广泛，为了避免混乱，在现行分类时将过去人们认为属于轿车的车型归在"基本乘用车"的类别中。

在税收方面，新国标也逐渐成为通用的标准。财政部和国家税务总局去年将消费税进行调整时，将小汽车分为了乘用车和中轻型商用客车两个子目，但具体分类仍然使用了排量的细分方法。其中，对乘用车（包括越野车）适用了六档税率，即小于1.5L（含）、1.5–2.0L（含）、2.0–2.5L（含）、2.5–3.0L（含）、3.0–4.0L（含）和4.0L以上。

由于历史沿袭的问题，很多管理部门的车型分类依然延续了老的汽车分类方法。例如，公安交管部门进行机动车登记时，按照《机动车登记工作规范》，将汽车分为载客汽车、载货汽车、三轮汽车、低速汽车。

交通部在征收养路费时，根据《养路费征收管理办法》，按照车辆吨位大小进行收费。以北京为例，养路费按载重量计算，家用轿车1个座位为0.1t，载重量一般按0.5t计算。而在收取收费公路车辆通行费时，交通部又以客车座位和货车吨位进行分类，收取费用。

二、汽车的基本组成

现在的汽车一般都由 15000 多个分散、独立且相互配合的零部件组成。这些零部件主要分为四类：车身、发动机、底盘和电气设备。

（一）发动机

作为动力设备，常见的类型是内燃机，其原理是通过发动机缸内的液体燃料燃烧而产生能量。发动机可分为两类：汽油机（点燃式）和柴油机（压燃式），且都属于热力发动机。燃料燃烧产生热量使缸内气压上升，产生的能量驱动轴旋转，并传递给动力传动系。

1. 汽车通过自身的电气系统给自身供电

比如：电气系统给点火系统、喇叭、灯光、供暖系统和起动器供电。系统电压通过充电系统保持稳定。

2. 燃油系统

储存液态燃料，并且把燃料送至发动机。燃料储存在通过油管与油泵连接的油箱里。油泵通过油管将油箱内的油泵出，并通过滤清器（去除湿气和杂污）送达化油器与空气混合或者喷油系统。燃油在化油器、歧管或汽缸自身内与空气混合，形成可燃混合物。

3. 冷却系统

去除发动机多余的热量。发动机燃烧室的温度可以达到 1094℃。钢的熔点大约是 1354℃，发动机多余的热量必须消除来防止发动机过热。空气和冷却剂用来带走这个热量。散热器内装满了冷却剂。水泵使冷却剂在发动机、发动机壳体和发动机盖循环流动。

也可以使用冷却风扇来降温。冷却风扇将风从散热器狭窄的孔径吹出，从而带走热量。这个系统可以给乘客舱和车窗除霜器提供热量。

4. 润滑系统

非常重要，它使得发动机平滑工作。润滑系统使用机油作为润滑剂，润滑系统有四个功能：

①通过运动部件油膜，它可以减小摩擦。

②它在活塞环和汽缸壁之间产生油封。

③它可以带走金属碎屑、杂污和酸。

④通过机油的循环，它可以冷却发动机。

为了使得润滑系统有效工作，机油滤清器和机油必须定期更换。汽车内所有的运动部件都必须要润滑，这包括变速器、差速器、轮轴轴承和转向传动机构。

（二）轿车车身

一个钣金件壳体，它上面有车窗、车门、发送机罩和行李舱门等部件，对发动机、乘客和货物起到保护作用。车身设计应确保乘客乘坐安全和舒适度。汽车的车身造型呈现出炫目以及具有现代感的外观。车身的流线型设计可以减少风阻，防止行车时发生横摆。

四门轿车采用封闭式车身，该车身带有可让乘客进出的车门（多达四个）。这种封闭式车身设计还可存放行李或其他货物。四门轿车（sedan）在英文中也被称为 saloon，并一直具有固定车顶。同样的封闭式车身设计出了具有 2 门设计外，还有软顶式设计，并且常常被称为敞篷汽车。

多用途厢式车（MPV）设计以常见的四门轿车设计或改进的设计为基础，这样就可获得最大的装货空间。

皮卡用来运送货物。通常，皮卡的底盘部件和悬架比轿车更加坚固，以便承受更大的汽车总质量。用来运送货物的商用汽车车身是为专门用途而设计。

通常，公共汽车和长途客车是整体式车身的四轮汽车，但是，也可以采用多个车轮和多个车桥。有时，使用铰接式公共汽车来增大载客量。公共汽车和长途客车可以是单层式或者是双层式。公共汽车通常用在市内，作为月票使用者的运输工具，而长途客车更加豪华，并且用于长途客运。

（三）底盘总成

包括一辆汽车的主要工作系统，这些系统包括传动系统、悬架系统、转向系统和制动系统。

1. 转动系统

转动系统包括离合器、变速器、传动轴、后桥差速器和驱动轮。

（1）离合器或液力变矩器

作用是切断或连接发动机与汽车驱动轮之间动力传送。动力的切断或连接可以通过人力控制或者是自动控制来实现。

（2）变速器

主要作用是在发动机与驱动轮之间提供可供选择的若干传动比，从而使汽车能够在各种行车条件下都能满意的工作。挡位可以由驾驶员通过手动方式进行选择，或者通过液压控制系统实现自动选择。

（3）传动轴

作用是将来自变速器的动力传送给后桥总成的输入轴。柔性万向节允许后桥和车轮的转速上下波动，而不会影响正常工作。后桥总成的作用是将来自传动轴的发动机的旋转动力改变 90°，再传给半轴和驱动轮。

（4）后桥总成

作用是允许两个驱动轮以不同的转速转动，这一点在转弯时很重要，因为转弯时外侧车轮必须比内侧车轮转得快，增加传动比，以实现转矩的放大。

2. 悬架系统

车桥与和车轮与底盘之间用悬架隔开。悬架的基本作用是吸收路面不平所引起的振动，否则的话，使其不会传递给车辆及其承载的乘员。这样，不管路面状况如何，都能使车辆具有可控的、笔直的行驶路线。

3. 转向系统

在驾驶员通过转向盘的操控下，转向系统就能使前轮偏转。转向系统可以采用动力辅助，以便减轻转动转向盘所需的力，使车辆转向操纵更加容易。

4. 制动系统

汽车制动系统由三个主要功能：必要时，应能够降低车速；应能够在尽可能短的距离内停车；应能够使汽车保持不动。固定表面（制动衬快）与转动表面（制动鼓或制动盘）接触产生摩擦，因而产生了制动作用。

每个车轮上均装有制动器总成，其形式或为鼓式或为盘式。当驾驶员踩下脚制动踏板时，制动器在液压力的作用下动作。

第二节　装配的基本概念和装配技术要求

一、装配的基本概念

（一）装配的概念

任何机器（含汽车，后同）都是由若干个零件、组件和部件所组成的。按照规定的技术要求，将零件、组件和部件进行配合和连接，使之成为半成品或成品的工艺过程称为装配。把零件、组件装配成部件的过程称为部件装配，而将零件、组件和部件装配成最终产品的过程称为总装配。

装配不仅对保证机器的质量十分重要，还是机器生产的最终检验环节。通过装配可以发现产品设计上的错误和零件制造工艺中存在的质量问题。因此，研究装配工艺，选择合适的装配方法，制定合理的装配工艺规程，不仅是保证汽车装配质量的手段，也是提高生产效率与降低制造成本的有力措施。

汽车是各种零部件的有机组合体。汽车生产的最后一道工序必定是装配（包括检测和调整），否则各种零部件无法组合在一起并发挥应有的功能。所谓装配就是将各种零部件、合件或总成按规定的技术条件和质量要求连接组合成完整产品的生产过程，也可称为"使各种零件部件、合件组成具有规定的相互位置关系的工艺过程"。

（二）装配精度

装配精度是装配工艺的质量指标。正确地规定机器和部件的装配精度是产品设计的重要环节之一，它不仅关系到产品质量，也影响到产品制造的经济性。装配精度是制定装配工艺规程的主要依据，也是选择合理的装配方法和确定零件加工精度的依据。

装配精度的内容包括零部件间的配合精度和接触精度、位置尺寸精度和位置精度、相对运动精度等。

1. 部件间的配合精度和接触精度

（1）零部件间的配合精度是指配合面间达到规定的间隙或过盈的要求，它关系到配合性质和配合质量。已由国家标准《公差和配合》来解决。例如，轴和孔的配合间隙或配合过盈的变化范围。

（2）零部件间的接触精度是指配合表面、接触表面达到规定的接触面积与接触点分布的情况，它影响到接触刚度和配合质量。例如：导轨接触面间、锥体配合和齿轮啮合等处，均有接触精度要求。

2. 零部件间的位置尺寸精度和位置精度

（1）零部件间的位置尺寸精度是指零部件间的距离精度，如轴向距离和轴线距离（中心）精度等。

（2）零部件间的位置精度包括平行度、垂直度、圆轴度和各种跳动。

3. 零部件间的相对运动精度

这是指有相对运动的零部件间在运动方向和运动位置上的精度。其中运动方向上的精度包括零部件间相对运动时的直线度、平行度和垂直度等；而运动位置上的精度即传动精度是指内联系传动链中，始末两端传动元件间相对运动精度。

（三）装配精度与零件精度间的关系

零件的精度特别是关键零件的加工精度对装配精度有很大影响，而且装配精度是与它相关的若干个零部件的加工精度有关。因此，要合理地规定和控制这些相关零件的加工精度。使得在加工条件允许时，它们的加工误差累计起来仍能满足装配精度的要求。这样做既能保证装配精度要求，又能简化装配工作，这对于大批大量的生产是很有必要的。

有时单靠相关零件的加工精度来保证要求较高的装配精度，会使零件的加工精度显著提高并给零件的加工带来较大困难。此时，应根据尺寸链的理论，建立装配尺寸链。从而使按较经济的精度所加工的相关零部件，通过采取一系列的工艺措施（如选择、修配和调整等），以形成不同的装配方法来保证装配精度。

二、制定装配工艺规程的原则与步骤

装配工艺规程是指导装配生产的主要技术文件，制定装配工艺规程是生产技术准备的一项重要工作。

（一）装配工艺规程的主要内容

1. 分析产品图样，划分装配单元，确定装配方法。

2. 拟定装配顺序，划分装配工序。

3. 计算装配时间定额。

4. 确定各工序装配技术要求，质量检查方法和检查工具

5. 确定装配时零部件的输送方法及所需要的设备与工具。

6. 选择和设计装配过程中所需的工具、夹具及专用设备。

（二）制定装配工艺规程的基本原则

1. 制定装配工艺规程的基本原则

（1）保证产品装配质量，力求提高质量，以延长产品的使用寿命。

（2）合理地安排装配顺序和工序，尽量减少钳工手工劳动量，缩短装配周期，提高装配效率。

（3）尽量减少装配占地面积，提高单位面积的生产率。

（4）要尽量减少装配工作所占的成本。

2. 制定装配工艺规程所依据的原始资料

（1）产品的装配图及验收技术的标准

这包括产品的总装图和部件装配图，并清楚地表示出所有零件相互连接的结构视图及必要的剖视图、零件的编号、装配时应保证的尺寸、配合件的配合性质及精度等级、装配的技术要求、零件及总成的明细表等。为了在装配时对某些零件进行补充机械加工和核算装配尺寸链，有时还需要某些零件图。

产品的验收技术条件、检验内容和方法也是制定装配工艺规程的重要依据。

（2）产品的生产纲领

生产纲领决定产品的生产类型。生产类型不同，致使装配的生产组织形式、工艺方法、工艺过程的划分、工艺装备的多少、手工劳动的比例等均有很大不同。

像汽车这样大批大量生产的产品，应尽量选择专用装配设备和工具，采用流水线装配方法。有的装配区段还要采用机器人，组成自动装配线。

（3）生产条件

当在现有条件下制定装配工艺规程时，应了解现有工厂的装配工艺装备、工人技术水平、装配车间面积等。如果是新建厂，则应适当选择先进的装备和工艺方法。

（三）制定装配工艺规程的步骤、方法和内容

1. 研究分析产品装配图及验收技术条件

（1）了解产品及部件的具体结构、装配技术要求和检验验收的内容及方法。

（2）审核产品图样的完整性、正确性、分析审查产品的结构工艺性。

（3）研究设计人员所确定的装配方法，进行必要的装配尺寸链分析与计算。

2. 确定装配方法与装配组织形式

选择合理的装配方法，是保证装配精度的关键。要结合具体生产条件，从机械加工和装配的全过程着眼应用尺寸链理论，同设计人员一道最终确定装配方法。

装配方法与装配组织形式的选择，主要取决于产品结构特点（如质量大小、尺寸及复杂程度）、生产纲领和现有生产条件。装配的组织形式主要分固定式和移动式两种，对于固定式装配，其全部装配工作在一个固定的地点进行，产品在装配过程中不移动，多用于单件小批生产或重型产品的成批生产；移动式装配是将零部件用输送带或移动小车按装配顺序从一个装配地点移动至下一个装配地，各装配点完成一部分工作，全部装配点的工作总和就完成了产品的全部装配工作。根据零部件移动方式的不同又可分为连续移动、间歇移动和变节奏移动装配三种方式。移动式装配常用于大量生产时组成流水作业线或自动线，如汽车、拖拉机、仪器仪表、家用电器等产品的装配。

3. 划分装配单元和确定装配顺序

将产品划分为可进行独立装配的单元是制定装配工艺规程中的最重要的步骤，这对于大批大量生产结构复杂的产品时尤为重要。只有划分好装配单元，才能合理安排装配顺序和划分装配工序。

无论哪一级装配单元都要选定某一零件或比它低一级的单元作为装配基准件。通常应选体积或质量较大，有足够支承面能够保证装配时稳定性的零件、部件或组件作为装配基准件，如床身零件是床身组件的装配基准件，床身组件是床身部件的装配基准组件，床身部件是机床产品的装配基准部件。汽车总装配则是以车架部件作为装配主体和装配基准部件。

划分好装配单元并确定装配基准零件之后，即可安排装配顺序。确定装配顺序的要求是保证装配精度，以及使装配连接、调整、校正和检验工作能顺利地进行，前面工序不妨碍质量等。为了清晰地表示装配顺序，常用装配单元系统图来表示。它是表示产品零、部件间相互装配关系及装配流程的示意图。具体说来，装配顺序一般是先难后易、先内后外、先下后上，预处理工序要安排在前。

4. 装配工序的划分与设计

装配工序确定后，就可将工艺过程划分为若干个工序，并进行具体装配工序的设计装配工序的划分主要是确定工序集中与工序分散的程度。工序的划分通常和工序设计一起进行。工序设计的主要内容有：

（1）制定工序的操作规范

例如，过盈配合所需压力、变温装配的温度值、紧固螺栓连接的预紧扭矩、装配环境等。

（2）选择设备与工艺装备

若需要专用装备与工艺装备，则应提出设计任务书。

（3）确定工时定额

协调各工序内容，在大批大量生产时，要平衡工序的节拍，均衡生产，实施流水装配。

5. 编制装配工艺文件

单件小批生产时，通常只绘制装配系统图，装配时按产品装配图及装配系统图工作。成批生产时，通常还制定部件、总装的装配工艺卡，写明工序次序，简要工序内容，设备名称，工装夹具名称及编号，工人技术等级和时间定额等项目。

6. 制定产品检验与试验规范

（1）检测和试验的项目及检验质量指标。

（2）检测和试验的方法、条件与环境要求。

（3）检测和试验所需工艺装备的选择与设计。

（4）质量问题的分析方法和处理措施。

三、产品结构的装配工艺性

产品结构的装配工艺性和零件结构的机械加工工艺性一样，对汽车及其他机械产品的整个生产过程有较大的影响，也是评价机械产品设计的指标之一。因此，设计人员在产品设计时，必须充分地考虑其装配工艺性。根据机械产品的装配实践和汽车装配工艺的需要对产品结构的装配工艺性提出以下基本要求：

（一）产品应能分成若干个独立装配的装配单元

从装配单元工艺角度来说，汽车和拖拉机等产品都是由若干个装配单元组成的。一个产品的装配单元可划分为五级：即零件、合件、组件、部件和产品。它们之间的关系可以用装配单元系统图来表示。其中合件亦称结合件，它是由两个或两个以上零件结合成的不可拆卸的整体件。组件是若干个零件和合件的组合体。部件是由若干个零件、合件和组件组合成的能完成某种功能的组合体，除了零件之外，每一级装配单元在装配时都可以单独进行装配。

在装配时，以某一个零件（或合件、部件）为基础，这个零件（或合件、部件）即称为基础件，其余的零件或合件及组件或部件按一定的顺序装配到基础件上，成为下一级的装配单元。由于在总装配之前，可以单独进行部件装配，部件装配后就可以进行部件试验和调整，从而为提高汽车的产品质量和保证其性能打下良好基础，这样还有利于企业之间的协作和产品的配套，易于组织部件（总成）的专业化生产。

（二）要有正确的装配基准

如同工件在机械加工时的定位一样，零件在装配单元上的正确位置，是靠零件装配基准（基面）间的配合和接触来实现的。因此，为使零件正确定位，就应该有正确的装配基准，而且装配时的零件定位也应符合六点定位原理。

　　轴承座装配至后桥壳体内时，其装配基面为轴承座的两段外圆和法兰端面。轴承座装配基面与后桥壳内孔配合，与端面接触后，限制了 5 个自由度，绕轴线旋转的自由度不必限制。这样，轴承座在后桥壳体内就有正确定位了。

　　减速器和差速器装入后桥壳体内时，装配基面为支承端面和内、外圆柱面（亦称内、外止口）。由于绕止口轴线旋转的自由度会影响到半轴齿轮的位置，从而影响半轴的装配，增加半轴的附加载荷，所以有些汽车在减速器与后桥壳体的接触面上，还要用圆柱定位销来限制绕轴线旋转的自由度。两个壳体定位销孔的尺寸及位置尺寸、定位销的尺寸均要求较严格，否则不易保证半轴的装配精度。

（三）应便于装配和拆卸

　　产品设计时，要考虑零件结构便于装配和拆卸，在装配过程中，当发现问题或进行调整时，常需要进行中间拆装。因此，产品结构若能便于拆装和调整，就能节省装配时间，提高生产率。具有正确的装配基准是便于拆装的前提条件。此外，应注意的是组件的几个表面不应该同时装入基准零件（如箱体）的配合孔中，而应该按先后顺序依次进入装配。

（四）正确选择装配方法

　　装配精度是靠正确选择装配方法和零件制造精度来保证的。装配方法对部件的装配生产率和经济性有很大影响。设计人员设计结构时，应使结构尽量简单，有可能采用完全互换装配法装配，便可提高生产率。因此，在装配精度要求不高，零件的尺寸公差能在加工时经济地保证时，都应采用完全互换法解尺寸链。只有当装配精度要求较高，用完全互换法解算尺寸链使零件尺寸公差过小时，才考虑采用其他装配方法。在采用补偿法（调整装配法和修配装配法）时，应合理地选择补偿环。补偿环的位置应尽可能便于调节，或便于拆卸。

（五）应尽量减少装配时的修配和机械加工

　　为了在装配时尽量减少修配工作量，首先要尽量减少不必要的配合面。因为配合面过大、过多，零件机械加工就困难，同时使装配时的手工修制量增加。

　　装配时要尽量减少机械加工，否则不仅会影响装配工作的连续性，延长装配周期，而且会在装配车间增加机械加工设备。这些设备既占面积，又易引起装配工作的杂乱。此外，机械加工所产生的切屑若不消除干净，残留在装配的总成中，极易增加机件的磨损，甚至会产生严重的事故而损坏整台机械产品。对于某些需要装配时进行机械加工的结构，设计人员可以考虑修改设计，以避免装配时的机械加工。

四、装配尺寸链原理与应用

（一）有关装配尺寸链的概念

机器或汽车的装配精度是由相关零件的加工精度和合理的装配方法共同保证的。因此，如何查找哪些零件对某装配精度有影响，进而选择合理的装配方法和确定这些零件的加工精度，就成了机械制造和机械设计工作中的一个重要课题。为了正确地和定量地解决上述问题，就需将尺寸链基本理论应用到装配中，即建立装配尺寸链和计算求解尺寸链。

（二）建立装配尺寸链的方法

在装配尺寸链的研究分析中，建立装配尺寸链是十分关键的内容。只有建立的装配尺寸链是正确的，解装配尺寸链才有意义。建立装配尺寸链是在完整的装配图或示意图上进行的。装配精度和相关零件精度之间的关系构成装配尺寸链。显然，最后形成的封闭环是装配精度，相关零件的设计尺寸是组成环。建立装配尺寸链就是根据封闭环——装配精度，查找组成环——相关零件设计尺寸，并画出尺寸链图，判别组成环的性质（判别增、减环）。

在装配关系中，对装配精度有直接影响的零部件的尺寸和位置关系，都是装配尺寸链的组成环。如同工艺尺寸链一样，装配尺寸链的组成环也分为增环和减环。

例如，轴与孔配合的装配，装配后要求轴孔有一定的间隙。轴孔间的间隙 A_0 就是该尺寸链的封闭环，它是由孔尺寸 A_1 和轴尺寸 A_2 装配后形成的尺寸。此时，孔尺寸 A_1 增大，间隙 A_0（封闭环）亦随之增大，故 A_1 为增环，反之，轴尺寸 A_2 为减环。其尺寸链方程为：

$$A_0 = A_1 - A_2$$

装配尺寸链的分类：装配尺寸链一般可分为四类：

1. 直线尺寸链系由长度尺寸组成，且各环尺寸彼此平行。

2. 角度尺寸链由角度、平行度、垂直度等构成。例如：卧式车床精度标准 G13 项——横刀架横向移动对主轴轴线的垂直度，公差为 0.02mm/300mm（偏差方向 $\alpha \geq 90°$）。本尺寸链只有组成环 a_1 和 a_2。a_1 为主轴箱部件装配后主轴回转轴线与机床身前 V 形导轨在水平面的平行度。a_2 为床鞍的上燕尾形导轨对下 V 形导轨的垂直度。

3. 平面尺寸链由成角度关系布置的长度尺寸构成，且各环处于同一或彼此平行的平面内。例如，车床溜板箱装配在溜板下面时，溜板箱齿轮 O_2 与溜板横进给齿轮 O_1 应保持适当的啮合间隙。其中，X_1 和 Y_1 为溜板上齿轮 O_1 的坐标尺寸，X_2 和 Y_2 为溜板箱上齿轮 O_2 的坐标尺寸，d_1 和 d_2 分别为两齿轮的分度圆半径，P_0 为两齿轮的啮合侧隙，是封闭环。

4. 空间尺寸链由位于三维空间的尺寸构成的尺寸链。由于在一般机器装配中较为少见，此处不予介绍。

（三）装配尺寸链的查找方法

正确地查明装配尺寸链的组成，并建立尺寸链是进行尺寸链计算的基础。

1. 装配尺寸链的查找方法

首先根据装配精度要求确定封闭环。再取封闭环两端的任一个零件为起点，沿装配精度要求的位置方向，以装配基准面为查找的线索，分别找出影响装配精度要求的相关零件（组成环），直至找到同一基准零件，甚至是同一基准表面为止。

2. 查找装配尺寸链应注意的问题

（1）装配尺寸链应进行必要的简化

机械产品的结构通常都比较复杂，对装配精度有影响的因素很多，在查找尺寸链时，可不考虑那些影响较小的因素，使装配尺寸链适当简化。

（2）装配尺寸链组成的"一件一环"原则

由尺寸链的基本理论可知，在装配精度既定的条件下，组成环数越少，则各组成环分配到的公差值就越大，零件加工越容易、越经济。这样，在产品结构设计时，在满足产品工作性能的条件下，应尽量简化产品结构，使影响产品装配精度的零件数尽量减少。

在查找装配尺寸链时，每个相关的零、部件只应有一个尺寸作为组成环列入装配尺寸链，即将连接两个装配基准面间的位置尺寸直接标注在零件图上。这样组成环的数目就等于有关零、部件的数目，即"一件一环"，这就是装配尺寸链的最短路线（环数最少）原则。

（3）装配尺寸链的"方向性"

在同一装配结构中，在不同位置方向都有装配精度要求时，应按不同方向分别建立装配尺寸链。例如，蜗杆副传动结构，为保证正常啮合，要同时保证蜗杆副两轴线间的距离精度、垂直度精度、蜗杆轴线与蜗轮中间平面的重合精度，这是三个不同位置方向的装配精度，因而，需要在三个不同方向分别建立尺寸链。

（四）装配尺寸链的计算方法

装配方法与装配尺寸链的解算方法密切相关。同一项装配精度，采用不同的装配方法时，其装配尺寸链的解算方法也不相同。

装配尺寸链的计算可分为正计算和反计算两种。已知与装配精度有关的相关零部件的基本尺寸及其偏差，求解装配精度要求（封闭环）的基本尺寸及偏差的计算过程称为正计算，它用于对已设计的图样进行校核验算。当已知装配精度要求（封闭环）的基本尺寸及偏差，求解与该项装配精度有关的各零部件基本尺寸及偏差的计算过程称为反计算，它主要用于产品设计过程之中，以确定各零部件的尺寸和加工精度。

五、汽车装配的技术要求

装配质量的高低，直接关系到整车质量。因此，在整车装配的过程中，必须达到下列技术要求。

1. 装配的完整性

必须按工艺规定，将所有零部件、总成全部装上，不得有漏装、少装现象，不要忽视小零件，如螺钉、平垫圈、弹簧垫圈、开口销。

2. 装配的统一性

按着生产计划，对基本车型，按工艺要求装配，不得误装、错装和漏装，装配方法必须按工艺要求；装配要统一：两车间装的同种车型统一、同一车间装的同种车型统一、同一工位干的同样车型统一，简称为"三统一"。

3. 装配的紧固性

凡是螺栓、螺母、螺钉等件必须达到规定的扭矩要求。应交叉紧固的必须交叉紧固，否则会造成螺母松动现象，带来安全隐患。螺纹连接严禁松动现象，不过，过紧会造成螺纹变形、螺母卸不下来。

4. 装配的润滑性

按工艺要求，凡润滑部位必须加注定量的润滑油和润滑脂。对发动机来说，如果润滑油过少或漏加，发动机运转起来，很快会造成齿轮磨损，拉缸现象，直到整机损坏；加注过多，发动机运转时润滑油很容易窜到燃烧室、燃烧后产生积碳；因此，加油量必须按工艺要求加。

5. 装配的密封性

①冷却系统的密封性，各接头不得漏水。

②燃油系统的密封性，各管路连接和燃油滤清器等件不得有漏漆漏油现象。

③各油封装配密封性。

装油封时，将零件拭干净，涂好机油，轻轻装入，油封不到刃口，否则会产生漏油。

④空气管路装配密封性。

要求空气管路里连接处必须均匀涂上一层密封胶，锥管接头要涂在螺纹上，管路连接胶管要涂在管箍接触面上，管路不得变形或歪斜。

第三节　汽车总装设备

随着现今产品向个性化、多样化、全球化、小批量方向发展，流水线总装式的大批量生产方式因为其自身的原因而限制了产品种类的多变性，所以已经不能适应快速反应的市场和商品多样化的需求。为此，有人提出了用户化大批量生产，即采用大量生产的成本生产出满足用户个性化的大量产品。用户化大批量生产模式强调在现有的流水线上进行工位的整合和调整、各工位作业量的均衡工艺的并行设计和物流的顺畅，从而实现敏捷制造（Agile Manufacture，AM）和高柔度装配。用户化大批量生产必须从零件装配成产品，所以装配在 AM 中占有重要的地位。如何有效实现汽车产品装配自动化和柔性化，如何将计算机辅助技术应用到装配工艺的问题日趋成为汽车行业提高流水线总装效率的关键。

一、汽车装配工艺装备概况

（一）整车装配工艺装备概况

整车装配线，一般是指由输送设备（空中悬挂和地面）和专用设备（如举升、翻转、压装、加热或冷却、检测、螺栓螺帽的紧固设备等）构成的有机整体。

整车装配所用的设备主要包括：装配线所用输送设备、发动机和前后桥等各大总成上线设备、各种油液加注设备、出厂检测设备以及各种专用装配设备。

1. 输送设备

输送设备主要用于总装配线、各总成分装线以及大总成上线的输送。完成汽车装配生产过程最重要的设备之一是汽车总装线。

2. 大总成上线设备

指发动机、前桥、后桥、驾驶室、车轮等总成在分装、组装后送至总装配线并在相应工位上线所采用的输送、吊装设备。车轮上线一般采用普通悬挂输送机和积放式悬挂输送机。发动机、前桥、后桥、驾驶室等大总成上线，传统的方式是采用单轨电动葫芦或起重机。

随着汽车装配的机械化、自动化水平的提高，目前各大总成上线普遍采用自行葫芦输送机和积放式悬挂输送机，也有少数厂家采用了带有升降装置的电动磁轨小车（AGV）自动上线。

3. 各种油液加注设备

随着轿车技术的引进，燃油、润滑油、清洁剂、冷却液、制动液、制冷剂等各种加注设备的水平也有了很大的提高，由过去的手工加注发展到采用设备定量加注，直到自动加注。

尤其是在轿车装配中，普遍采用具有抽真空、自动检漏、自动定量加注等功能的加注机，保证加注的质量。

4. 出厂检测设备

整车出厂试验的水平也有较大的提高，由过去采用室外道路试验发展到现在采用室内检测线。出厂检测线一般由前束试验台、侧滑试验台、转向试验台、前照灯检测仪、制动试验台、车速表试验台、排气分析仪等设备组成。

5. 专用装配设备

随着汽车产量的提高和对质量的高要求，高效专用的装配设备进入装配线，而且现在已广泛应用于整车装配的主要专用装配设备有：车架打号机、底盘翻转机、螺纹紧固设备、车轮装配专用设备、自动涂胶机、板簧衬套压装机、液压桥装小车等。

（二）发动机装配工艺装备概况

发动机装配工艺装备主要分为五个类型：总成和分总成装配线、移载翻转设备、自动拧紧设备、专用装配设备和检测设备。

1. 发动机装配线的形式

国内各发动机制造企业所采用的发动机装配线形式较多，大致可归纳为：自由滚道＋双链桥架小车式、自由滚道＋单链牵引地面轨道小车式、自由滚道＋带随行支架地面板式、自由滚道＋单链牵引地面轨道小车式＋带随行支架地面板式、悬挂链式等。

2. 专用装配设备和检测设备

在轿车发动机装配中普遍采用定转矩的多头螺栓（母）扭紧机（也称装配机）。拧紧方法采用控制转矩—转角法，这种方法是目前世界上最先进的螺纹连接方法。此外，还采用气门自动装配机、装配机械手、自动涂胶机等设备。在关键的装配工序后都设有专门的检查工位，采用自动化检测设备控制装配质量。

3. 发动机出厂试验设备

发动机出厂试验是发动机产品的最后检验。在大量生产中，为了提高生产效率及试验数据的准确性，发动机出厂试验台架系统向全自动化台架系统发展。

（三）变速器及车桥装配工艺装备概况

变速器及车桥总成装配线也与发动机装配线一样，由刚性装配线向柔性装配线方向发展，输送线的形式同发动机的装配一样，也有四种形式，但目前采用较多的是摩擦式机动辊道式，在装配线上配备各种专用装配设备和检测设备。

二、汽车装配工艺装备制造水平现状

先进的装配工艺需要先进的工艺装备，工艺装备设计制造水平，对保证高效率的生产和高质量的产品至关重要，也是汽车装配技术水平的标志。随着我国汽车工业的发展，我国从国外引进大量先进的设备，使汽车工业装备水平有了很大的提高。同时，许多设备制造企业也纷纷引进技术，购买产品生产专利权，合资合作生产国内急需的装备。在机械加工、铸造、冲压、焊接、涂装等设备方面均取得了一定的进展。但从整体来说，国内的装备制造水平尚不能满足汽车工业发展的需要，几大轿车厂所用设备都是引进设备。就装配工艺装备而言，与其他工装设备相比，由于技术要求高（特别是试验设备），且大多为非标设备，我国设备厂家开发装配设备难度较大，导致我国装配设备的发展落后于其他设备的发展。

汽车装配工艺装备主要分为六大类：试验设备、输送设备、全自动装配线、加注设备、螺栓紧固设备和专用装配设备。目前，国内这几类设备的生产情况如下：

1. 试验设备

这类设备主要以引进为主，仅有一些简单的试验设备由国内自行制造，主要是由于生产这类设备需要了解试验标准，设备精度要求高，且各种不同的产品试验设备不同，因此，目前国内还没有专门的试验设备生产厂家，这类设备都是由一些研究所设计制造。

2. 输送设备

输送设备有刚性和柔性两类：刚性输送设备主要有板式输送带、普通悬挂输送机等，这类设备国内完全能够制造生产，并且质量可靠。

3. 柔性输送设备分三种

①整车柔性输送设备、积放式悬挂输送机和自行葫芦输送机，这种设备在20世纪80年代末，我国一些设备生产厂引进了国外先进技术，因此，这种设备目前国内能够制造并且质量可靠。

②发动机、变速器、前后桥等大总成柔性输送设备（中型非同步输送线），这类设备国内能够设计制造，但质量不过关，设备寿命短。

③空气滤清器、减振器、微电机等零部件柔性输送设备（轻型非同步输送线），该种设备国内能够设计制造，并且质量可靠。

4. 全自动装配线

一般用于结构简单的零部件装配生产中且这类设备国内质量不过关，需要引进。

5. 加注设备

普通定量加注设备，国内能够设计制造，并且质量可靠。抽真空定量加注设备国内还不过关，需要引进。

6. 螺栓紧固设备

普通螺栓拧紧设备，国内能够制造生产，并且质量可靠。

定扭螺栓拧紧设备，国内少数厂家也能够生产，但设备可靠性差。这类设备目前以引进为主。

7. 专用装配设备

目前我国各类汽车产品装配生产线上的各类专用装配设备，一部分是随着引进产品制造技术引进的，另一部分是通过消化引进设备自行设计制造的。

三、汽车装配技术及装配工艺装备的发展趋势

（一）汽车装配技术发展趋势

近年来，随着汽车消费市场需求的个性化和多样化，汽车装配作业也从传统的单一品种、大批量生产向多品种、中小批量转化，装配生产的批量性特点趋于复杂，安装零件的品种、数量进一步增多，对零部件的接收、保管、供给、装配作业指导等都提出了新的要求。市场的变化必将使装配生产方式产生新的变革，逐步向装配模块化、自动化装配技术与柔性装配系统（FAS）、汽车虚拟装配系统（AVAS）发展。

1. 装配模块化

所谓模块，是指按汽车的组成结构将零部件或子系统进行集成，从而形成一个个大部件或大总成。而生产装配模块化，即汽车零部件厂商生产模块化的系统产品，整车厂商只对采购的模块化产品进行装配即可完成整车生产。

2. 柔性装配系统（Flexible Assembly System，简称 FAS）

这是近年才发展起来的一种多品种自动装配系统。它是由计算机控制的具有高度的装配自动化、装配柔性、生产率及较好的可靠性的自动装配系统，是柔性制造系统（FMS）的一个重要环节。

FAS 的发展与装配机器人的迅速发展分不开，柔性装配系统是可编程序、可扩展、可更换并具有人机接口系统，由装配机器人系统、物料输送系统、零件自动供料系统、工具（手部）自动更换装置及工具库、视觉系统、基础件系统、控制系统和计算机管理系统组成。从结构上可分为柔性装配单元（FAC）和柔性装配系统（FAS）。

柔性装配单元是借助一台或多台机器人按程序完成各种装配工作，采用机械视觉系统、超声波阵列测零件位置及有关参数。柔性装配系统一种是柔性多工位同步系统，由传送机构组成的固定或专用装配线；另一种柔性装配系统是组合式结构，由装配机、工具和控制装置组合而成。柔性装配系统能在一条装配线上同时完成多个品种的安装工作。

3. 汽车虚拟装配系统（Automobile Virtual Assembly System）

利用计算机辅助技术建立汽车零部件主模型。根据主要模型形状特性、精度特性、约束关系，进行计算机模拟装配—干涉分析—模拟装配等的多次反复，以达到预定评价标准的设计过程，并通过产品数据管理（Product.ata Management，PDM）将计算机辅助设计（CAD）、计算机辅助工艺规划（CAPP）和计算机辅助制造（CAM）统一集成起来，具有高适应性和高柔性的集成化装配系统。

汽车虚拟装配工艺主要包括三部分：

（1）汽车总装产品数据管理

直接来自工具层中 PDM，总装产品数据主要包括产品设计结构数据、产品装配数据。

（2）装配单元划分

是装配作业均衡的基础，是装配工序的直接来源，也是装配工具选用的依据，主要包括确定装配单元的任务，技术要求，装配工、夹具的选用，装配工序卡。

（3）装配作业均衡

解决装配线的平衡问题，达到平均分配作业量的目的，以提高汽车装配的生产效率，降低制造成本。

（二）汽车装配工艺装备发展趋势

随着汽车装配技术的提升，汽车装配工艺装备也随之迅速发展。整车装配线和零部件装配线向模块化、自动化、柔性化和虚拟化方向发展，以满足多品种生产和自动化装配要求。输送设备向柔性输送设备方向发展，加注设备向真空式、自动检漏和自动定量加注方向发展。试验检测设备已大量应用光、机、电一体化技术，并采用计算机测控，有些检测设备具有专家系统和智能化功能，能对汽车技术状况进行检测，并能诊断出汽车故障发生的部位和原因，引导维修人员迅速排除故障，向微机控制、数字化、高精度、智能化、自动化方向发展。螺栓紧固设备向定转矩—转角的多头螺栓扭紧机方向发展。专用装配设备向高精度、适应性强、自动化方向发展，一台专机应能适应 2-3 种产品的生产要求，以适应多品种生产的要求。以静扭扳手和定转矩电动扳手替代冲击式气动扳手是装配工具的发展趋势，一些产量大、零件数量少的零部件装配线趋于采用全自动装配线，将柔性装配线和其上的各种装配专机及检测设备有机地结合在一起，由同一厂家设计、制造、安装，即交钥匙工程，是今后装配设备制造的发展趋势，这样便于保证设备的制造质量，避免扯皮现象，有利于提高装配工艺装备的整体制造水平。

随着汽车市场竞争日趋激烈，提高劳动效率、降低成本一直是汽车制造厂家非常关心的问题。根据部分调查分析，目前我国汽车整车生产企业中，采用自动装配的零件占 10-15%，而且人工装配每小时仅有 43min 进行作业，装配费用占产品总成本的 20-70%，大大地高于发达国家。

由于实现自动装配每小时平均可作业 57.5min，所以采用自动装配技术与柔性装配系统（FAS）、汽车虚拟装配系统（AVAS）能够满足当前市场需求的快速多变和不确定性要求，用最低的成本生产满足用户的汽车产品，从而在激烈的市场竞争中立于不败之地。

第四节　汽车总装配工艺过程

一、汽车总装配工艺过程的定义

汽车是各种零部件的有机组合体，因此，汽车生产的最后一道工序必定是装配（包括检测和调整），否则各种零部件无法组合在一起并相互协调并发挥其应有的功能。所谓装配就是将各种零部件、合件或总成按规定的技术条件和质量要求连接组合成完整产品的生产过程，也可称为"使各种零部件、合件或总成具有规定的相互位置关系的工艺过程"。是使汽车各零部件和总成具有一定的相互位置关系并形成整车的工艺过程。

研究和确定汽车由零部件、总成形成整车的过程中所需的方法、手段、条件并编制为文件的工作，叫作汽车总装配的工艺设计。

二、汽车总装配过程及工艺的组成

（一）汽车总装配的工艺概述

汽车是一种复杂的机械产品，主要由发动机、底盘、车身（含驾驶室和车厢）和电器四大部分构成。

底盘部分又由传动系统、行驶系统、转向系统、制动系统、操纵系统、燃料供给系统等组成。按组成汽车的大总成分，由发动机总成（带有变速箱、离合器）、前轴及钢板弹簧总成、后桥总成、车架、轮胎、驾驶室等。一辆中重型卡车总装配的零部件、总成大约有500种、2000多件，因此汽车总装配是一项相当复杂的工作。

汽车总装配就是使生产对象（零部件）在数量、外观上发生变化的工艺过程，一系列的量变必定引起一系列的质变。数量的变化表现在装配过程中，零部件、总成的数量在不断增加并相互有序地结合起来。外观的变化表现为零部件、总成之间有序结合后具有一定的相互位置关系，外形在不断地变化，最后成为一辆整车。

汽车总装配也就是使汽车各零部件和总成具有一定的相互位置关系并形成整车的工艺过程。

（二）装配中的连接

装配要把各种零部件、合件或总成组合起来，其主要的方法就是连接。装配中的连接可以分为以下几类：

1. 可拆式活动连接

两件或两件以上零件自身或借助其他零件连接后，零件之间能相对运动，可拆卸后再连接，且不损坏其中任何一个零件，例如铰接、圆柱销连接。

2. 不可拆式活动连接

两件或两件以上零件自身或借助其他零件连接后，零件之间能相对运动，但不能再拆开，或者拆开后必定损坏其中一件或几件零件，不加修复或更换不能重新连接，如轴承。

3. 可拆式固定连接

两件或两件以上零件自身或借助其他零件连接后之间不能相对活动，可以拆开且可以重新连接而不损坏其中任何零件。这种连接在汽车生产中最为常见，如螺纹连接、借助螺钉或螺栓螺母的连接等。

（1）螺纹连接的类型及作

螺纹连接在汽车装配中较为普遍，大部分螺纹连接起固定作用，因此，要求保证连接的强度（有的还要求密封性，如气管、油管的管接头的螺纹连接），起固定作用的螺纹称为连接螺纹；还有部分起传动作用，要求保证传动的精度、效率和磨损寿命，起传动作用的螺纹称为传动螺纹。

（2）螺纹连接的预紧及防松

绝大部分的螺纹连接在装配时都必须拧紧，使连接在承受工作载荷之前，预先受到力的作用，预紧的目的在于增强连接的可靠性和紧密性。

连接螺纹能满足自锁条件，再加上螺母与螺栓头部等支承面的摩擦力，在静载荷和温度变化不大时，螺纹连接不会自动松脱，但在冲击、振动或变载荷的作用下，螺旋副间的摩擦力可能减小或瞬时消失，多次重复就会松脱，因此，螺纹连接必须防止松动。

4. 不可拆式固定连接

两件或两件以上零件相互连接后不能相对活动，而且不能拆开，一旦拆开必定损坏其中一个零件，非经修复或更换不能重新连接，如焊接、铆接等。

（三）汽车总成装配的特点

由于汽车结构复杂、零部件及合件繁多，因此，汽车总装配具有以下特点：

1. 连接方式多样

汽车装配过程中的连接，一般情况下除了焊接方式外其他连接方式几乎都有，但最多的连接是可拆式固定连接和可拆式活动连接，即螺纹连接和销连接。

2. 配件的品种、数量繁多

装配关系复杂，装配位置多样，由此决定了它仍然以手工为主。

3. 大批量生产

一般来说，一个汽车制造厂的汽车年产量应在几万辆以上。所以汽车制造厂是技术密集型、资金密集型的大批量生产的企业，汽车总装配具有现代化企业大批量生产的特点，它是人与机、技术与管理的有机结合。

（四）汽车总装配主要内容

将修竣后的各总成、组合件和零件组装成汽车的过程称为汽车总装。为确保总装质量，汽车总装时必须严格按照合理的工艺顺序和技术要求进行操作。汽车总装后应按修竣出厂技术条件进行竣工检验，以便及时发现和排除各种隐患，确保汽车的修理质量。汽车（以EQ1092 型汽车为例）的一般装配顺序如下：

1. 安装前、后桥总成

支起车架，将车轮及钢板弹簧与前、后桥总成组装好，一起推至车架下面，装入钢板弹簧销，使前、后桥通过钢板弹簧与车架相连，并装好前悬架减振器（也可先将钢板弹簧安装舅车架上，再将前、后桥与钢板弹簧相连）。

2. 安装制动系

将贮气筒及制动阀分别固定于车架上，用管路将贮气筒、制动阀及制动气室相连，并在车架上夹固好制动管路。

3. 安装发动机附离合器及变速器总成

安装好支承垫，将组装好的发动机附离合器及变速器总成一起吊装到车架（也可先将发动机附离合器总成吊装到车架上，然后再安装变速器总成），并按规定力矩拧紧各支架螺栓。

4. 安装驾驶室

将驾驶室吊装到车架上并拧紧其固定螺栓，安装好化油器操纵装置。

5. 安装离合器和制动器的操纵机构

安装好离合器主缸、工作缸、相应管路及离合器踏板，安装好行车制动踏板、连接杆件、驻车制动操纵杆及拉索等，并进行必要的调整。

6. 安装万向传动装置

先将中间传动轴前凸缘紧固到变速器第二轴后端凸缘上，将传动轴中间支承座连接到车架横梁上，将传动轴后端紧固到主减速器主动轴凸缘上（注意：传动轴两端的万向节叉应在同一平面内），且十字轴上的滑脂嘴应在同一方向上，然后支起后轮，起动发动机使之带动传动轴旋转，中间支承自动找正位置后，再将其完全紧固。

7. 安装消声器

安放好石棉衬垫后，用螺栓将消声器进气管紧固到发动机排气管上，然后将消声器固定于车架上，并紧固好消声器前端的夹箍。

8. 安装转向器

将转向器固定于车架上，并按要求连接好转向操纵机构和转向传动机构各机件。

9. 安装燃油箱

将燃油箱支架、燃油箱及汽油滤清器安装到车架上，并连接好油管。

10. 安装散热器、翼子板、发动机罩及脚踏板

将散热器与其固定支架组装在一起，再安装到车架上，并连接好散热器与发动机及水泵的进、出水软管，安装并调整好百叶窗及其操纵机构。将脚踏板安装到车架上，并装好挡泥板、翼子板及发动机罩。

11. 安装全车电气线路及仪表

用线夹将全车线路牢固装夹到车上，并连接好仪表、调节器、喇叭、灯具及蓄电池等。

12. 安装车箱

将车箱吊装到车架上，并用 U 形螺栓等进行紧固。

13. 加注滑润脂

用油脂枪对各滑脂嘴加注润滑脂进行润滑。

以上操作顺序不是一成不变的，生产中可根据实际需要进行调整。

三、比亚迪汽车的总装配工艺过程

（一）总装配工艺过程的技术要求

1. 装配的完整性

汽车零部件类型及数量繁多，因此，总装必须按工艺规定，将所有零部件、总成装上，不得有漏装现象，不要忽视小零件，如螺钉、平垫圈、弹簧垫圈和开口销。

2. 装配的润滑性

凡相对接触运动件的摩擦部位必须按工艺要求加注定量的润滑油或润滑脂，以减轻其磨损和减小摩擦阻力。

3. 装配的密封性

（1）冷却系统的各接头不得漏水。

（2）燃油系统的各管路连接和燃油滤清器等件不得有漏漆、漏油现象。

（3）安装各种密封件时，应将零件擦拭干净，涂好机油，轻轻装入。

（4）安装各种空气管路时，其连接处必须均匀涂上一层密封胶，锥管接头要涂在螺纹上，管路连接胶管要涂在管箍接触面上，管路不得变形或歪斜。

4. 装配的统一性

根据生产计划，对于基本车型，其装配方法必须按"三统一"工艺要求进行，即两车间装的同种车型统一、同一车间装的同种车型统一、同一工位装的同样车型统一。

（二）比亚迪汽车总装配工艺过程

1. 装配工艺路线

零部件进入→装发动机→安装底盘→安装线束→安装内饰→安装车门→安装发动机相关件→安装座椅→安装玻璃→安装其他附件→安装完成。

①利用冲床将钢板压成车的外壳，这是汽车制造中非常重要的步骤，它涉及汽车的线型设计及模具的冲压设计。等到完成车壳后，为了便于进行以后步骤中的焊接工作，通常都预将车体倒转。完成初步焊接后，再将车体扶正，加装车门及车盖，同时设法除去车壳上各块钢板的毛边与暗号，并将底盘预作防锈处理，以便进行车体的喷漆。

②要装配大梁、防震、传动以及引擎等系统，这些部分可以说是汽车的内脏，非常重要。尤其是引擎，更可说是汽车的心脏，上述大梁、防震、传动以及引擎等装置完成后，就可将车体由上而下吊装于其上，构成汽车的雏形。

③汽车内部的装潢，包括玻璃、雨刷、车座等，另外再加装散热器（水箱）、油压系统、燃料系统以及车轮等，整部车就算是大功告成了。

④为了保证车厂的信用与消费者的基本安全，还必须进行一系列的试验，汽车才可以出厂。包括滚筒（roller）模拟试验、防漏试验以及路试等项目，试验的主旨在于测试引擎、

传动系统、操纵杆、刹车、灯光及车体测漏等性能。

⑤通过这些试验以后，汽车就可以入成品库或直接出厂销售。

2. **主要装配设备与工艺装备**

（1）工序中的物流设施有：

①一般物流机具

输送机用于汽车总装配线，各总成分装线以及大总成上线的输送，工人固定在装配线上的某一位置，每个工人完成一种简单的标准的作业，随输送机不断运行，从输送机一端进入的半成品在输送机前进过程中，不断安装各个组件、零件，在输送机另一端输出成品。

作业车主要用来为放置汽车零部件，随作业车沿着既定工序运动，不断完成装配与加工，积放式地拖链，悬挂传送带。

②其他设备

小托盘、料盒、料箱盛放器具是在个工序生产线旁存放零部件和小工具的器具，这种器具的目的是保持所存放零部件、工具等物流活性，使之处于一目了然、伸手即取的状态，同时防止混乱、丢失现象。

对于大件和标准件的零部件、半成品如汽车座椅、方向盘等，采用标准托盘以及与之配套的托盘搬运车、动力拖挂车、叉车等。

起重搬运设备有手推车、自动导向车。

（2）各种油液加注设备

包括燃油，润滑油，清洁剂，冷却液，制动液，制冷剂等各种汽车装线加注设备。

（3）出厂检测设备

前束试验台，侧滑试验台，转向试验台，前照灯检测仪，制动试验台，车速表试验台，排气分析仪。

（4）专用汽车装配线设备

车号打号机，罗纹紧固设备，车轮装配专用设备，自动涂胶机，液压桥装小车。

（三）比亚迪汽车总装配工艺过程分析

1. **比亚迪汽车总装配工艺定义**

随着汽车工业和零部件工业的发展，汽车装配技术水平也有了较大的提高，国内对直接影响汽车产品质量及使用寿命和汽车产品生产最后环节的装配及出厂试验日趋重视，促进了汽车产品装配、试验工艺及装备技术水平的提高。汽车装配生产线，一般是指由输送设备（空中悬挂输送设备和地面输送设备）和专用设备（如举升、翻转、加注设备、助力机械手、检测、螺栓螺母的紧固设备等）构成的有机整体。先进的装配工艺需要先进的工艺装备，工艺装备设计制造水平，对保证高效率的生产和产品的高质量至关重要，也是汽车装配技术水平的标志。汽车装配工艺装备主要分为六大类：输送设备、加注设备、螺栓紧固设备和专用装配设备、检测设备、质量控制设备。根据车身承载方式的不同，采用的装配线形式也有所不同。

2. 轿车（承载式车身）工艺装备

（1）输送设备

典型的轿车装配线包括内饰、底盘、最终装配三大主线和一些离线的模块分装线，如车门、仪表板、动力总成合装等组成。

另外，在涂装与总装之间需要设置车身储存输送线，采用的形式有滑撬、积放链、摩擦链等，主要作用是涂装 / 总装间的缓冲；多品种选择和排序。

目前轿车装配线的典型选型为内饰线采用地面滑板输送系统，底盘线采用空中悬挂积放链 /EMS/TTS/ 反向滑板等，最终装配线采用宽板链或者双窄板链。车门分装线多采用空中悬挂积放链 /EMS 等，动力总成模块合装线采用地拖链 / 电动轨道小车 /AGV 等。

（2）加注设备

防冻液、制动液、助力转向液、制冷剂等在轿车装配中，普遍采用具有抽真空、自动检漏、自动定量加注等功能的加注机，其他如燃油、洗涤液、机油等采用普通定量加注机。

（3）螺栓紧固设备和专用装配设备

关键部件的螺栓一般采用电动拧紧机，可以有效地控制拧紧力矩，监控拧紧过程。专用设备包括大量使用的助力机械手和机器人，既降低工人的劳动强度，又保证装配质量。应用范围包括拆装车门、前后悬安装、天窗安装、仪表板安装、座椅安装、轮胎安装、风挡玻璃自动涂胶等。

（4）检测设备

按照国家规范，出厂检测线一般由侧滑试验台、转向试验台、前照灯检测仪、制动试验台、车速表试验台、尾气分析仪、底盘检查等设备组成。对于独立悬挂的车辆，还应配置车轮定位仪。完成出厂试验后车辆进入淋雨试验，进行汽车密封性能检测。通常在检测线边设置返修区，对于某个项目检验不合格的车辆进行返修并返回检测线复测，直至合格为止。

（5）质量控制设备

较常见的应属 Andon 系统，它是一个声光多媒体的多重自动化控制系统，是一套专门为汽车生产、装配线设计的信息管理和控制系统，已经成为汽车完整生产线中不可缺少的一部分。系统能够收集生产线上有关设备、生产以及管理的信息。在对这些信息进行处理之后，Andon 系统控制分布在整个车间的指示灯和声音报警系统。系统的核心部分是 Andon 现场控制柜。

Andon 系统 PLC 通过网络与总装车间中控系统通信。Andon 系统最大的优点就是能够为操作员解决生产中遇到的问题，提供一套新的、更加有效的途径。一旦发生问题，操作员可以在工作站拉一下绳索或者按一下按钮，触发相应的声音和点亮相应的指示灯，提示监督人员立即找出发生故障的地方以及故障的原因，大大减少了停工时间，同时又提高了生产效率。

Andon 系统的另一个主要部件是信息显示屏。显示屏分布在主要通道的上方或者靠近主要的处理设备。每个显示面板都能够提供关于单个生产线的信息，包括生产状态、原料状态、质量状况以及设备状况。显示器同时还可以显示实时数据，如目标输出、实际输出、停工时间以及生产效率。根据显示器上提供的信息，操作员可以更加有效地开展工作。另外，不同的音乐报警可以使操作员和监督人员清楚了解到其辖区内发生了什么问题。队长或者组长也可以根据显示器上显示的信息识别并且消除生产过程中的瓶颈问题。

3. 非承载式车身装配工艺装备

因为车身承载形式的差异，此类整车的内饰和底盘装配是分开单独进行的，而底盘装配和最终装配串接在一起。装配的顺序是先完成车架的预装，装配前后桥及传动轴等，由翻转机完成车架翻转，然后安装发动机变速箱总成，装驾驶室内饰总成，装车轮、油水加注等。

与轿车相同，在涂装与总装之间需要设置车身储存输送线，采用的形式有滑橇滑撬、积放链、摩擦链等，主要作用为涂装 / 总装间的缓冲；多品种选择和排序。

重型卡车典型的装配线应用于内饰线采用宽板链或者滑板输送机，具有良好的接近性。多采用单链前小车 + 双平板链的组合形式。国外一些先进的汽车厂也有采用 AGV 小车作为总装线的，优势在于：与普通装配线一样，可按照工艺节拍（工艺速度）生产—正常功能；局部故障或工艺生产故障的停顿不影响整体的持续生产—局部停顿；瓶颈工序如发动机变速箱合装工位、驾驶室与底盘合装工位 AGV 可岔出主流，实现局部装配道岔，满足主线的生产节拍需要，同时可以设置离线维修岔道；劣势在于造价较高。

4. 螺栓紧固设备和专用装配设备

关键部件的螺栓一般采用电动拧紧机，可以有效地控制拧紧力矩，监控拧紧过程。专用设备包括大量使用的助力机械手和机器人，既降低工人的劳动强度，又保证了装配质量。机械手主要应用在拆装车门、座椅安装、轮胎安装等；机器人主要应用在风挡玻璃自动涂胶。其他如加注设备、检测设备、质量控制设备等与轿车工艺大致相同，在此不再赘述。因为卡车厂的产量一般比轿车厂小很多，并且由于产品结构的差异，自动化程度远低于轿车厂。

比亚迪汽车装配工艺结合生产组织系统的特点，以机运系统为基础，结合物料输送、质量控制系统的需求，结合先进的生产管理理念，提供最合理的、具有前瞻性的装配工艺解决方案。

（四）整车调整下线

1. 整车的调试技术

（1）离合器踏板自由行程的调整

①调整标准

离合器自由行程为 30–40mm。

②调整方法

整车下线之前，应先检查离合器踏板自由行程是否符合标准，若不符合，按下列步骤进行调整；

若离合器踏板自由行程大于 40mm，用扳手将分离拉杆端上的锁紧螺母松开，把球形调整螺母悬入，使分离拉杆的有效长度缩短，边调整边检查，直到符合标准为止，然后将锁紧螺母拧紧。若离合器踏板自由行程小于 30mm，与上相反，将调整螺母出，使分离拉杆的有效长度增加，边调整边检查，直到符合标准为止，然后拧紧锁紧螺母。调整后，启动发动机，检查离合器工作情况。要求达到分离迅速、彻底，接合揉和、平顺。

（2）液压离合器踏板高度的调整

①调整标准

离合器踏板高度是指离合器踏板最高点与最低点之间的距离，要求尺寸为 185mm。

②调整方法

A. 抬起离合器踏板，使踏板行程保持在 185mm 的位置上。

B. 整限位螺栓，使限位螺栓刚好与踏板摇臂接触。拧紧限位螺栓备母。

（3）液压离合器操纵机构的排气

①向储油杯中加注 4604 刹车油 350ml。

②在分泵放气螺塞上接一根排气用软管，管的另一端放入容器中。

③往复踏动离合器踏板，待分泵排气软管内有油喷出时，拧紧放气螺塞，然后再往复踏动离合器踏板，再进行放气，反复几次后直至无气泡，并有柱状油喷出再拧紧放气塞取下软管。注意踏动踏板时不应太快，以防出现油沫。

（4）制动踏板高度的调整

①调整标准

制动踏板运用自如、不可碰、不干涉，踏下踏板时制动阀能完全打开，解除制动又能迅速回位，无拖滞现象。

②调整方法

若踏板过低时，取下长拉杆连接叉的开口销，将锁紧备母松开，顺时针选入连接叉，缩短拉杆的有效长度即可，直到踏板合适为止；若踏板过高时，逆时针旋转连接叉进行调整。调整完备，将开口销装好，拧紧锁紧螺母。

（5）方向盘自由转动量检查与调整

①调整标准

方向盘自由转动量为大于 0°、小于 15°

②自由转动量的检查与调整

A. 前轮处于直线行驶位置，将检查器刻度盘和指针分别夹持在转向轴壳和方向盘上。

B. 向左转动方向盘至有阻力为止（此时前轮不应转动），以此为基点，再向右转动方向盘至有阻力时为止，这时指针在刻度盘上划过的角度，就是方向盘最大转动量。

C.若自由转动量过大，可顺时针转动转向器调整螺栓，使转向螺母齿条与转向臂轴肩齿的啮合间隙变小，边调整边检查，使方向盘自由转动量达到标准；若自由转动量过小，按上述相反方向进行调整。

（6）车头总成与驾驶室间隙的调整

①调整标准

该间隙应该是上、下、左、右均匀一致，保持在 8-12mm 范围内。

②调整方法

间隙小时可顺时针拧动调整螺栓适量，间隙大时逆时针拧动调整螺栓适量。

（7）车门三角窗的调整

①调整标准

三角窗开启、关闭不得有发卡或放松、过紧现象，并能在任意位置停留。

②调整方法

A.拆下车门内护板

B.将固定三角窗的两个螺钉取下，即可取出三角窗总成。

C.转动三角窗下转轴上的调整螺母，即可达到理想的松紧程度。

D.也可以只拆下内护板后，直接用套筒头扳手转动三角窗下转轴上的螺母，也能达到调整松紧度的目的。

（8）司机座椅的调整

①调整标准

根据驾驶员的自身对座椅进行调整，其高、低、前、后位置以驾驶员有利操作为标准。

②调整方法

前后调整机构为滚珠滑轨式，调整量为向前 40mm，向后 20mm，调整时扳动前后手柄至所需位置，然后松开手柄，使限位片落入卡槽。上下调整机构为四联杆式，调整量为向上 28mm，向下 18mm，调整时抬起调整手柄，限位杆借助于两个拉紧弹簧的拉力斜向升起，当限位杆脱离滑槽后，将其放入所需之滑槽内，从而改变座椅的高度。

（9）前大灯灯光调整

①调整标准

近光灯亮时其光形应与对光屏幕上的规定折线相重合，远灯光亮时应落在对光屏幕的远光对光标记上。

②调整方法

A.将对光屏幕（俗称对光板）前端对正且靠紧在停放在平整地面上的汽车前保险杠前方平面上，旋出左、右大灯罩紧固螺钉，取下大灯罩。

B.拉开大灯开关，接通左、右侧大灯的近光灯，拧动三个调整螺钉来调整，使光形与对光屏幕上的折线相重合。

C.踏动便光器，改换远光灯，将左、右两外侧大灯套上灯照套，转动三个调整螺钉来调整左、右内侧的大灯光，使灯光最亮点落在屏幕的远光标记上。

D. 关闭大灯，装左、右灯罩，拧紧固定螺钉，将对光屏幕推到规定位置。

（10）车头翻转助力机构弹力的调整

①调整标准

当打开车头锁、抬起安全钩时，车头能自行弹起（或开启人员稍用力）到50°位置。关闭时轻松自如，用力不大。

②调整方法

用改变扭杆的装配角度来达到目的：

A. 拆下翼子板前下部两侧的堵塞。

B. 将车头前翻50°位置锁上支杆。

C. 拆下扭杆两端的弹性挡圈。

D. 用一根直径 Ø18mm，长500mm左右的铁棒，将铁棒的端头顶在扭杆的一个端面上，用铁锤轻轻敲打铁棒的另一端，使扭杆从扭杆管的花键槽中退出来。

（11）油门拉丝操纵机构的调整

油门拉丝操纵机构的调整按下列步骤：

①将油门旋钮向右旋转到底，使其处于关闭状态。

②调整拉丝上的调整螺母，使踏板处于与水平方向成25°的位置上，同时保证油门要臂刚好与高压油泵上的怠速限位螺钉接触。

A. 当油门拉丝长时（踏板高度低于25°角度），调整拉丝上的两处调整螺母，使两的拉丝外壳向右移动。

B. 当油门拉丝短时（踏板高度低于25°角度），调整拉丝上的两处调整螺母，使两处的拉丝外壳向左移动。

③必要时调整叉子，使拉丝满足要求。

④调整手油门，抬起手油门转臂，使其后端与油门转臂后端刚刚接触，保持其位置。调整螺母使拉丝处于刚刚拉动油门转臂的状态。

⑤将油门踏板踏到底，调整限位螺栓，使其与踏板刚刚接触。

2. 路试装箱

（1）路试前检查

检视发动机各部件，不得有漏水、漏油、漏气、漏电现象。启动发动机，待运转至冷却水温达75°－80°时，都应该保持均匀、稳定的转速，并无断火或过热现象。化油器和消声器不得有回火，放炮等现象，排气不得时浓时淡和有黑烟或者蓝烟，发动机在各种转速下，运转正常无异响，各种仪表开关及电气设备工作正常。

（2）路试要点

离合器踏板自由形成符合设计要求，结合稳定，分离彻底，操作轻便，没有异响，转向机构操作轻便，广告宣传车在行驶中没有跑偏，摆头等现象。变速器操纵机构灵活轻便，准确可靠，无乱挡或者没有自动脱档现象，运转和换挡时均不得有异常声响，变速杆不得有明显抖动，车辆空载行驶速度为30km/h，滑行距离应该不少于200m，以直接档空载行驶，以初速度20km/h并加速至40km/h的时间，都应该是15s，制动踏板自由行程应该符合设计要求，制动灵活的，有效的，不跑偏的，不拖滞的。在路试过程中，各个传动装置要没有敲击声或者高低变化的异常响声。

3. 装配的注意事项

①对于长圆孔连接件，一般要加平垫片，且平垫片放于长圆孔一侧。

②对于超过四个孔的连接件，需进行对角紧固，最先紧固的螺母最后还应复紧。

③对于圆孔与长圆孔同时存在的件，应先紧圆孔端，后紧长圆孔端。

④为保证整车美观性，管束与电线束应避免交叉。

⑤管线束过梁或者与梁接触时，必须用护套和蛇形护套。

⑥装配件安装表面应清洁，无油污，锈蚀，碰损，划痕。

⑦所有气管路接头处都应涂乐泰569密封胶，卡套连接处应涂在卡套锥面上，螺纹连接应涂在螺纹上。密封胶的涂法：螺栓按直线涂抹，卡套沿锥面均匀涂满一周。

⑧所有气管路，油管应理顺，不允许打折。装配螺栓的扭矩，有特殊要求的按工艺执行，无特殊要求的按斯太尔汽车螺纹紧固件扭矩表执行，误差允许范围为 ±10%。

⑨凡是螺栓数目超过两个的紧固件，螺栓应按对角线原则进行紧固，且紧固次数不少于两次，装配后不应有装配应力。

⑩所有各件装配后都不应有碰磨现象或碰磨的可能。

⑪凡具有相对运动的件，如销轴等，安装应涂黄油。

⑫电线束多余的接头应用电工胶布包缠可靠，绝缘保护套应装套牢固，搭铁处应去除油漆，保证搭铁可靠。

⑬制动管路卡箍规定扭矩为 4.5 ± 0.5N·M。

⑭气管，油管，阀，泵等内部必须清洁。

⑮吊装时，要求吊装人员佩戴安全帽，起落及行进平稳，不能碰损所吊装的零部件及总成，起重物下不能站人。

⑯凡要求涂胶的地方，先在粘接表面各涂一薄层，放置数分钟，待表面接近干燥时再涂第二层，凉至待表面接近干燥时，将两战皆面压在一起，并迅速用滚棒单方向滚压粘接件数次。

第五节　配气机构的调整

一、气门间隙的调整

（一）调整方法

一般在汽车发动机冷态时检查调整，进气门间隙为 0.2–0.25mm、排气门间隙为 0.25–0.30mm。调整方法有两种：一种是逐缸调整法；一种是双排不进法。

（二）调整步骤

1. 逐缸调整法

①摇转曲轴，找准第 1 缸压缩上止点位置。

②检查进、排气门杆与摇臂间隙，若不符合技术要求应予以调整：

A. 先旋松锁紧螺母，旋出调整螺钉。

B. 在气门杆与摇臂间插入厚度与气门间隙相等的塞尺，边拧进调整螺钉，边来回抽动塞尺，至抽动塞尺能抽又有阻力时，锁紧螺母。

C. 复查一次。

③按工作顺序，摇转曲轴 120°（6 缸发动机），依次使下一缸处于压缩上止点位置，调整该缸进、排气门间隙。

2. 双排不进法

①对记号，找基准缸（摇转曲轴使第 1 缸活塞处于）压缩上止点。

②根据工作顺序及配气相位，判断出完全关闭的气门，然后调整这些气门间隙。以 6 缸工作顺序为 1–5–3–6–2–4 的 6 缸发动机为例，分析如下：

A. 第 1 缸处于压缩上止点时，第 1 缸进、排均关闭，"双"气门可调。

B. 第 5 缸活塞上行，进气刚完，进压缩，排气门处全闭，"排"气门可调。

C. 第 3 缸活塞下行，正进气，排气门处全闭，"排"门可调。

D. 第 6 缸活塞处于排气上止点，进、排气门均开启，进排气门均"不"可调。

E. 第 2 缸活塞上行，正在排气，进气门全闭，"进"气门可调。

F. 第 4 缸活塞下行，做功将完，进入排气，进气门处全闭，"进"气门可调。

③简单易记的方法是："双、排、不、进"法，例如：1→5→3→6→2→4，双排不进。

④摇转曲轴 360°，使第 1 缸处于排气上止点，调整剩下的气门间隙。

⑤最后复查一次。

（三）检测方法

摇转曲轴使被检查气门处于完全关闭状态（压缩行程上止点进、排气门都处于关闭状态），将厚薄规片插入气门杆尾与摇臂端头之间，当来回拉动厚薄规片时感到稍有阻力为合适，厚薄规片厚度即为气门间隙值。

二、配气相位的调整

（一）调整方法

当配气相位的检查结果与标准相比较时，如有变动，可用下列方法进行调整：

1. 如果是个别气门偏早或偏迟且相差不大时，采用调整个别气门间隙的方法来解决。如大多数偏于一边，早或迟的相差数接近一致时，一般应根据少数服从多数，采用偏位键的方法来调整。

2. 如大多数气门配气相位角偏差 6° 以上，应先将正时齿轮向左或右转动一个齿后，再用偏位键来进行调整。在用偏位键固定齿轮时，应注意键的安装方向。键分正键（正时）顺键（由快调慢）、逆键（由慢调快）。在装键时注意，当配气迟时用逆键，配气早时用顺键。

3. 确定配气相位是否符合技术标准，应根据原厂技术标准来衡，不同车型有不同标准画一个相位图。

（二）调整步骤

1. 摇转曲轴，使四缸气门叠开（四缸发动机）

即一缸压缩终了位置，并检查 1、4 缸活塞上止点标记是否对齐，即正时齿轮盖上的指针对准皮带轮上的刻度线，或飞轮壳上的刻度线是否与飞轮上的刻度对齐，并移动分度盘，使"0"对准指针装置上的指针。

2. 安装好磁座百分表，对 1 缸进行检查

先检进气门，将百分表压在进气门弹簧座端面上，压入 1mm，长针对准"0"，顺转曲轴直至百分表（约330°）长针一动，即停止转动，观察分度盘上的读数，并标在相位图上，该度数即为进气门开启角（约在上止点前20°），继续摇转曲轴，直至百分表回复原位，此时，指针所指为进气门关闭角（在下止点后60-70°）。

3. 用同样的方法，对排气门进行检查

即把百分表压在排气门弹簧座端面上，压入 1mm，继续顺转曲轴，百分表长针一动，即停止转动，观察分度盘上的读数，即为排气门开启角（约在下止点前60°左右），继续摇转曲轴至百分表回复原位，即排气门的关闭角（在上止点后20-30°左右），把进、排气门的早开和迟闭角度值标在相位图上。

4. 其他各缸的检测方法与一缸相同

但注意检查二、三缸时，其上止点位置与一、四缸正好相反，这与曲轴的转角有关。

（三）检测方法

先调好气门间隙，将四缸活塞摇到压缩行程上止点位置，用塞尺插入气门与气门座接合面来测量气门重叠期的微开量，按顺序进行测量，并把各缸的微开量值分别记录好，再与该机型标准配气相位进行比较，来判断该机型配气相位的准确性。

三、齿形皮带的调整

装配齿形皮带时应注意曲轴正时齿轮和凸轮轴正时齿轮与齿形皮带的正时记号对齐，以保证发动机有正确的配气相位。齿形皮带张紧力应适当，过大会加速皮带磨损，过小会打滑，影响发动机的配气相位。

例如，富康发动机齿形皮带的调整方法，用专用工具插入张紧轮的方形孔内，并挂上重块，慢慢拧松张紧轮锁紧螺母，让齿形皮带张紧，再按照规定的力矩拧紧，紧轮锁紧螺母，拧紧力矩为 23N·m，最后拆下齿形皮带张紧力调节专用工具。

第六节 天然气汽车改装与调试

一、天然气汽车改装

（一）改装单位及人员

1.承接 CNG 汽车改装业务的厂家，必须通过有关部门资格审查和认证，并持有政府部门发给的 CNG 汽车改装许可证。

2.改装人员必须具备改装 CNG 汽车的专业知识，经过严格的技术培训并取得培训合格证，方能进行车辆改装。

3.改装人员必须具备高度责任心，严格执行操作规程和有关技术标准。

（二）车辆改装手续办理方法

1.车辆改装前，应由车属单位向当地机动车辆管理部门提出申请，经车辆管理部门认可，填写车辆改装申请，方可到指定的改装部门进行改装。

2.车辆改装完毕后，应持改车单位发给的车辆改装合格证，连同改装申请表一起到车辆管理部门办理机动车辆异动手续。

3.该车驾驶员应经改装单位培训，并取得合格证，在车辆管理部门注册后，方能加强天然气汽车。

（三）车辆改装

车辆改装前，应进行车辆性能检查，主要检查发动机的起动性和动力性，要求发动机动性良好，加速灵敏，最大功率不得低于发动机标定功率的 85%，否则该车不宜改装。

1. 安装天然气贮气瓶

（1）贮气瓶安装应布置合理，排列整齐。气瓶安装在汽车下部时，不得减少原车的通过性能。贮气瓶或气瓶架与汽车边缘距离不小于 50mm，气瓶瓶口阀与汽车边缘距离应不小于 100mm。贮气瓶安装后，应保证车辆在空载和满载状态下，转向桥负荷不小于该车总质量的 20%。贮气瓶位置距发动机排气管距离不宜小于 100mm，应设置可靠固定的隔热装置；与传动轴及万向节距离不应小于 200mm。

（2）贮气瓶与固定卡子间须垫厚度不小于 2mm 的橡胶垫，安装必须牢固，紧固螺栓应有锁紧装置，紧固力矩应符合设计要求。安装紧固后，贮气瓶及固定卡子在上、下、左、右、前、后六个方向上应能承受 8 倍气瓶重力的力，贮气瓶与固定卡子不得有相对位移，紧固件不得松动。

2. 安装减压调节器总成

（1）减压调节器宜安装在靠近化油器和振动较小的位置，不应直接安装在发动机上。减压调节器与混合器之间应采用软管连接，并有一定弧度。

（2）减压调节器安装好后，将发动机的循环水管接到减压调节器的加热水道上。

3. 安装高压管路系统

（1）将压力表、高压锥扣接头装到高压手动截止阀上，然后将高压手动截止阀装到减压调节器进气接头上，确保各元件安装正确，不缺件，扭紧力矩合适，连接可靠。

（2）将充气阀安装在既安全又便于充气的部位。

（3）安装高压管路及高压接头组件。

（4）管线应排列整齐、布置合理，不得与相邻部件碰撞和摩擦，管线固定卡间距不大于 600mm，如管线与相邻部件接触或穿越孔板，采用橡胶衬垫保护，高压管路应采取消除热胀冷缩和抗震作用的措施。

（5）高压管路与传动轴万向距离不宜小于 200mm，与发动机排气管距离不宜小于 100mm。

（6）安装在驾驶室、载人车厢或行李厢的气瓶或管路接头必须在气瓶口和管路接头处设置能将泄露气体排出加强室、载人车厢或行李厢外的通风口和隔高装置。

4. 安装汽油电磁阀或晶体管电动燃油泵

汽油电磁阀和晶体管电动燃油泵根据需要选择其一安装。汽油电磁阀安装在汽油滤清器的输油泵之间，必要时可安装在输油泵与化油器之间，晶体管电动燃油泵安装在汽油滤清器和化油器之间，安装汽油电磁阀时线圈应向上，并远离排气管和点火系统。

5. 安装燃料转换开关和气量显示器

燃料转换开关、气量显示器应安装在驾驶室内，燃料转工开关应便于驾驶员观察，并均远离热源和潮湿处。

6. 安装电气线束

所有电气部件通过线束连接。安装好各电气部件之后，按电气安装图将线束顺着原车线束铺设，并固定好，然后将各电气部件的插接件—线束相对应插接牢固。黑色线搭铁，棕色线在点火线圈的高压输出线上缠绕3-4圈，并固定紧，最后将红色线搭接在点火开关的电源上。

7. 充气密封性检查

（1）将汽车开到充气站，发动机熄火，断开电源总开关。

（2）取下充气阀防尘塞，插入充气嘴，打开高压截压阀，慢充气至5MPa。

（3）使用检漏液对所有的高压接头进行检查，有泄漏及时排除。

（4）在无泄漏的情况下，继续充气到20MPa，气充足后，并闭充气阀，取下充气嘴，装好防尘塞。

（5）用检泄漏进一步仔细检查所有高压接头、管路和减压阀总成是否泄漏并及时排除。

二、车辆调试

（一）车辆调试人员

1. 持有 CNG 汽车改装许可证的单位，其调试人员必须具备改装天然气汽车的专业知识和汽车发动机维修的专业知识，经过技术培训并取得培训合格证。

2. 调试人员必须具备高度责任心，严格执行有关操作规程及技术标准。

（二）调试前检查和调整

1. 检查汽油电磁阀手动开关是否处于关闭位置。

2. 检查燃料转换开在是否能对高压电磁阀及汽油电磁阀分别控制。

3. 先将减压调节器上的怠速调节旋钮顺时针旋紧，再逆时针旋松 1.5 圈左右，然后开启手动截止阀，燃料转换开关置于"气"位，接通电源，听是否有"嘶嘶"的气流声音，再拔掉怠速电磁阀电源插头，重新接通电源（燃料转换开关三秒断电）再听是否有气流声，如有，则是三级阀口漏气，应顺时针调整三级弹簧手动旋钮，直至无气流声音，则减压调节器供气正确。

4. 检查汽油电磁阀是否有渗漏现象。

5. 调整分电盘，使发动机点火时间较汽油燃料提前。

6. 检查气量显示灯和气瓶压力是否统一，如不统一进行调整。其方法是，先旋松压力传感器外壳固定螺钉，移动外壳，使显示灯燃亮数量与气压相匹配，固定传感器外壳。

（三）车辆调试

1. 先用汽油起动发动机，然后从汽油转换到天然气运行，调整化油器怠速螺钉，改变节气门开度，使发动机运转平稳。为了不使发动机在调试过程中频繁起动，可将发动机转速调节到比怠速稍高的转速。

2. 节气门开度不变，调节三级弹簧手动旋钮、怠速电磁阀调节旋和动力阀螺钉，使发动机转速达到最高为止。

3. 调整化油器怠速螺钉，使发动机保持最低稳定转速。

4. 再按第 2 条和 3 条方法反复调整，直到发动机在气节门不变的情况下，使天然气燃料和汽油燃料的怠速接近或一致，运转平稳。

5. 分别快速踏下油门急加速和缓是踏下油门慢加速，检验发动机加速性能的连贯性，若出现加速时熄火、发吐或加速慢，应调试三级弹簧手动旋钮、动力阀、点火提前角。

6. 关闭电源，使发动机停转，再用天然气起动，检查调整起动性，主要调试点在怠速电磁阀调节旋钮、三级弹簧手动旋钮、动力阀、点火电压、白金间隙等。

7. 在有汽车底盘测功机和排气污染物测度仪的单位，汽车用天然气发动，直接档运行并加载，使发动力阀，即调整燃料混合气的空燃比，使排气中 C 值低于 1.5%，怠速时 CO 值和 HC 值最小，然后固定动力阀调整螺钉。

8. 以天然气作燃料调试发动机的起动机，加速性的动力性，使之满足规定要求，如果不合格，应重新调整，直至合格为止。

CNG 汽车调试完毕，经专职检验员检验合格，填写改装合格证。

第七节　汽车发动机

汽车整体技术日新月异，而作为汽车的心脏——发动机技术的进步显得更受关注。如今介绍一辆汽车的发动机时：直列，V 型，W 型，水平对置，缸内直喷技术，机械增压，涡轮增压技术，等都已经运用的相当广泛。作为汽车的心脏——发动机技术的进步显得更受关注。

一、发动机类型分类

（一）按照结构分类

一台汽车发动机往往具有三个以上的汽缸，对于汽车发动机主要的分类方式是根据汽缸的布局及排列方式来划分。一般有直列、V 型、W 型以及水平对置等几种：

1. 直列发动机（Line Engine）

它的所有汽缸均按同一角度肩并肩排成一个平面，使用一个汽缸盖。

直列发动机在国产车中应用十分广泛，几乎所有中档以下国产车及采用四缸发动机的车型都是直列发动机。

实例：宝马公司一直是直列发动机的坚决拥护者，宝马的L6（直列六缸）发动机无论在技术含量、缸数上还是在性能表现上都可算是直列发动机的极致。

2.V 型发动机

将所有汽缸分成两组，把相邻汽缸以一定夹角布置在一起，使两组汽缸形成有一个夹角的平面，从侧面看汽缸呈 V 字形，称 V 型发动机。

目前国产的中高档车型中，不少采用 V 型 6 缸发动机，比如君威，帕萨特及奥迪 A6 等。

3.W 型发动机

W 型发动机是德国大众专属发动机技术。将 V 型发动机的每侧汽缸再进行小角度的错开（如帕萨特 W8 的小角度为 15 度），就成了 W 型发动机，或者说 W 型发动机的汽缸排列形式是由两个小 V 形组成一个大 V 形，严格说来 W 型发动机还应属 V 型发动机的变种。

4. 水平对置发动机

如果将直列发动机看成夹角为 0 度的 V 型发动机，当两排汽缸的夹角扩大为 180 度，汽缸水平对置排列，就是水平对置发动机了。

实例：水平对置发动机是日本富士汽车的招牌技术之一，富士 WRX–STi 车型采用水平对置发动机。

5. 旋转活塞式发动机

传统发动机都是通过汽缸内活塞的往复运动最终驱动车子前进，发动机及汽缸本身都是相对不动的，而旋转活塞式发动机则是一种三角活塞旋转式发动机，它采用三角转子旋转运动来控制压缩和排放。

实例：至今为止，将旋转活塞式发动机技术成熟运用于市场产品的仅有马自达一家厂家，目前马自达 RX–8 跑车采用旋转活塞式发动机技术。

（二）按照发动布局分类

按照发动机在车身上的布局，还可以分成前置发动机、中置发动机以及后置发动机三种：

①前置发动机

即发动机位车前轮轴之前。

②后置发动机

后置发动机往往对应于一些后轮驱动的大马力车型，典型车型为保时捷的 911 系列跑车。

③中置发动机

即发动机位于汽车的前后轮轴之间。

（三）按照燃料分类

可分为两大类，即柴油机和汽油机。

（四）按照燃烧特点分类

1. 缸内直喷发动机

在缸内直喷发动机中，只有空气吸入到燃烧室，燃料被精确控制的注射器直接喷射到燃烧室。

2. 增压发动机

（1）机械增压发动机此类增压器是以不增加引擎排气量为前提，使动力轮输出提升的方法，可直接利用引擎出力来驱动增压器，再将高密度空气送入汽缸内以提高引擎的输出功率。

（2）涡轮增压发动机涡轮增压器就是一个气泵，由发动机排出的废气来驱动涡轮增压器一侧的叶轮，当它越转越快时，另一侧的叶轮也在同步加快，增大了进入燃烧室的进气量。

二、发动机的工作原理及其优缺点分析

（一）直列发动机

1. 工作原理

它的所有汽缸均肩并肩排成一个平面。

现代汽车上主要有 L3、L4、L5、L6 型发动机。

6 缸直列发动机，最著名的例子就是 BMW（宝马）的 M3，BMW 选用 6 缸直列发动机的主要目的是为了方便配重和稳定性。

2. 优点

它的缸体和曲轴结构简单，而且使用一个汽缸盖，制造成本较低，稳定性高，低速扭矩特性好，燃料消耗少，尺寸紧凑，且应用比较广泛。

3. 缺点

功率较低，当排气量和汽缸数增加时，发动机的长度将大大增加。

（二）V 型发动机

1. 工作原理

V 型引擎汽缸采用 V 字形排列，将所有汽缸分成两组，把相邻汽缸以一定夹角布置在一起，使两组汽缸形成有一个夹角的平面。

代表车型有奥迪 A6、法拉利 360、保时捷 carrearGT、奔驰 S600。分别使用 V6、V8、V10、V12 发动机。

2. 优点

（1）V 型发动机的高度和长度尺寸小，在汽车上布置起来较为方便，尤其是现代汽车比较重视空气动力学，要求汽车的迎风面越小越好，也就是要求发动机盖越低越好。

（2）如果将发动机的长度缩短，便能为驾乘舱留出更大的空间，从而提高舒适性。将汽缸分成两排然后"打斜"，便能缩小发动机的高度和长度，从而迎合车身设计的要求。

（3）由于汽缸之间已相互错开布置，因此，在汽缸之间有较大的空间，这样便于通过扩大汽缸直径来提高排量和功率。V 型发动机的汽缸均成一角度对向布置，还可以抵消一部分振动。

3. 缺点

V 型发动机的缺点是必须使用两个汽缸盖，结构较为复杂，另外其宽度加大后，发动机两侧空间较小，不易再安排其他装置。

（三）W 型发动机

1. 工作原理

将 V 型发动机的每侧汽缸再进行小角度的错开（如帕萨特 W8 的小角度为 15°），就成了 W 型发动机，或者说 W 型发动机的汽缸排列形式是由两个小 V 形组成一个大 V 形。

由于专利的原因，这种发动机只在大众和奥迪等少量车上可以见到，在欧版大众高尔夫、欧版大众帕萨特以及奥迪 A8 上，分别装备着 W6，W8 和 W12 发动机。

2. 优点

W 型与 V 型发动机相比可以将发动机做得更短一些，曲轴也可短些，这样就能节省发动机所占的空间，同时重量也可轻些。

3. 缺点

W 型发动机相对 V 型发动机最大的问题是发动机由一个整体被分割为两个部分，在运作时必然会引起很大的震动，而且它的宽度更大，使得发动机室更满。

（四）水平对置发动机

1. 工作原理

水平对置发动机，发动机活塞平均分布在曲轴两侧，在水平方向上左右运动。

水平对置发动机最出名的运用在于保时捷著名的 911 上。

2. 优点

水平对置发动机的最大优点是使发动机的整体高度降低、长度缩短、整车的重心降低，车辆行驶更加平稳。此外，水平对置的汽缸布局是一种对称稳定结构，这使得发动机的运转平顺性比 V 型发动机更好，运行时的功率损耗也是最小。操控起来更便捷。

3. 缺点

因为是水平对置，所以发动机的宽度较大，便需要短行程的发动机，而短行程发动机的制造精度和难度会高很多。

（五）旋转活塞式发动机

1. 工作原理

转子和壳体壁之间的空间作为内部燃烧室，通过气体膨胀的压力驱动转子旋转。现代的旋转活塞式发动机由茧形壳体（一个三角形转子被安置在其中）组成。转子和壳体壁之间的空间作为内部燃烧室，通过气体膨胀的压力驱动转子旋转。和普通内燃机一样，旋转活塞式发动机必须在其工作室中相继形成进气、压缩、燃烧和排气四个工作过程。

如果将三角形的转子放置在圆形壳体的中心部，工作室将不会随着壳体内部转子的旋转而在体积上发生变化。即使空燃混合气在那里点燃，燃烧气体的膨胀压力也仅作用在转子的中部，不会产生旋转。

这就是为什么壳体的内侧圆周被设计成旋轮线外形并和安装在偏心轴上的转子组装在一起的原因。因此，每转一圈，工作室的体积变化两次，从而实现内燃机的四个工作过程。目前市面上仅有马自达一家工厂使用旋转活塞式发动机。

2. 优点

（1）转动平稳

往复式发动机转动180°，而旋转活塞式发动机转动270°，是往复式发动机的1.5倍。换句话说，在往复式发动机中，曲轴（输出轴）在四个工作过程中转两圈（720°）。而在旋转活塞式发动机中，偏心轴转三圈（1080°），转子转一圈。这样，旋转活塞式发动机就能获得较长的过程时间，而且形成较小的扭矩波动，从而使运转平稳流畅。

（2）即使在高速运转中，转子的转速也相当缓慢

有更宽松的进气和排气时间，为那些能够获得较高的动力性能的系统的运行提供了便利。

（3）体积小重量轻

在运行安静性和平稳性两方面，双转子RE相当于直列六缸往复式发动机。在保证相同的输出功率水平前提下，转子式发动机的设计重量是往复式的三分之二。

（4）精简结构

由于旋转活塞式发动机将空燃混合气燃烧产生的膨胀压力直接转化为三角形转子和偏心轴的转动力，所以，不需要设置连杆，进气口和排气口依靠转子本身的运动来打开和关闭，不再需要配气机构，包括正时齿带、凸轮轴、摇臂、气门、气门弹簧等，而这在往复式发动机中是必不可少的一部分。综上所述，旋转活塞式发动机组成所需要的部件大幅度减少。

（5）均匀的扭矩特性

根据研究结果，旋转活塞式发动机在整个速度范围内有相当均匀的扭矩曲线，即使是

在两转子的设计中，运行中的扭矩波动也与直列六缸往复式发动机具有相同的水平，三转子的布置则要小于 V 型八缸往复式发动机。

（6）运行更安静，噪音更小

对于往复式发动机，活塞运动本身就是一个振动源，同时气门机构也会产生令人讨厌的机械噪音。旋转活塞式发动机平稳的转动运动产生的振动相当小，而且没有气门机构，因此，能够更平稳和更安静的运行。

3. 缺点

（1）成本高

旋转活塞式发动机虽然消除了活塞往复运动中的冲击，但是由于转子是偏心结构，在其运转过程中又产生了额外偏心振动，而为了消除这种振动又需增加与转子反方向运动的平衡重，来缓解这种偏心振动。

在其做功时，总是缸体一个局部区域受到巨大的冲击，造成了发动机局部磨损剧烈，使得发动机磨损不平衡，严重降低的其使用寿命。为了减小其局部磨损严重的问题，就只有采用先进的制造工艺，采用强度和耐磨、耐冲击性更高的材料，这无形中又大大增加了制造成本。

（2）大幅提高功率，低速扭矩低

由于旋转活塞式发动机是由转子直接与主轴接触，驱动主轴转动的，因此，由于转子自身是在汽缸内进行偏心转动，其就是一个套在主轴外缘上作偏心运动的大齿轮，而主轴轴颈相对较小，因此就形成了大齿轮驱动小齿轮的驱动方式，使得其扭矩大大降低，这就是造成旋转活塞式发动机扭矩低的根本原因，也是旋转活塞式发动机不能广泛推广的主要原因。

旋转活塞式发动机在结构上又对发动机润滑、冷却、密封提出了相当高的要求。此外，由于旋转活塞式发动机能在小排量车上实现大功率，因此其巨大的燃油消耗往往被人们忽视了，由于旋转活塞式发动机自身的结构，其排量为三角形转子一个表面与缸体形成的最大容积与最小容积的差，而对于三角形的转子来说，一个转子实际上就相当于有三个活塞在工作，这就使其排量相当于 3 个活塞工作的排量，油耗也自然相当于 3 个活塞同时工作的油耗。由此看来，虽然其排量小，但油耗也相对较高。

（六）柴油发动机

1. 工作原理

它采用压缩空气的办法提高空气温度，使空气温度超过柴油的自燃测试，这时再喷入柴油、柴油喷雾和空气混合的同时自己点火燃烧。

使用柴油发动机的轿车很多，奔驰就有柴油版 SLK 敞篷跑车、奔驰 E300Bluetec 轿车，大众帕萨特也有柴油版，捷达也有 GDF-P 柴油先锋版，奥迪也有柴油版的轿车

2. 优点

（1）柴油机因为高压缩比低转速的特性，燃油消耗平均比汽油机汽车低 30% 左右，

能把热量更好地转化成动能，所以柴油机有着更好的热效率，更加省油。

（2）发动机寿命较长，更加经济。

（3）动力强劲。

3. 缺点

（1）转速较汽油机低（一般最高转速在 2500~3000 转／分左右）。

（2）为了适应柴油机工况，目前国内乘用车柴油机的缸体还都采用厚重的铸铁制造，为了对抗汽缸内高压和大扭矩，柴油机的汽缸和活塞的连杆等零件都要比汽油机强壮，所以较汽油机更笨重。

（3）因为喷油泵和喷油器加工精度要求高，所以柴油机的维修费用很高。

（4）考虑到柴油机加速较慢，温度低时启动慢，噪声大，震动大这些因素，可以认为柴油机的可操作性不如汽油机好，驾驶舒适度不如汽油机。

（七）汽油发动机

1. 工作原理

汽油发动机通过汽缸压缩，将吸入的汽油气化，并与缸内空气相混合，形成可燃混合气体，最后由火花塞放电点燃气体推动汽缸活塞做功。

目前国汽油发动机占主流，大部分轿车都是汽油发动机。

2. 优点

（1）最大功率及转速高，运转安静平顺，排放低。

（2）汽油机内混合气体点燃后，瞬间燃烧，并爆发出能量，所以可以在单位时间内可以多次重复该循环，用高转速输出高功率，因而很小的体积，轻盈的体重，就能拥有较高性能和更快的响应速度。

（3）汽油机小巧，反应速度快，噪音小，运转平顺，所以，操作性优于柴油机，驾驶舒适度优于柴油机。

3. 缺点

（1）汽油机的压缩比往往只有柴油机的一半，做功行程时缸内温度和压力比柴油机低很多，所以，热效率比较低，费油且不经济。

（2）动力没有柴油发动机强劲。

（3）发动机寿命不如柴油机。

（八）缸内直喷发动机

1. 工作原理

缸内直喷技术是一种新型进气燃烧技术，它采用的是一种类似于柴油发动机的供油气原理，通过一个活塞泵提供约 100bar 以上的压力，将汽油供给位于汽缸内的电磁喷射器，然后通过电脑控制喷射器将燃料在最恰当的时间直接注入汽缸内燃烧。

汽油机拥有缸内直喷技术的车厂有保时捷（全车系）、奥迪（绝大部分车系）、凯迪拉克（新 CTS）、丰田及雷克萨斯（在中国销售的车型一概没有），另外，所有柴油机均为缸内直喷。

2. 优点

（1）由于其控制的精确度接近毫秒，所以能最有效地将油气混合比调整至最佳状态，从而保证了汽油的充分燃烧，动力损失降为最低，从而省油。

（2）可采用稀薄分层燃烧技术，降低 HC 等有害排放。

（3）直喷方式的油滴蒸发主要依靠空气吸热而非壁面吸热，降低了混合气温度和体积，可降低爆燃倾向，提高发动机压缩比。

（4）缸内直喷汽油机还具有瞬态响应好，易于实现精确的空燃比控制，具有快速的冷起动和减速快速断油能力等特点。

3. 缺点

（1）因为在低负荷工况下，会产生相当大量的 NO_x（氮氧化物）与高温，这样对于三元催化器的要求会很高。

（2）内直喷技术对于一些硬件设施也要求很高，例如，需要配备高压喷油嘴，以提高油气的雾化程度与混合效率。

（3）缸内直喷系统的发动机除了在材质上更加讲究，而且为了分层燃烧时控制气体的流向，就连活塞、燃烧室形状也都需要特别设计，因此造价会比较昂贵。

（4）缸内直喷需要稳定品质的高标号燃油，不够经济。

（九）机械增压发动机

1. 工作原理

此类增压器是以不增加引擎排气量为前提，使动力轮输出提升的方法，是直接利用引擎出力来驱动增压器，再将高密度空气送入汽缸内以提高引擎的输出功率。

奥迪奥迪最新款 3.0TFSI 机械增压发动机，在国内的 A6L、A8L、S5、Q7，以及国外高性能版的 Q5、S4 等车型上广泛应用；奔驰一直是机械增压的忠实追捧者，其机械增压技术相当成熟，鲜有问题；保时捷在机械增压方面的核心技术，目前主要在保时捷的Cayenne（卡宴）系列上使用，其使用的 3.0LTFSIV6 机械增压发动机，同时也搭载于奥迪A6L、A8L、Q7、S5，以及大众途锐上。

2. 优点

（1）由于机械增压器始终在增压，因此在发动机低转速时其转矩输出也十分出色。

（2）由于空气压缩量完全是按照发动机转速线性上升的，整个发动机运转过程与自然吸气发动机极为相似，加速十分线性。

（3）从结构来说，相对于涡轮增压车，机械增压车简单许多，原则上只要发动机在运转，机械增压就自然而然的产生，发动机转速越高加压力度就越大，而且不会出现涡轮增压那种迟滞现象。

3. 缺点

（1）高转速时机械增压器对发动机动力的损耗巨大，而且在高转速时作用不太明显。

（2）机械增压汽靠皮带带动，驱动力还是引擎，因此，比较费油。

（3）操纵感比较好，使用方便。

（十）涡轮增压发动机

1. 工作原理

涡轮增压器就是一个空气压缩机，由发动机排出的废气来驱动涡轮增压器一侧的叶轮，当它越转越快时，另一侧的叶轮也在同步加快，强制地将增压后的空气压送到汽缸中。

国内涡轮发动机有很多，有采用 1.4T 的大众高尔夫、速腾、迈腾、尚酷、斯柯达明锐、昊锐、奥迪 A3、A4；1.6T：别克英朗 XT、GT、奔驰 C180K；1.8T：斯柯达明锐、昊锐、大众速腾、迈腾、奥迪 A3. 奔驰 C200K、SLK200、E200、E260、E260Coupe；2.0T：别克新君威、新君越、大众高尔夫 GTI、迈腾、尚酷、斯柯达明锐 RS、斯柯达昊锐，奥迪 A4、A6、Q5、TT。

2. 优点

（1）涡轮增压主要是利用发动机废气的能量带动压缩机来实现对进气的增压，整个过程中基本不会消耗发动机的动力。

（2）拥有良好的加速持续性。

（3）增压会给燃烧室提供更多的空气，使燃烧更彻底，从而省油，更经济。

（4）在高海拔地区也能满足空气供给；在冷启动时使三元催化更快进入工作等。

3. 缺点

（1）涡轮增压器的原理很简单，但实际上它是很复杂和精密的。不仅需要内部配件的严密配合，涡轮增压器还要和发动机严密匹配，否则就会降低发动机的效率甚至造成损坏，因此造价较高。

（2）增压所产生的高热必须妥善处理，高热会影响两部分，一个是负责直接冷却和润滑的机油，它会因为受到高热而快速氧化。因此涡轮增压引擎必须选用耐高温、抗氧化好的优质机油，而且机油更换周期会相应缩短。

（3）动力输出反应滞后，由于转子的惯性作用，叶轮对油门的骤时反应变化还是迟缓。

（4）维护保养费用高。

（十一）自然吸气发动机

1. 工作原理

空气单纯经过空气滤清器→节气门（我们俗称的"油门"）→进气歧管→到达"汽缸"。汽油是通过喷油嘴直接喷射在进气歧管里的以四缸发动机为例，一个活塞做一次功有四个行程：下行（进气门打开，存在压力差，空气和燃油的混合气在压力差的作用下进入汽缸）→上行（进气门关闭，压缩混合气，活塞上行到最高点时点火）→又下行（混合气燃烧膨胀，推动活塞对外作功，输出动力）→又上行（排气门打开，排气），自然吸气式就是在上面第一个行程中，混合气是靠自然形成的压力差进行吸气。

采用自然吸气发动机的车型有宝马3系，上海通用别克君，威雷克萨斯IS250，奥迪A6L2.8FSI，凯迪拉克CTS3.0，奔驰E350Cabriolet。

2. 优点

（1）技术成熟，稳定性较高（尤其是冷车发动时）。

（2）动力输出平顺，反应速度快（因此驾驶快感好）。

（3）养护成本较低使用寿命较长。

3. 缺点

（1）燃油没有增压发动机燃烧充分，不够省油。

（2）跟增压发动机相比动力上有差距。

三、发动机装配工艺过程分析

汽车是一种复杂的机械产品，按构造可分为发动机、底盘、车身（含驾驶室和车厢）和电器设备四大部分。发动机是汽车的心脏，因此在装配中必须全面达到工艺标准的质量要求。

发动机装配的关键工序和较重的零部件（如缸体）的上下料由全自动装置完成，这些关键工序包括工艺控制需要的工序（如屈服极限控制拧紧连杆盖和缸盖螺栓）、要求高度集中和容易出错的工序（如缸体类型的识别和涂密封胶）、测量工序（如检测凸轮轴和曲轴的回转力矩）等。

发动机出厂试验采用100%点火试验和1%性能试验，性能试验安排在研发中心进行。采用性能先进的工业现场总线控制系统，通过网络监控管理整个发动机装配试验线的运行情况。优化车间及工段内物流系统设计，减少不必要的工艺输送线路和中间存放，提高产品周转效率。

（一）装配工艺

1. 发动机总装线分为内装和外装两条环形线

采用柔性的摩擦辊道输送，由摩擦轮机动辊道、托盘、停止器、举升精确定位装置、举升回转装置、举升转移装置等组成。摩擦辊道一端端面摩擦，摩擦力可调，除辊子与托盘接触面外，其余均封闭。线上自动工位处设托盘精确定位装置，每工位设停止器，通过开关控制工件的放行。

总装线上主要装配设备有螺栓自动拧紧机、缸体类型识别系统、发动机编号滚压机、自动翻转机、自动涂胶机、涂润滑油机、电动扳手等；主要检测设备有内装发动机气密性检测机、曲轴回转力矩检测机等。

发动机装配的关键工序由全自动装置完成，如在装配线操作较重的零部件工序（如缸体），工艺控制需要的工序（如屈服极限控制拧紧连杆盖和缸盖螺栓），要求高度集中和容易出错的工序（如缸体类型的识别和涂密封胶）、测量工序（螺栓自动拧紧机、缸体类型识别系统、发动如检测凸轮轴和曲轴的回转力矩）等。发动机总成由自行小车自动输送到出厂试验区域。

2. 发动机缸盖分装线为一条环形线

采用柔性的摩擦辊道输送线，线上主要装配设备有螺栓自动拧紧机、气门油封压装机、自动翻转机、气门锁片装配机、气门拍打机、自动涂胶机、涂润滑油机、电动扳手等主要检测设备，有气门锁片装配正确性检测机、气门座试漏机、凸轮轴回转力矩检测机等。缸盖分装后通过输送机构送至总装线上的相应装配工位。

3. 活塞连杆装配线为一条环形线

采用柔性的摩擦辊道输送线，线上的主要设备有活塞销压装机，活塞环装配机，连杆大头螺栓拆装机等。

（二）试车工艺

发动机出厂前进行100%的点火试验，点火试验在专用试验线上进行，包括柔性输送线，自动上下台架装置，自动连接托盘和自动控制试验台，试验前后预装及拆装线，缓冲储存系统。试验不合格发动机进行返修和重试，合格发动机按比例进行性能抽检，最终合格的发动机自动输送到成品存放区。

采用性能先进的工业现场总线控制系统，通过网络监控管理整个发动机生产物流系统的运行情况。

1. 监控管理装配线（包括线上设备）的运转情况，实现数据采集、传输、存储和显示，指导装配工作。

2. 完成发动机装配质量数据统计、分析、报表、打印等功能。

3. 通过网络接收和处理主控计算机传送过来的信息，输出打印报表并将其显示在电子显示屏上，通过以太网与其他管理计算机和上位机通信，进行生产计划管理。

4. 根据销售计划适时调整各线生产品种，发出各机种生产指令，指导相关工位的装配工作，做到按单生产。

5. 监控各机种零部件产量，管理主要自制件、总成、成附件、库存，发出成附件进货提示和计划等。

四、发动机的装配与调试

（一）发动机装配注意事项

1. 装配前，所有零部件和总成均应经过检验或试验，确保质量。所有零部件、总成、润滑油路以及工具、工作台等应彻底清洗，并用压缩空气吹干。

2. 检查全部螺栓螺母，不符合要求的应更换；汽缸垫、衬垫、开口销、锁片、锁紧铁丝、垫圈等在大修时应全部更换。

3. 不可互换的零部件，如各缸活塞连杆组、轴承盖、气门等，应按相应位置和方向装配，不得装错。

4. 校验各配合件如汽缸活塞、轴瓦轴颈、曲轴轴向、气门的配合应符合技术要求。

5. 校验有关部件间如配气相位、供油提前角、点火时刻、飞轮、平衡块等的装配、平衡、工作协调、正时、关系正确。

6. 发动机上重要螺栓螺母，如缸盖螺母、连杆螺栓、飞轮螺栓等，必须按规定扭矩依次拧紧，必要时，还应加以锁定。

7. 各相对运动的配合表面，装配时应涂上清洁的润滑油。

8. 保证各密封部位的严密性，无漏油、漏水、漏气现象。

注意桑塔纳（1.8L）、捷达等轿车发动机上是采用塑性变形扭力螺栓。拧紧时先将螺栓以 30N·m 的扭力拧紧，然后再将螺栓相对于扭紧后的位置再扭转 1/4 圈（90°）。

（二）装配工艺与调整

装配顺序随结构不同有所变化，但基本工艺过程大同小异。

1. 汽缸套的安装

（1）汽缸套试配

湿式汽缸套未装阻水圈装入机体内应能用手转动，但不得有明显松旷。其上端面应高出机体平面一定距离。高出量不足时，可在安装孔的台肩上加铜或铝垫。多缸发动机，各汽缸套高出量应一致。

（2）装阻水圈

阻水圈应平整地装入汽缸套或汽缸体相应的槽内，不得扭曲或损伤。

（3）安装汽缸套

用压床或其他专用工具压装汽缸套时，用力应缓慢均匀，防止阻水圈或汽缸套变形。

汽缸套压入后，应进行检查圆度、圆柱度及水压试验，若有异常应查明原因，重新安装。

安装干式汽缸套，应注意汽缸套与安装孔的清洁，配合面不应涂机油，以免影响散热。

2. 安装曲轴与飞轮

（1）安装曲轴

①清洗并用压缩空气吹通机体与曲轴油道

注意各轴瓦、止推片、曲轴后油封、轴承盖、螺栓、锁片等零件应对号入座，不得错乱，止推片带贮油槽的一面朝向曲柄臂。

②曲轴轴颈上涂抹干净机油

抬上曲轴，装好轴承盖，按规定扭矩，从中间向两端分 3-4 次拧紧螺栓。例如，4 缸机共 5 道主轴承，其拧紧顺序为：$3 \to 1 \to 5 \to 2 \to 4$。

③检查轴向间隙与径向间隙

轴向间隙，一般为 0.05-0.25mm，轿车 ≥ 0.15mm。用手转动曲轴，无忽松忽紧和发涩现象。

（2）安装飞轮

安装飞轮时，应注意辨认安装记号以免破坏曲轴的平衡关系。飞轮螺栓应按规定扭矩拧紧，并用铁丝或锁片牢固锁紧。

3. 装活塞连杆组件

（1）安装前的检查

①用塞尺分别检查活塞处于上、下止点时与缸壁间隙。活塞顶部与缸壁在曲轴前后方向，间隙误差应 < 0.1mm。

②检查活塞处于上止点时，活塞顶距缸体上平面的距离。距离过小，有可能顶撞气门，且使压缩比增大，发动机工作粗暴。距离过大，压缩比下降，发动机功率下降。

（2）活塞环的安装

①活塞环的检查与修整。

②安装活塞环时，应确保镀铬环、平环、锥形环、扭转环、油环等各种活塞环的环槽位置和方向且相邻活塞环的开口应错开 90° −180°，并避开活塞销方向和最大侧压力方向。

（3）活塞连杆组的安装

①在各摩擦表面涂抹清洁机油

确认活塞连杆组的缸序、安装方向，摆好活塞环开口位置，用专用工具收紧活塞环，将活塞连杆组从上面装入汽缸内。装入时，可用木榔头轻轻敲击活塞顶，并注意引导连杆大端靠向连杆轴颈。

②按连杆轴承盖（瓦）的缸序、安装方向套在连杆轴颈上

按规定扭矩拧紧连杆螺栓，特别注意活塞、连杆安装方向，活塞环的组合方式、安装方向。

4. 安装气门组零件

（1）将气门杆油封压装于气门导管上，安装时，注意防止油封变形或损坏，油封应压到位。

（2）装上气门弹簧和弹簧座，将气门杆上涂少许润滑油，按次序插入气门导管内，用专用设备装上锁片。

（3）装配时须用相配套的气门锁片和气门弹簧座。

5. 安装凸轮轴桑塔纳、捷达发动机凸轮轴的安装

①安装凸轮轴前，先检查确认轴承盖安装位置。

②先不装挺杆，将凸轮轴装入轴承中，用百分表或厚薄规检查凸轮轴轴向间隙，使用极限为 0.15mm。轴向间隙合适后再拆下凸轮轴。

③装配挺杆时表面应涂油；液压挺杆不可互换。需更换时，应成组更换。

④转动曲轴，使第一缸活塞们于上止点；将第一缸配气凸轮基圆对准挺柱，将凸轮轴颈、轴承涂上润滑油后装入凸轮轴承上。按照顺序、扭矩拧紧凸轮轴承盖。

⑤在凸轮轴油封的唇边和外圈涂上薄油，将油封放入专用导管平整压入油封座孔。注意油封与座孔应留有余隙，否则会堵塞回油孔。

⑥安装凸轮轴正时齿轮，以 $80N \cdot m$ 的扭矩拧紧正时齿轮固定螺钉。

6. 汽缸盖与摇臂总成的安装

①缸盖螺栓要拧到底，高度符合要求。

②安装汽缸垫时，应注意缸垫与缸体的油孔和水孔，及缸垫卷边的安装方向：对于铸铁缸盖，卷边朝缸盖；对于铸铝缸盖，卷边朝缸体。如桑塔纳发动机汽缸垫上标有 "Oben"（上）字样的一面必须朝汽缸盖。

③按规定扭矩和顺序分 2–3 次拧紧缸盖螺母（栓）。

④安装气门推杆和摇臂总成时应注意疏通、对正摇臂支座、摇臂轴与缸盖的油孔，检查油孔密封垫；拧紧摇臂支座紧固螺母。

7. 配气相位正时的安装

①一般在曲轴齿轮、凸轮轴齿轮、喷油泵齿轮及中间齿轮（或正时皮带轮、正时皮带、中间轴惰轮）上均刻有记号，装配时只需对好记号即可。

②无记号或记号模糊不清时正时齿轮的安装

A. 转动曲轴，使第一缸活塞处于上止点位置。可通过飞轮上止点位置记号确定，或慢慢转动曲轴，从火花塞（喷油器）安装孔插入铁丝，当铁丝触及活塞顶时，即为上止点。

B. 转动曲轴，根据配气相位，使第一缸处于进气门开启的临界状态（进气门推杆上升至消除气门间隙的位置）。

C. 装上中间齿轮，转动曲轴，并复查配气相位。

（3）无正时记号时喷油泵齿轮的安装

①转动曲轴至第一缸压缩上止点位置。

②根据供油提前角大小，反转曲轴使活塞处于供油提前角位置（通过飞轮记号或飞轮齿数确定所需转动的角度）。

③按喷油泵的旋转方向，转动泵轴至第一缸开始供油。

④装上中间齿轮，转动曲轴，复查供油时刻。

⑤在正时齿轮上打上记号。

8. 齿形胶带的安装

（1）桑塔纳、捷达发动机齿形胶带的安装

转动曲轴使第一缸活塞位于上止点（飞轮上止点记号与机体记号对齐），转动凸轮轴使第一缸配气凸轮基圆对准挺柱（凸轮轴正时齿轮的标记与气门室罩平面对齐）。

将齿形胶带套在曲轴齿轮和中间轴齿轮上；曲轴三角皮带盘用一只螺栓固定；曲轴三角皮带盘上止点记号和中间轴齿轮上记号对齐；将齿形胶带套到凸轮轴正时齿轮上；转动张紧轮张紧齿形胶带（用拇指和食指捏住凸轮轴、中间齿轮中间处的齿形带刚好可以转90°）。

（2）富康发动机配气正时及齿形皮带张紧力的调整

装配齿形皮带时应注意曲轴正时齿轮和凸轮轴正时齿轮与齿形皮带的正时记号对齐，以保证发动机正确的配气相位。

用专用工具插入张紧轮的方孔内，并挂上重块，慢慢拧紧张紧轮锁紧螺帽，让齿形皮带张紧，再按规定力矩拧紧张紧轮。锁紧螺帽的拧紧力矩为 $23N \cdot m$，最后拆下齿形皮带张紧力调节专用工具。

9. 气门室罩的安装

在气门室罩与缸盖接合面上涂适量密封胶，将气门室罩安装在汽缸盖上，以 $6.37N \cdot m$ 力矩交叉拧紧气门室罩的螺钉。

10. 检查调整气门间隙

富康等发动机采用机械气门式配气机构，按规定检查调整气门间隙。调整时可以采用两次法，也可用逐缸调整法。

桑塔纳、捷达发动机配气机构采用液力挺杆。液压挺杆磨损后应更换新件。

11. 发动机前端 V 形皮带的安装与调整

按 V 形皮带安装顺序将 V 形带装在带轮上，调整 V 形带紧度。

调整步骤如下：松开紧固发电机及张紧板螺钉，调整、张紧 V 型带（用拇指以 $49N$ 力压下 V 型带检查，新 V 型带挠度约 $2mm$；旧 V 型带挠度约 $5mm$）。按规定力矩拧紧发电机与底座的固定螺钉。

12. 安装机油泵及油底壳

将第一缸活塞置于压缩上止点，装入机油泵（泵轴端分电器销槽与曲轴平行）。连接机油泵与缸体油管，在油底壳结合面上涂抹密封胶，安装油底壳，均匀拧紧油底壳固定螺栓。

13. 安装进、排气歧管

将进、排气歧管装在汽缸盖上，依次均匀拧紧螺栓。

14. 安装电器及发动机附件

最后安装分电器、火花塞、机油滤清器、水泵、发电机、汽油泵、空气滤清器、起动机以及供油系、润滑系、冷却系等外部附件和管线。

五、发动机的故障检修

汽车是一个复杂的机械系统，它由数千种的零件所构成。汽车发动机一般都采用往复活塞式内燃机，其结构复杂，工作条件恶劣，在长期使用过程处于各种的环境中承受着各种应力如外部的环境应力、内部功能应力和运动应力以及总成部件等由于结构和使用条件如道路气候使用强度行驶工况等不同，发动机技术状况参数将以不同强度发生变化或性能参数劣化，最终表现为声响异常，流体泄漏，温度过高，动力下降，油耗过大，工况突变，外观异常，机体振动等。发动机故障的维修水平在汽车修理中最为关键，因此，要有很高的维修技术和理论要求。

（一）发动机故障检测的意义

汽车是一个复杂的机械系统，它由数千种的零件所构成。发动机是汽车的动力源，是汽车的心脏。汽车的一些基本的技术性能都是直接或间接地与发动机的相关性能相联系，它产生的故障占全车的比例最高。在全车中约占 19.8% 单位里程的配件消耗。在全车中约占 75.6% 保修工时消耗。在全车所有维修中发动机的维修占首位。发动机故障的维修水平在汽车修理中最为重要，因此发动机综合性能的检测对整车性能的了解至关重要。

由于汽油喷射系统比起化油器来说，计量更精确、雾化燃油更精细、控制发动机工作更为灵敏，因此，在经济性、排放性、动力性上表现出明显的优势。人们的注意力越来越集中在汽油喷射系统上。所以燃油喷射系统故障的检测与维修越来越重要。电控技术在发动机上的应用愈来愈广泛，在带来新技术和提高汽车性能的同时使检查与维修更为复杂，所以对维修也有更高的要求。

（二）发动机故障产生的原因和主要表现

汽车发动机一般都采用往复活塞式内燃机，其结构复杂，工作条件恶劣，在长期使用过程处于各种的环境中承受着各种应力如外部的环境应力、内部功能应力和运动应力以及总成部件等由于结构和使用条件如道路气候使用强度行驶工况等不同，发动机技术状况参数将以不同强度发生变化或性能参数劣化，最终表现为声响异常，流体泄漏，温度过高，动力下降，油耗过大，工况突变，外观异常，机体振动等。

（三）发动机故障诊断技术

发动机故障诊断技术是在汽车不解体或不完全解体的前提下依靠先进的传感器技术与检测技术采集发动机的各种具有某些特征的动态信息并对这些信息进行各种分析和处理，区分识别并确认其异常表现预测其发展趋势，查明其产生的原因，发生部位和严重程度提出针对性的维修措施的处理方法并提供公正的科学的数据，主要对汽车的动力性安全性可靠性以及噪声污染排放等状况进行检测。

1. 外观症状

汽车发动机常见的主要故障表现以下方面：

①发动机敲缸以及内部出现异响。

②气门有漏气现象，气门出现异响。

③怠速运转不良。

④发动机不能启动，加速不良。

⑤机油压力异常，消耗异常。

⑥发动机过热或过冷，有漏水现象。

⑦发动机启动困难，发动机动力不足，怠速不稳。

⑧排气管出现噪声，有漏气现象。

其中柴油机和汽油机点火方式不同但故障和汽油几乎一样。不过它也有和汽油机不同的故障，例如，严重冒烟、工作粗暴、发生爆震甚至飞车等现象。

2. 发动机各系统对功率影响

①燃油供给系故障对发动机功率影响，油路常见故障是渗漏，不来油或来油不畅以及混合气过浓或过稀。

②冷却系故障对发动机功率影响，冷却失常与冷却系统漏水或风扇，水泵，散热器工作不良影响。

③润滑系故障对发动机功率影响，机油压力异常。

④点火系故障对发动机影响，火花塞点火异常。

⑤根据上述故障原因我们可以逐步进行判断和排除故障。

汽车发动机可分为：曲柄连杆机构、配气机构、燃料供给系、点火系统、润滑系、冷却系、启动系。可总结为两大机构，五大系统组成。

（四）曲柄连杆机构常见故障诊断与排除。

1. 发动机敲缸

（1）故障现象

发动机怠速时，汽缸上部出现有节奏的"铛，铛，铛"的敲击声。冷车时明显热车异响减弱或消失。断火后异响减弱或消失。

（2）原因分析

活塞与汽缸壁间隙过大，活塞销与连杆衬套装配过紧。连杆变形等。

（3）故障诊断与排除

用汽缸听诊器进行判断，分别进行排除，矫正连杆，间隙过大更换新的活塞。过紧可以修刮连杆衬套。

2. 活塞销异响

（1）故障现象

发动机怠速和中速时出现嗒、嗒的声随转速变化。发动机温度升高异响减弱。

（2）分析原因

活塞销与连杆衬套配合过松，与活塞销座孔配合过松。

（3）故障诊断与排除

用听诊器进行判断，调整活塞销与各部件的间隙，座孔松旷应与更换。

3. 连杆轴承异响

（1）故障现象

发动机突然加速时候出现铛铛的敲击声，单缸断火异响明显减弱。

（2）原因分析

连杆轴承盖螺栓松动，连杆轴承与轴颈磨损严重，轴承润滑不良导致轴承合金烧毁，脱落。连杆轴承与座孔配合松动。

（3）故障诊断与排除

用听诊器进行判断根据不同状况进行逐步判断排除。

4. 主轴承异响

（1）故障现象

发动机突然加速出现镗镗的声响，严重时机体振动。转速加大异响加大。

（2）原因分析

轴颈与轴承磨损导致间隙过大，主轴承盖螺栓松动，轴承润滑不良导致合金脱落。主轴承与座孔配合松动。

（3）故障诊断与排除

用听诊器听汽缸下部，根据上述状况进行诊断排除。

（五）配气机构常见故障诊断与排除

1. 化油器式燃料供给系常见故障诊断与排除

（1）故障现象

发动机怠速时有异响，发动机启动困难，进气管回火，排气管放炮、冒烟、油耗增加。配气机构出现异响。

（2）原因分析

机件磨损或调整不当，气门与气门座，气门导管配合不良，气门座材料选用不当受热松旷。气门弹簧过软或折断。发动机机油油面过高或过低，机油压力低，液压挺杆失效。

（3）故障诊断与排除

找出判断和排除故障方法，调整气门间隙，如果气门漏气应更换新的零件或维修。拆下气门室盖，检查排除气门脚和气门弹簧异响，如果气门座松脱应该换新的。如果弹簧折断应该更换新的。检查机油油质和油面高度是否正常。最后检查液压挺柱是否失效，如果失效应更换。

2. 不来油或来油不畅的诊断程序

油拆下化油器进油管，不打开点火开关，转动曲轴，观察出油状况。如果出油正常说明化油器故障（针阀打不开或进油滤网堵塞）如果出油不畅，用汽油泵手摇臂泵油，观察出油情况。如果出油正常说明汽油泵故障（驱动装置磨损或折断），如果出油不畅拆下汽油泵进油接头，并压低进油管，观察出油情况。如果出油正常说明汽油泵故障，如果出油不畅说明汽油泵至汽油箱期间堵塞或泄露。

3. 怠速不良的诊断程序

（1）无怠速情况

调整怠速如果怠速好转说明调整不当。如果仍无怠速检查化油器浮子室油面高度（油面过高或过低）如果正常分解检查化油器（化油器故障）。如果化油器无故障检查各缸工作情况。如果工作（化油器或进汽歧管不良）。如果个别缸不工作（不工作缸缺火或密封不良）。

（2）怠速不稳情况

检查化油器浮子室油面高度。如果不正常说明油面高度不正常或怠速调整不当。如果正常检查各缸工作情况，个别缸不工作（不工作的缸缺火或密封不良）。如果各缸正常进行急加速实验，听发动机工作声音。如果油突爆声说明点火过早，如果无突爆声分解检查化油器怠速装置（化油器故障）化油器无故障（化油器和进汽歧管等处有漏气或气门间隙失准）。

（六）电控燃油喷射系统故障诊断与排除

1. 发动机不能启动

按规定程序调取故障代码，如果有故障代码，按代码提示诊断。

无代码，检查高压火花，如果无火花或弱，点火故障。火花正常，发动机启动时有无着火征兆。如果无，检查燃油泵是否工作，不工作说明燃油泵或电路故障。

如果工作检查喷油器是否工作，如果不工作说明喷油器或电路故障。如果工作检查燃油系统压力不工作说明燃油泵，燃油压力调节器或汽油滤清器故障。正常汽缸压缩压力过低。如果有，检查空气滤清器滤芯。

如果脏污说明空气滤清器故障。正常，检查进气管有无漏气。如果漏气说明进气管漏气故障无漏气检查火花塞跳火情况。如果不正常火花塞故障。正常，检查怠速控制阀。不正常说明怠速控制阀或其电路故障。正常，检查空气流量和冷却液温度传感器。不正常说明空气流量和冷却液流量传感器故障。正常，发动机 ECU 故障。

2. 怠速不稳易熄火

（1）故障现象

发动机起动正常，但不论冷车或热车，怠速均不稳定，怠速转速过低、易熄火。

（2）故障原因

① 进气系统有漏气处。

② 燃油压力太低。

③ 空气滤清器堵塞。

④ 喷油器雾化不良、漏油或堵塞。

⑤ 怠速调整不当。

⑥ 怠速控制阀或旁通空气阀工作不良。

⑦ 对于直动节气门式怠速装置，节气门轴支承处或节气门周围过脏发卡。

⑧ 火花塞工作不良。

⑨ 空气流量计有故障。

⑩ 汽缸压缩压力过低、不均。

（3）故障诊断与排除

先进行故障自诊断，检查有无故障代码出现。如有，则按所显示的故障代码内容查找故障部位。对于直动节气门式怠速装置（如我国与大众合资生产的部分车型），必要时用解码器重新进行怠速设定。

检查进气系统各管路接头、各真空软管、排气再循环系统和燃油蒸气回收系统是否漏气。

检查怠速控制阀的工作是否正常。拔下怠速控制阀接线插头，如果发动机转速无变化，说明怠速控制阀或控制电路有故障，应检修电路、清洗插头、清洗或更换怠速控制阀。

怠速时逐个短路各缸高压线，检查发动机转速的下降值是否相等。如果某缸在短路高压线时，发动机转速基本不变，说明该缸工作不良或不工作，应检查该缸火花塞或喷油器是否有故障，喷油器控制电路是否正常，该缸压力是否过低。

仔细听各缸喷油器在怠速时工作的声音（用螺丝刀抵住喷油器外壳查听）。如果各缸喷油器工作声音有差异，说明各缸喷油量不相等，应清洗、拆检或更换喷油器。

检查各缸的高压火花。如某缸火花太弱或断火，应检测分火头、分电器盖、高压分线、点火器、发动机转速传感器及其连线、插头等。拆检各缸火花塞，检查电极是否烧蚀过甚或积碳，火花塞电极间隙是否正常。

检查燃油压力。怠速时的燃油压力应为 250kPa 左右，如燃油压力偏低，应检查油压调节器、电动汽油泵、汽油滤清器及电动汽油泵的进油滤网、连接管路等。

按规定的程序调整发动机怠速。检查翼片式或量芯式空气流量计是否卡滞，如不良，应清洁或更换。

（七）润滑系常见故障诊断与排除

1. 常见故障

主要有机油消耗过多、机油压力过高、机油压力过低、机油变质等。

2. 诊断与排除方法

机油压力过低时，观察机油压力表或报警指示灯，发现机油压力过低或为零时，应立即停车熄火。否则，会很快发生烧瓦抱轴等机械事故。

先拔出机油尺，检查油底壳内机油量及机油品质，若油量不足，应及时添加；若机油中含水或燃油时，应通过拆检，查出渗漏部位；若机油黏度过小，则应更换合适牌号的机油。

若机油量充足，再检查机油压力传感器的导线是否松脱。若连接良好，在发动机运转时，拧松机油压力传感器或主油道螺塞，若机油从连接螺纹孔处喷出有力，则为机油压力表或其传感器故障。若机油喷出无力，则应立即熄火，检查集滤器、机油泵、限压阀及粗滤器滤芯是否堵塞且旁通阀是否无法打开，各进出油管、油道及油培是否漏油。

若以上检查均正常，则应检查曲轴轴承、连杆轴承或凸轮轴轴承的间隙是否过大，间隙增大会直接影响机油压力。

机油压过高时，若发动机油压力过高，应熄火排除故障，否则容易冲裂机油滤清器盖或机油传感器。首先检查机油黏度是否过大，限压阀是否调整不当（弹簧是否过硬）；对于新装发动机，应检查主轴承、连杆轴承或凸轮轴轴承是否间隙过小。若机油压力突然增高，而未见其他异常现象，应检查机油压力传感器及导线是否有搭铁故障。接通点火开关，机油泵即有压力指示，则应检查机油压力表，传感器是否完好。

（八）冷却系常见故障诊断与排除

1. 冷却系异常

（1）故障原因

①百叶窗开度不足。

②风扇皮带太松或因油污面打滑。

③散热器出水管老化吸瘪或内壁脱层堵塞。

④冷却风扇装反，或风扇规格不对。

⑤电动风扇不转，或硅油风扇离合器损坏，使风扇不转或转速过低。

⑥节温器失效，使冷却液大循环受阻。

⑦水套水垢沉积过多，或分水管堵塞、分水不畅。

⑧散热器内芯管堵塞，或散热片倾倒过多。

⑨水泵损坏。

⑩气抽屉垫烧穿，或缸盖出现裂缝，使高温气体进入冷却系。

（2）其他系统的原因

①点火时间过迟。

②混合气过浓或过稀。

③燃烧室积炭过多。

④发动机机油量不足，或机油散热器工作不良。

⑤汽车使用条件的影响（如道路、气候、风向和负荷等）。

2. 故障诊断与排除方法

（1）先检查百叶窗是否开度不足，若开度足够，再检查风扇的转动情况及风扇皮带是否打滑。如风扇不转或转速太低，可调整风扇皮带松紧度，或检查硅油风扇离合器，或检查风扇电机及温控开关的好坏，若损坏则应更换新件。

（2）若风扇转动正常，再用手分别感觉散热器和发动机的温度，若散热器温度低，而发动机温度高，说明冷却液循环不良。应检查散热器出水胶管是否被吸瘪，或胶管内壁是否有脱层堵塞，若胶管被吸瘪应更换新管。

（3）如散热器出水良好，再拆松散热器进水管，起动发动机试验，冷却液应有力排出。否则，说明水泵或节温器有故障。或进一步拆下节温器试验，若散热器的进水管仍不排水，则说明水泵有故障；若拆下节温器后，散热器的进水管变得排水有力了，则故障就在节温器，应换用新件。

（4）检查散热器各部温度是否均匀。如果冷热不均，说明散热器内部芯管有堵塞或散热片倾倒过多。

（5）检查发动机各部温度是否均匀。如发动机的后端温度高于前端，则说明分水管已损坏或堵塞，应换用新件。

（6）若以上检查正常，在冷却液温度过高的同时，发动机动力明显下降，并从散热器的加水口处涌出高温气体或从排气管处排出水蒸汽，则检查汽缸垫是否烧坏。

（7）对于长期未清洗水垢的发动机，若出现过热无法排除时，应考虑水套内积垢太多，可采用化学溶剂法清洗水垢。

（8）还应检查是否由其他系统的原因引起过热。

（9）若发动机及冷却液温度正常，冷却液位也正常，而水温表指示水温过高，或水温过高报警灯点亮，则为水温表、报警灯电路或元件故障。

（九）柴油机燃料供给系常见故障诊断与排除

1. 常见故障

（1）发动机启动困难。

（2）发动机动力不足。

（3）发动机怠速不稳。

（4）排气烟色不正常。

（5）飞车现象。

2. 现象

柴油机在汽车运行中或自身空转中，尤其是全负荷或超负荷运转突然卸荷后，转速自动升高超过额定转速而失去控制，驾驶员抬起加速踏板后对转速的控制不起作用。

3. 原因

（1）供油拉杆（或齿杆）在其承孔、内因缺油、锈蚀、油腻等原因造成犯卡，使其在额定供油位置上回不来。

（2）调速器因飞球组件犯卡、锈污、松旷或解体等原因失去效能或效能不佳。

（3）供油拉杆（或齿杆）与飞球组件脱开。

（4）调速器内加机油过多或机油太黏稠，使飞球甩不开。

（5）机油池加机油太多或汽缸漏油严重，使汽缸额外进入燃料。

4. 诊断方法

柴油机飞车后，应采取紧急措施使发动机熄火。此时，若汽车在运行中，千万不要脱档或踩下离合器，应紧急制动直至发动机熄火。若汽车静止发动机空转，可采用关闭油箱开关、卸下柴油滤清器至喷油泵的管接头、用衣服和坐垫等物堵死进气管口、操纵减压手柄使汽缸处于减压状态等方法，使柴油机尽快停。柴油机和汽油机常见故障很相似则不重复说明。

第六章　船舶装配及运行

第一节　船舶概述

一、船舶种类和特点

（一）客船

根据 SOLAS 公约的规定，凡载客超过 12 人者均应视为客船，这类船舶通常多为定期定线航行。其特点是具有多层甲板（deck）的高大上层建筑，具有较好的抗沉性，且船速较高，有的还设有减摇装置。

按载客的性质不同，客船可分三类：

1. 全客船指专用于运送旅客及其所携带的行李和邮件的船舶，一般设计为"二舱或三舱不沉制"。

2. 客货船指在运送旅客的同时，还载运相当数量的货物，并以载客为主、载货为辅。

3. 货客船该种船舶以载货为主、载客为辅。

客货船与货客船在杭沉性方面一般以"一舱不沉制"为最低设计要求。

（二）集装箱船

集装箱船又称货柜船或货箱船。其特点是：

1. 货舱多为单层甲板，货舱开口宽大。

2. 为保证船体强度和提高抗扭强度，船体设计为双层底和双层壳舷侧结构，并在双层壳舷侧的顶部设置抗扭箱结构。

3. 同时为防止货箱移动和固定货箱，货舱内设有格栅式货架（箱格导轨系统，eellguide system）；其装卸效率高，货损货差少。

4. 此外，集装箱船的主机功率较大、航速较高，远洋高速集装箱船的方形系数小于0.6。

（三）散装船

散装船专用于装运散粮、矿石（ore）、煤炭（coal）等散装货物。货舱为单层甲板，舱口较宽大。这类船舶根据其所载货种和结构形式的不同，可分为以下几种：

1. 散货船

主要用于装运密度较小的散货，如散粮、煤、糖等，为单层或双层船壳结构。其特点是舱口田板高大，货舱横剖面成菱形，这样既可装满货舱，减少平舱工作，方便卸货，又可防止货物移动而危及船舶的稳性。货舱四角的三角形舱柜为压载舱，用于调节吃水和稳性高度。船型肥大，一般单向运输。

2. 矿砂船

矿砂船专用于载运散装矿石，为单向运输船。这种船由两道纵舱壁特整个装货区域分隔成中间舱和两槽边舱，在中间舱下部设置双层底。中间舱装载矿货，两侧边舱作压载舱。由于矿石的密度大，积载因素小，故所占舱容小，这样会使船舶的重心过低，在航行中产生剧烈摇摆。为提高重心高度，矿砂船的双层底设计得特别高，有的矿砂船货舱的横剖面设计成熨斗形，这样既可提高船舶的重心高度又便于清舱。同时，矿砂船货舱两侧的压载边舱也比散货船大得多。

矿砂船均为尾机型船，航速较低。为适应所载货物的特点，一般采用高强度钢，且内底板等构件均采取加厚的措施。

（四）混装船

这类船舶一般为既可装载油类又可装载散装干货，但不同时装载的船舶（存有油类的污油水舱例外），且为肥大船型，方形系数 C_b 一般大于 0.8。主要有两种类型：

1. 矿砂／石油两用船

矿砂／石油两用船又称 O/O 船，由两道纵舱壁将整个装货区域分隔成中间舱和左右两侧边舱，双层底设在中间舱下部且没有矿砂船那样高。船的全部或大部分中间舱用于装载矿货，或边舱和部分中间舱装载货油，即单运矿砂时装在中间舱；运油时则载于两侧边舱和部分中间舱。

2. 矿砂／散货／石油三用船

矿砂／散货／石油三用船又称 OBO 船，其货舱横剖面形状与散货船类似成菱形，但一般为双层船壳并具有双层底舱和上、下边舱。其中间舱的全部或大部分用来装载散货或矿石，两侧边舱、上边舱和部分中间舱用来装载货油，下边舱为压载舱。

（五）杂货船

杂货船即普通货船，主要用于装载一般干货，如成包、箱尾捆、桶的件杂货。通常是多层（2-3层）甲板结构，舱口尺寸较大以便于装卸，并配有吊杆或起重机。在抗沉性方面，一般设计成"一舱不沉制"。

（六）滚装船船

滚装船运输是将传统的船舶垂直上下装卸作业改成水平方向的滚动作业，有人又将其称作"带轮"作业。它是将集装箱固放在妊车底盘或车辆上作为一个货物单元进行装卸的，也可承运汽车。其船尾有一跳板可裕放在码头上，由拖车通过跳板把货箱拖至船内或由船内拖出。舱内设有活动斜坡道或升降机，

货箱通过它作上下层间的移动。为装卸作业的安全，跳板工作坡度应小于 8°，通常为 4°－5°，船舶横倾小于 4°，跳板对码头的负荷一般不超过 2-3t/m²。

滚装船上甲板子整无舷弧和梁拱，无起货设备。甲板层数多，舱内支柱极少，甲板为纵通甲板。这种船抗沉性较差，难以满足"一舱不沉制"的抗沉性要求，舱容利用率较低，造价也较高。但因其装卸效串高，对码头要求不高，故主要用于短途运输。

（七）木材船

木材船专用于装运各种木材，其货舱要求长而大、舱口大、舱内无支柱等障碍物。因甲板需装载木材，故甲板强度要求高，舷墙也较高，并在甲板的两舷舷侧设有立柱或立柱底脚，同时将起货机均安装于桅楼平台上。

（八）冷藏船

冷藏船是指专门运输肉类、水果、蛋晶之类易腐鲜贷的船舶。其特点是具有良好的隔热设施与制冷设备，货舱口较小，货舱甲板层数较多，船速较快而吨位较小。

（九）液货船

1. 油船

油船是指载运石油及石油产品的船舶。

（1）特点

①老式油船为单甲板、单层底结构，为防止油船因海损事故而污染海洋，新建中型以上抽船均采用双层底或双层船壳结构。

②甲板上无起货设备和大舱口，仅有几个圆形小舱口，并用油泵和管路装卸作业。

③油船一般采用纵骨架式结构，以保证纵向强度和减轻船体重量。

④为减少自由液面对稳性的影响和提高船舶的总纵强度，设有纵向水密舱壁，把油舱划分为并列的两列或三列货油舱（对 > L90m 的油船，要求在其货油舱区域内设置 2 道纵向连续的水密舱壁）。

⑤油船的 L/B 较小、B/d 及方形系数 Cb 较大，屑肥胖型船．干舷亦小。

⑥为使货油舱连接成一个整体，增加货舱容积和防火防爆，其机舱、锅炉舱均布置在船尾，为尾机型船。

⑦为防止油类的渗词和防火防爆，在货油舱的前后两端设置隔离空舱，亦有用泵舱、压载舱等兼作隔离空舱的。

⑧设置多道横舱壁和大型肋骨柜架，用以增加横向强度和适装不同品种的油类。

⑨设有专用压载舱或清洁压载舱，并设有污油水舱（sloptank）。

（2）油船设置专用压载舱的优缺点

①优点

A. 可从根本上解决含油压载水排放而引起的海洋污染问题。

B. 减轻货泊舱因装压载水而对舱内结构的腐蚀。

C. 提高了结构强度和抗沉性。

D. 可在装卸油的同时排出或灌入压载水，从而缩短了停港时间。

②缺点

A. 专用压载舱的设置减少厂泊船的有效载货舱容。

B. 船体重量及造价均有所增加。

2. 液化气船

液化气船有液化天然气船和液化石油气船两种：

（1）液化天然气船

液化天然气主要是甲烷，在常压下极低温（–165℃）冷冻才能使其液化，以便于运输。液舱要求有严格的隔热结构，要求能保证液舱恒定低温。常见的液舱形状有球形和矩形两种。

（2）液化石油气船

日前运输液化石油气的方法有三种：

①加压液化，可在常温下进行装卸，这种船叫全加压式液化石油气船，其货舱常为球形或圆柱形罐。

②冷冻液化，叫全冷冻式液化石油气船，其货舱可制成矩形，舱容利用率高，但需设置良好的隔热层。

③既加压又冷冻液化，叫半加压半冷冻式液化石油气船。

3. 液体化学品船

液体化学品多数为有毒、易燃、腐蚀性强的液体货物，品种繁多。因此，船舶多设计成具有许多较小的水密货舱，舱壁多用耐腐蚀的不锈钢制成，这种船为防止船底触破化学液体外溢而发生污染，设置双层底。有毒物品应装于中间一列货舱内，不可装在两舷舷侧的舱内，液货的装卸需要用由蒸汽带动的泵来进行。

（十）其他船舶

1. 工程船

工程船指从事港口、航道、梅洋、水利工程的船舶，主要有挖泥船、起重船、海洋调查船、敷缆船、航标船等。

2. 工作船

工作船指为航行船舶进行服务性或专业性工作的专用船舶。主要有拖船（tugboat）、供应船（supplyboat）、破冰船（icebreaker）、海难救助船（rescueship）、消防船（fireboat）、科学考察船等。

二、船舶结构

（一）主船体

主船体结构是指由上甲板、船底、舷侧及首尾等结构所组成的水密的空心结构，为了布置各种管系及分隔货物，用甲板和舱壁将整个主船体分成数个舱室以满足船舶营运的不同需要。

1. 船的前端称为船首，船的后端称为船尾，中间部分称为船中，船首的线性弯曲部分称为首舷，船尾的线性弯曲部分称为尾舷，经过船首、船尾，将船体分成左右对称两部分的直线叫首尾线或纵中线，在最大船宽处垂直于首尾线的方向叫正横。

2. 位于船首轮廓线向前倾斜的构件叫首柱。位于船尾轮廓线的构件叫尾柱。

3. 位于主船体最上层的首尾统长甲板叫上甲板，上甲板自船中向首尾逐渐翘起的垂直高度叫舷弧，上甲板以下的甲板统称为下（层）甲板，自上而下分别称为二甲板、三甲板等。

4. 位于船体最下层的部分称为船底，只有一层船底板的称为单底，有两层船底板的称为双层底。

5. 沿船长方向将船内空间分隔成若干舱室的竖壁称横舱壁，它通常是不透水的，称为水密横舱壁，其中最前端的水密横舱壁称为防撞舱壁，又称首尖舱舱壁。

6. 两侧直立部分叫舷侧，位于船底中心线的船底板叫平板龙骨，舷侧与船底交汇处的圆弧部分叫舭部，甲板在中间拱起的高度叫梁拱。

（二）上层建筑

在上层连续甲板上，由一舷伸至另一舷的或其侧壁板离舷侧板向内不大于船宽B（通常以符号B表示船宽）4%的围蔽建筑物，称为上层建筑，包括船首楼、桥楼和尾楼。其他的围蔽建筑物称为甲板室。

1. 首楼
位于船首部的上层建筑，称为船首楼。船首楼的长度一般为船长L（通常以符号L表示船长）10%左右。超过25%L的船首楼，称为长船首楼。船首楼一般只设一层；船首楼的作用是减小船首部上浪，改善船舶航行条件；首楼内的舱室可作为贮藏室等舱室。

2. 尾楼
位于船尾部的上层建筑，称为船尾楼。当船尾楼的长度超过25%L时，称为长尾楼。船尾楼的作用可减小船尾上浪，保护机舱，并可布置船员住舱及其他舱室。

3. 桥楼
位于船中部的上层建筑，称为桥楼。桥楼的长度大于15%L，且不小于本身高度6倍的桥楼，称为长桥楼。桥楼主要用来布置驾驶室和船员居住处所。

4. 甲板室

是指宽度与船宽相差较大的围蔽建筑物。对于大型船舶，由于甲板的面积大，布置船员房间等并不困难，在上甲板的中部或尾部可只设甲板室。因为甲板室两侧外面的甲板是露天的，所以有利于甲板上的操作和便于前后行走。

5. 上层建筑各层甲板

上层建筑各层甲板根据船舶种类、大小的不同，其层数及命名方法均有所不同。如有的船舶从上层建筑下部的第一层甲板向上按 A、B、C 等的方式命名各层甲板；有的船舶则按各层甲板的使用性质不同而命名，如罗经甲板、驾驶甲板、艇甲板、起居甲板等。

（三）舱室名称

1. 首尖舱与尾尖舱

主船体最前端尖削部位的舱室称为首尖舱，最后端的称为尾尖舱，首尾尖舱通常用作淡水舱或压载水舱。

2. 机舱

是安装主机、辅机、锅炉等设备的舱室。机舱在船中部的称为中机型船，又称三岛式船。在船尾部的称为尾机型船。在船中偏后的称为中尾机型船。

3. 货舱

是用于装载货物的舱室。货舱和机舱由垂直于首尾线的水密舱壁分隔而成。普通货船的货舱还常用下层甲板分隔成上下两部分，上边的称甲板间舱，下边的称为底舱。

4. 液舱

是指用来装载液体的舱室，如燃油、淡水、液货、压载水等。一般设在船的低处，有利于船舶稳定性。为了减少自由液面对稳定性的影响，其横向尺寸都较小，且对称于船舶纵向中心线布置。

（1）燃油舱

是供贮存主、辅机所用燃油的舱，一般都布置在双层底内，大型船舶也有将深舱作燃油舱使用的。

（2）滑油舱

一般为设在机舱下部的双层底内，为防止污染滑油，四周设有隔离空舱。

（3）淡水舱

饮用水、锅炉水舱的统称，生活用水一般靠近生活区下面的双层底内，也有布置在船首尾尖舱内的。炉水舱多在机舱下的双层底内，是为机舱专用的。

（4）污油水舱

供贮存污油用的舱，舱的位置较低，以利外溢、泄漏的污油自行流入舱内。

（5）压载舱

专供装载压载水用以调整吃水、纵横倾和重心用，双层底舱、船首尾尖舱、深舱、散货船的上下边舱、集装箱船与矿砂船的边舱等都可以作为压载水舱。

（6）深舱

为双层底以外的压载舱、船用水舱、货油舱（如植物油舱）及按闭杯试验法闪点不低于60℃的燃油舱等。深舱由船舶中纵剖面处设置的纵舱壁或制荡舱壁分隔为左右对称的舱室，以减小自由液面的影响。

（7）液货舱

有些杂货船设有1-2个装运液体货物的深舱。

5. 隔离空舱

用于隔开油舱与淡水舱、油船的货油舱与机舱的专用舱室。隔离空舱一般是一个仅有一个肋骨间距的狭窄空舱，又称干隔舱。

6. 锚链舱

位于锚机下方船首尖舱内、用钢板围起来的两个圆形或长方形的水密小舱，并与船舶中心线对称布置，底部设有排水孔。

7. 轴隧

中机型和中尾机型船，推进轴系要穿过机舱后的货舱，从机舱后壁至船尾尖舱之间设置的一个水密的结构，保护轴系不受损坏，并防止水从船尾轴管进入货舱内。

8. 舵机间

布置舵机动力的舱室，位于舵上方尾尖舱的顶部水密平台甲板上。

（四）配套设备

1. 应急消防泵舱

应布置在机舱（机器处所）外的钢质围壁舱室内，不允许有直接通道，并要求总吸头不超过4.5m。应急消防泵要求在最轻吃水线时能抽上水。

2. 陀螺罗经室

一般布置在摇摆中心附近。

3. 平行中体

指的是除首尾外的船体中部两舷舷侧接近平行。具有平行中体的船舶其优点是能较好利用舱容；施工方便；降低船舶造价。

4. 应急发电机室

按要求应与机舱分开，一般位于艇甲板上。

5. 氨制冷机室

不能设在机舱内，应有独立的制冷机室，并要求室壁气密；制冷机室设有两个出入口；室内有防毒面具供氨气泄露时人员使用；门向外开。空调室一般多位于艇甲板上。

6. 对于客船

规范要求在船员和旅客平时可能出入和使用的场所，都有两条尽可能远离独立的脱险通道通往艇甲板或露天甲板；客船一端不通的走廊长度不得超过13m；大型公用舱室（30m²左右）应设有两个出口通至其他舱室和走廊；

7. 每一个机器处所

每一个机器处所都应当有两个脱险通道；各层露天甲板之间都设有斜梯相通，一般布置方向是首尾向；在货舱内每一个货舱都有两个垂直梯子，梯口一般设在桅屋内。

第二节　船舶制造工艺流程

造船生产管理模式的演变由焊接代替铆接建造钢质船，造船生产经历了从传统造船向现代造船的演变，主要推动力是造船技术的发展。现代造船工艺是在综合采用先进制造技术和现代科学管理的条件下研究船舶建造过程及方法的一门应用科学，按照"壳舾涂一体化"造船理念。

造船工艺的主要任务是建立最佳的船舶生产工艺系统，包括船舶建造方案、制造方法和工艺流程、工艺装备、施工精度标准及检测方法，以及最大限度应用现代科学技术成果和扩大新技术应用。

现在，工艺学的概念本质已从狭义扩展到广义，从技术手段、原材料、信息、生产资源、计划控制系统到自然环境保护等，均在生产过程中有所体现。造船工艺已经成为缩短船舶建造周期、提高建造质量和降低建造成本，甚至是实现生产与社会、自然和谐发展的关键因素。

一、船体放样与号料

船体放样与号料，就是将设计部门设计的船体型线图、结构图，按1:1或其他一定比例进行放样展开，以求得船体结构的真实形状和实际尺寸，然后再将这些已经展开的零件，在钢板或型材上进行实尺号料。

船体放样与号料是一个技术性强、难度大、精度高的工种，它不仅是船体建造的首道程序，而且为船体建造的其他后续工作提供各种确切可靠的施工依据。所以从根本上说，船体的建造质量在很大程度上取决于放样与号料的工作质量。

（一）船体放样概述

根据设计图纸按一定比例进行船体型线和构件的放大工作，是船舶建造中的第一道工序。通过放样可以取得较光顺的船体型值及构件在船体上的正确位置、形状和尺寸，为号料、加工、装配等后续工序提供施工依据，并对放样过程中暴露出来的设计错误或不合理之处进行修正或改进。

（二）船体型线放样

船体表面是光顺的空间曲面。在设计的船体理论型线图上，是根据三面投影原理，用三组互相垂直的平行剖面（纵剖面、横剖面和水线面）与船体表面相交得到三组型线（纵剖线、横剖线和水线）绘制成三个投影图（纵剖线图、横剖线图和半宽水线图）来表示的。它们的投影关系和形状特征如表 6-2-1 所示。

表 6-2-1　型线图基本型线的投影特征

线型剖线 / 投影面	横剖线	水线	纵剖线	甲板线 中心线	甲板线 边线	斜剖线
中线面	直线	直线	曲线（实形）	曲线（实形）	曲线	曲线
基平面	直线	曲线（实形）	直线	直线	曲线	曲线
中站面	曲线（实形）	直线	直线	直线	曲线	直线

（三）船体结构线放样

1. 结构线放样

是依据设计的肋骨型线图、外板展开图和结构图提供的信息，绘出全部的结构理论线。结构放样包括横向构件线放样与纵向构件线放样。

横向构件线放样主要是肋骨型线放样。

纵向构件线放样就是在肋骨型线的基础上画出纵向构件与船体表面及各肋骨剖面相交线的投影。

2. 构件展开

指将那些在投影图上不能表示出真实形状的空间曲面实形求出，并摊开在平面上的过程。构件展开是为了绘制号料草图和样板，以便在平直的钢板上号料。

（四）样板与号料

1. 样板

样板是放样间根据类股型线图或构建展开图制作的。样板可以根据其用途不同分为不同的样板。

按其在生产中的用途可分为：号料样板、加工样板、装配样板等。

按其空间形状可分为：平面样板和立体样板。

按其材料不同可分为：木质样板、塑料样板、金属样板等。

2. 号料

号料是放样后的船体建造第二道工序，就是将放样展开后的船体构件的真实形状和尺寸通过样板、草图、光、电等不同的号料方法，实尺画在钢板上或型材上，为下道加工提供依据。

二、船体钢料加工

船体钢料加工通俗讲就是指将钢板和型材变成船体构件的工艺过程。钢料加工一般分为三大类：

（一）船体钢材预处理

对钢材表面进行预处理，消除应力。钢材的矫正包括钢板的矫正和型材的矫正。

1. 钢材的矫正

（1）钢板矫正

一般为机械方法，即采用多辊矫夹机、液压机、型钢矫直机等。从实践得知，钢板越厚，矫正越容易。

（2）型材的矫正

对于平直的型材构件应先在型材矫直机上矫直，再进行号料和切割。对于弯曲的型材构件，可以直接进行号料、切割和弯曲加工。

2. 钢材表面的清理与防护

钢材表面的清理与防护一般包括抛丸除锈法、化学除锈法、分段喷丸除锈法、带锈底漆法。

（二）船体构件的边缘加工

船体构件边缘加工一般可用机械切割法、化学切割法、物理切割法。

（三）船体构件的成形加工

船体构件的成形加工一般分为船体型材构件的成形加工和板材构件的成形加工。

1. 船体型材的成形加工

船体型材构件一般有肋骨、横梁、纵骨等。型材构件的成形加工有两种方法：冷弯成形和热弯成形，现在船厂一般用冷弯成形法。

2. 船体板材构件的成形加工

船体板材构件的成形主要方法有机械冷弯法和水火弯板发。现在船厂一般采用水火弯板法。

三、船体结构装配焊接

（一）船体部件装配焊接

又称小合拢，将加工后的钢板或型钢组合成板列、T型材、肋骨框架或船首尾柱等部件的过程，均在车间内装焊平台上进行。

（二）船体分段装配焊接

又称中合拢，它是由零、部件组装成的船体局部结构，此过程是造船的重要环节。船厂一般把船体分段分为底部立体分段、舷侧分段、甲板分段、舱壁分段以及艏艉立体分段等。

1. 船体底部立体分段装配

底部分段有两种形式：双底和单底，底部分段装配一般用正造法。

底部分段建造流程一般是胎架制造、底板焊接、在底板上画纵横构架线、纵横构件的装配（内底纵骨的装焊）、成形焊接、舾装件的装配、内底板的装焊、分段的检验、打磨与涂装。

2. 舷侧分段的装焊

舷侧分段有纵骨架式和横骨架势同时也分为单层和双层。现在船舶一般都是双层，舷侧分段都是采用侧造法，应为这样有利于胎架的制造。

舷侧分段的装焊流程一般是胎架的制造、舷侧外板的安装、画纵横构架线、纵横构架的安装、构架的焊接、舾装件的安装与焊接、检测与涂装。

3. 甲板分段的装焊

甲板分段一般由甲板板、横梁、强横梁、甲板纵骨、舱口围板等组成。甲板分段的装焊一般采用反造法。

甲板分段建造流程一般是胎架制造、甲板板铺设、画纵横构架线、纵横构架的安装、构架的焊接、舾装件的安装与焊接、检验与涂装。

4. 舱壁分段的装焊

舱壁分段通常是由舱壁板、扶强材、舱壁桁材等组成。舱壁形式一般有两种形式：平面舱壁和槽形舱壁，平面舱壁一般用于集装箱船，槽形舱壁一般用于散货船。舱壁分段的建造一般在平台或水平胎架上装配。

平面舱壁分段的建造流程一般是（胎架的制造）、铺板、平面舱壁的画线、余量的切割、构架的安装与焊接、检验与涂装。

槽形舱壁分段的建造流程一般是（胎架的制造）、铺板定位、焊接、舾装件的安装与焊接、检验与涂装。

5. 艏艉分段的装焊

艏艉分段的线型变化比较大，外板一般由曲面构成，且构件也比较多，建造起来比较麻烦。艏艉分段的建造一般以甲板为基准面，采用反造法。现在船舶的艏部一般都是球鼻艏形式，这样可以减少船舶在航行时的兴波阻力。下面简要介绍艏部的建造流程。

带球鼻艏的艏部建造流程一般是：胎架制造、平台板的定位、画构件线及切割平台板的余量、吊装肋板与中底桁（先装肋板再装中纵桁）、吊装艏柱板（底板）、焊接、舾装件的安装与焊接、安装外板及焊接、装焊吊板、画中心线及水平线、吊离胎架、焊接检验与涂装、密性测试。

（三）船体总装

总段是由若干平面分段、曲面分段和立体分段组成，船体总段大体上可以分四大段：艏、舯、艉、上层建筑。

船体的总装一般是在船台上进行，船台的类型有纵向倾斜船台、水平船台、半坞式船台。

船体合拢是一项比较烦琐的事，且要求的精度比较高，合拢前的准备工作一般分为船台准备与船体准备，最后在进行船台合拢。

船台的准备工序包括画船台中心线、画船台半宽线、画船台肋骨检验线、画船台肋骨检验线。

船体上的准备工作包括画出总段的船台定位线和对和线、船台装配临时支撑的设置、安装吊环。

最后把总段（分段）吊上船台进行合拢，其工序是基准分段的定位、相邻底部分段的船台装配、舱壁分段的船台装配、舷侧分段的船台装配、甲板分段的船台装配、艏艉分（总）段的船台装配上层建筑的船台安装、焊接、船台舾装与涂装、竣工测量。

（四）密性试验

密性试验试验的目的是检查船体结构防止水、石油产品等液态物质渗漏或气态物质溢漏的能力。通过试验消除缺陷，以保证船舶航行和营运安全。密性试验的种类有：水压试验、冲水试验、气压试验、充气试验、煤油试验、冲油试验。

1. 水压试验

即逐舱灌水并在船外观察焊缝处有无渗漏现象。其中加灌水称为"压水"，不加压称为"摆水"。其中的技术要求是：

1. 实验时，一般将水灌至所规定的高度，15min后，在该压头下检测有关结构和焊缝，不应有变形和渗漏现象。

2. 当外界气温低于零摄氏度时，则采取加热措施，使试验介质温度保持在5℃。水压试验的合格标准为受试舱室外面焊缝无水滴、水珠、水迹及冒水等现象。

2. 冲水试验

即在板缝一侧冲水，在另一侧观察焊缝处有无渗漏现象。冲水技术要求：

（1）冲水试验在喷水出口处的压力至少为0.2MPa，喷头至实验部位的距离为1.5m。

（2）当外界气温低于 0℃时，可用热水进行冲水试验。

（3）垂直焊缝应自上而下冲水。

（4）试验部位焊缝的检查必须保持干燥，严禁用水沾湿。

冲水试验主要用于水密门和窗、舱盖、舷侧板、甲板、轴隧、舱壁、甲板室顶的露天部分和外围壁等水密结构。

3. 气压试验

即密封试验舱并充一定压力的压缩空气，在焊缝的另一面涂泡沫剂，观察有无渗漏起泡现象。技术要求：

（1）气压试验的压力应不小于 0.02MPa，但不大于 0.03MPa。试验时一般充气到 0.02MPa，持续 15min 再检查。

（2）压力有无明显下降后在将舱内气压将至 0.014MPa，然后，喷涂或刷涂肥皂水进行渗漏检查。

（3）气压试验的标准为舱内空气压力保持 15min 后，其压力不下降不超过 5%，焊缝检查面上的肥皂液没有气泡产生。

4. 充气试验

在焊缝一侧充气，在另一侧涂上肥皂液，若发现起泡，即表明焊缝存在缺陷。我国 ZG 规范规定：充气试验的气压不低于 0.4-0.5MPa，气流直冲焊缝，空气软管末端有喷嘴，喷嘴离焊缝间隙不超过 100mm。技术条件：

（1）充气前用测压表进行检查压缩空气管内气压，必须 ≥ 0.5MPa。

（2）充气时，喷嘴距焊缝 50-100mm，喷嘴必须反复来回 5 次以上，逐段充气，反面涂肥皂液检查，充气与肥皂液协调一致，仔细检查焊缝上是否有气泡产生，起泡处做标记，便于修正。

（3）肥皂液有适宜浓度，一般在 20℃时，肥皂液表 0.0004N/cm；如气温低与零度，采取防冻措施，才可以进行充气。

5. 煤油试验

煤油试验，即在焊缝的一侧先涂上白粉，然后在另一侧涂上煤油，过一段时间后观察有无油渍。技术条件：

（1）试验前，焊缝反面涂上宽度 40-50mm 的白粉溶液，待干燥后检查。

（2）船体结构煤油试验的作用时间如表 6-2-2 的规定。

表 6-2-2　煤油试验持续时间

焊缝厚度 /mm	温度在零度以上是煤油试验持续时间 /min			
	水平焊缝		垂直焊缝	
	水密	油密	水密	油密
≤ 6	20	40	30	60
7—12	30	60	45	80
13—25	45	80	60	100
> 25	60	100	90	120

（3）焊缝厚度在 6mm 以下，应在涂煤油后立即检查，并按规定时间进行第二次检查；焊缝厚度在 6mm 以上，就在涂煤油 10min 后立即第一次检查，并按规定时间进行第二次检查。

（4）在白粉层上不出现煤油痕迹为合格。

6. 冲油（油雾）试验

冲油试验又称油雾密性试验，是用煤油和压缩空气通过喷雾装置产生油雾进行工作的，因为煤油的渗透力远比水和气雾强，所以可以像冲水试验那样进行，应用分段建造中；技术要求：

（1）焊缝冲油密性试验所用煤油必须过滤，煤油杂质。

（2）焊缝在试验前必须除去水渍、油漆、焊渣及其他覆盖物。

（3）喷油嘴口径大于 16mm，喷油嘴离焊缝距离 50—100mm，喷嘴的移动速度 5—10m/min。

（4）管路中的压缩空气压力不小于 0.3MPa。

（5）喷油后 3—5min 或 10—15min，在焊缝另一侧检查有无渗漏现象。

四、船舶下水的方式

船舶下水通俗地讲就是将船舶从建造区移入水域的工艺过程。通常的方法有重力式下水、漂浮式下水、机械化下水。

表 6-2-3　下水方法的分类

下水原理	入水方法	下水设施
重力式	纵向下水	涂油滑道、钢珠滑道
	横向下水	涂油滑道、橡木滑道
漂浮式	垂直浮升	造船坞、注水式船坞、浮船坞

续 表

下水原理	入水方法	下水设施
牵引式	纵向下水	纵向船排滑道、纵向两支点滑道、纵向斜架滑道
		摇架纵向滑道、变坡横移滑道、变坡转盘纵向滑道
	横向下水	横向高低轨滑道、横向高低腿滑道
		横向梳式滑道、横向斜架滑道
	垂直下水	升船机、起重机

在水下作业阶段对生产管理的要求:

(一)船舶下水主要是安全保障

包括数据测算、潮汐情况、设备检查、下水作业的调度与组织。

(二)调试工事的组织

过去系统和设备的调试是由生产车间承担的,但随着船舶建造数量的增加,特别是设备机电一体化程度的提高,调试工事的重要性日益显现出来。在划分安装与调试工作界面及责任的基础上,船厂已成立专门的调试队伍,按专业统一组织安排调试工事,包括对设备服务商的配合项目。

五、船舶码头舾装

舾装码头等级划分主要根据设计代表船型和载重吨位,共划分为四个等级,以确定舾装码头工艺设计参数的取用和结构安全度设计标准,如表6-2-4。

表6-2-4 载重量的分布

舾装码头等级	船舶载重量
Ⅰ级	6万吨以上
Ⅱ级	1万吨至6万吨
Ⅲ级	3千吨以上至1万吨
Ⅳ级	3千吨以下

(一)工艺设计

舾装码头位置的一般规定:

1.舾装码头位置应根据建设规模和设计船型,按照深水深用的原则,合理利用岸线资源,适当的留有发展余地,并应进行多方案比选。

2.舾装码头的位置及设计应符合地方的有关规定(如航道规划线、岸线规划线以及防汛要求等)。

3. 在舾装码头新建、改建、扩建时要遵照国家颁发的有关环境保护等规定，采取防止对环境污染的措施和改善工人的劳动条件。

4. 在舾装码头新建、改建、扩建时，应妥善处理和协调相邻企业码头之间的关系。并充分利用原有设施，避免重复建设和互相之间的干扰。

5. 拟建舾装码头所在地的天然水深应适当，不宜在地形、地质变化大和水深过深以及水文条件复杂的地段建造舾装码头，也不宜在水深太浅而使疏浚和维护挖泥量多大的场所。

6. 舾装码头前沿水域应有足够的面积。港口水域宜选在有天然掩护，浪流作用小、泥沙运力较弱的地区。舾装码头舾装工艺、生产及管理要求有条件时，应留有一定的发展余地。

7. 大型舾装码头位置宜选在水域的深槽处，但须对深槽的稳定性，进行充分论证后确定。

8. 拟选舾装码头位置应充分考虑码头工程与泥沙运动间的相互影响，避免舾装码头处严重淤积和海岸或河岸的剧烈演变。当不可避免时，应采取相应的工程措施，并须进行充分论证后确定。

9. 码头前沿停泊水域宽度

（1）当码头前沿停靠单排设计代表船型时，其码头前沿停泊水域宽度为2倍设计代表船型的船宽。

（2）当码头前沿需要停靠双排设计代表船型时，其码头前沿停泊水域宽度为3倍设计代表船型的船宽。

10. 当舾装码头处需要设置船舶回旋水域

船舶回旋水域应设置在进出口处或方便船舶靠离码头的地点。其尺度应考虑当地风、浪、水流等条件和港作拖船配备、定位标志等因素。船舶回旋水域平面尺度可按表确定。回旋水域的设计水深可取航道设计水深。

船舶回旋水域尺度表

适用范围	回旋圆直径（m）
有掩护的水域，港作拖船条件较好，可借岸标定位	2.0L
无掩护的开敞水域或缺乏港作拖船的港口	2.5L
允许借码头或转头墩协助转头的水域	1.5L
受水流影响较大的港口，垂直水流方向的回旋水域宽度为（1.5–2.0L）； 沿水流方向的长度为（2.5–3.0L）	

注：L为设计船型长。

（二）工艺布置

1. 舾装码头工艺布置内容主要

包括起重设备、登船塔、系船柱、防撞设施、扶梯、长度标志、水尺标志，公用设施及防水闸门。

2. 工艺布置要求

（1）起重设备的选型应满足船舶舾装工艺吊装要求，当舾装码头双排停靠时，起重设备的副钩应满足外档船舶靠岸舷侧的吊装要求。

（2）轨道式起重机的布置应以尽量减少起重设备的吊幅损失为原则，同时要考虑公用设施，登船塔及系船柱等的布置，其临水域一侧轨道距码头前沿线的距离一般为 2.5-5.0m。

（3）当采用轨道式起重机时，应在舾装码头适当的位置设置检修和防风锚碇设施。

（4）在水位差大的地区，对于停靠 3000t 以下的船舶，舾装码头前沿应设扶梯，扶梯间距不宜超过 100m。

（5）对于停靠 60000t 级以上的船舶，舾装码头前沿宜设置登船塔。

（6）系船柱布置在舾装码头面上，其中心位置距舾装码头前沿线 0.8-1.2m，间距为 15-25m。

（7）在有台风地区，当风力大于九级时，一般要求船舶驶离码头，到避风锚地锚泊。但舾装码头后沿应布置加强系船柱，以备大风突然袭击，船舶不能及时驶离码头时使用，加强系船柱间距为 30-60m。加强系船柱的系船力一般可按 2 倍普通系船柱系船力考虑。

（8）舾装码头临水侧须设置防撞设施。当采用高桩码头结构时，防撞设施按每个排架设置。当采用重力式或沉箱式码头结构时，防撞设施布置间距为 5-10m。当采用鼓型橡胶护舷（其他类似鼓型橡胶护舷）时，其布置间距为 0.1L（L 为设计代表船型的船长）。

（9）沿舾装码头护轮坎内侧可设置舾装码头长度标志。

（10）在舾装码头临水侧的两端宜设置醒目的水尺标志。

六、船舶试验与交船

1. 试验

（1）主机码头试车。

（2）发电机组的试验。

（3）舵机的检查与试验。

（4）起锚设备试验。

（5）其他试验。

（6）船舶试航。

2. 交船

（1）不完善项目。

（2）备件清单。

（3）交船日期。

（4）交船文件。

（5）交船前会议。

（6）交船仪式。

（7）保证期。

第三节　船舶主柴油机的安装

柴油机的质量除取决于设计、材料和制造工艺外，更重要的是取决于装配或安装与校中质量，并直接影响柴油机的可靠性与经济性。

本节主要介绍作为船舶主机的大型低速柴油机主要零部件在船上的安装与校中，主要包括机座的定位与安装；机架、汽缸体和贯穿螺栓的安装；固定件相互位置的校中；活塞运动部件的平台检验；运动件与固定件相互位置的校中等；这部分内容对轮机员日常检修、故障分析和驻厂的监修与监造均很重要，是必不可少的安装工艺知识。

通常，在主柴油机定位安装前，船体建造应完成船舶主甲板以下，机舱至船尾的船体结构的焊装工作；船舶主甲板以下，机舱至船尾所有舱室的试水工作；船体基线测量并应符合规定的技术要求；机舱至船尾范围内的较大设备均已吊装完毕。

一、机座（Bedplate）的安装

机座是整台柴油机的安装基础，机座的定位与安装十分重要，其质量不仅直接影响整台柴油机的质量和可靠运转，而且直接影响船舶推进系统的质量和可靠性。所以，机座的定位与安装是柴油机在船上安装的关键。

（一）机座定位的技术要求

1. 机座在机舱中位置的确定

机座在机舱中的位置是根据轴系校中方法和轴系两端轴的安装顺序来确定的。轴系按合理校中安装时，以曲轴与轴系连接法兰上的偏中值定位。轴系按直线校中安装时，机座定位依两端轴安装顺序不同有两种方法：先装尾轴后装主机时，以曲轴和轴系连接法兰上的偏中值定位；先装主机后装尾轴时，以轴系理论中心线定位。

（1）轴系按合理校中安装

船舶建造时，在船台上安装尾轴管装置、尾轴和螺旋桨后，一般在船舶下水后定位主机机座，按轴系合理校中计算书中计算出的轴系第一节中间轴首法兰与曲轴输出端法兰偏中值定位。允许误差：偏移值 δ 不大于 $\pm 0.1\text{mm}$；曲折值 ϕ 不大于 $\pm 0.1\text{mm/m}$ 或开口值 S 不大于 10–4D（D 为法兰外径，mm）。

（2）轴系按直线校中安装

① 船舶建造时，在船台上先安装尾轴管装置、尾轴和螺旋桨及中间轴，在船台上或船下水后安装主机、以轴系第一节中间轴首法兰与曲轴输出端法兰的偏中值：偏移值 $\delta \leqslant 0.10\text{mm}$、曲折值 $\varphi \leqslant 0.15\text{mm/m}$ 定位机座。

② 在船台上先安装主机，后安装尾轴等。主机机座按轴系理论中心线定位，机座首、尾位置（轴向）依照机舱布置图确定，即以机座上曲轴首（尾）法兰或机座某个地脚螺栓孔相对于船体某号肋位的距离来确定；高低、左右位置依轴系理论中心线确定。

为了保证轴系准确安装，要求所加工制造的中间轴有一节中间轴的长度由安装实测尺寸确定。

2. 机座上平面的平面度应符合要求

机座定位安装必须保证机座上平面的平直，以保证机架、汽缸体安装的正确。要求机座地脚螺栓均匀上紧后，机座上平面的平面度应与台架安装时平面度基本相符，或横向直线度应不大于 0.05mm/m，纵向直线度应不大于 0.03mm/m，机座全平面内平面度应不大于 0.10mm。

3. 曲轴臂距差应符合要求

机座定位并用地脚螺栓紧固安装后，要求曲轴臂距差满足以下近似公式，臂距差计算值 Δ：

$$\Delta = S/10000\text{mm}$$

式中：S—活塞行程，mm。

用作船舶主机的大型低速柴油整机吊装到船上时，其定位要求与上述相同，只是不需检验机座上平面的平面度。大型机整机吊运安装是一项重大的操作工艺，必须作好充分准备、慎重实施，不得有丝毫失误，否则将会造成重大事故。其主要准备工作有：

（1）准确测定主机外形尺寸

根据主机长、宽尺寸确定机舱上方开口尺寸，拆除主机上或机舱开口附近的有碍吊运的部件或附件，确定起重设备的跨度等。

（2）准确核算整机质量

依主机质量确定起重设备的起吊能力及核算要求吊运幅度下的能力，核算钢丝绳的直径、负荷及安全系数，以确保吊运安全可靠。

（3）准确核算主机重心位置

依此确定吊钩与主机相对位置及吊运时主机在前后、左右方向上允许的最大倾斜角度等。

（4）制作合适的吊运工具，一般可制作箱式梁作为起吊横梁。

（5）必要时进行整机吊装模拟，即按比例制作模型进行吊装，以发现可能发生的问题。

实际吊装时，开始起吊应缓慢提升主机，离地面 100mm 左右时稳定数分钟，如无异常继续提升，直至主机正确落座底座临时支承上，然后进行主机定位与安装。

（二）机座定位前的准备工作

机座安装固定在底座（基座）上，底座一般位于船体双层底上。机座在定位前应完成底座的准备工作。

底座的结构形式很多，随柴油机机座机构不同而异。中、小型柴油机机座底部有凸起的油底壳，常用型钢与钢板焊制底座，将其焊装在船体双层底上以支承机座。若船体无双层底结构，则底座直接焊装在船体底部。大型柴油机机座底部为平面时不需另制底座，船体双层底为加厚钢板，机座直接定位安装其上。目前，有的大型柴油机机座底部亦有凸起的油底壳结构，为此船体建造时将底座与双层底焊成一体，以简化底座。

1. 底座位置的确定

底座位置是以轴系理论中心线为基准焊装在双层底上，其首尾方向位置按底座支承面端部至机舱隔舱壁的距离而定，允许偏差为 ±10mm。底座焊装后应对其位置进行检验：通过机舱前、后隔舱壁上的轴系理论中心线的基准点拉钢丝线，钢丝线在底座平面上垂直投影线为检验底座位置的基准。在底座平面上划出底座对称中线，测量其与投影线之间的距离 Δ 即为底座位置偏差值，允许偏差不大于 ±5mm。

底座应具有合适的高度，以保证机座垫块厚度符合要求。底座面板（或支承平面）至轴系理论中心线之距 H 与主机中心高 h（即曲轴中心线至机座底面之距离）之差等于机座垫块厚度。底座高度过大或过小直接影响垫块厚薄。

2. 机座垫块

机座垫块分为固定垫块和活动垫块。船用主机常采用钢质或铸铁矩形垫块、环氧垫块。船用副机或辅机除上述两种垫块外还采用弹性支承。

（1）固定垫块

一般为锻钢，厚度为 12-16mm，加工成具有 1∶100 的斜度，焊装于底座面板上或双层底上。

（2）活动垫块

一般多选用铸铁材料，最小厚度不小于 20mm；钢质活动垫块的最小厚度不小于 12mm。

（3）环氧垫块

以环氧树脂为主要成分的环氧垫块材料具有室温下黏度低、流动性好；浇注后不沉淀、不分层，材质均匀；耐油、耐海水、不腐蚀；性能稳定和机械性能良好等特点。

环氧垫块在安装和使用中应注意以下几点：

①环氧块垫可承受的持续温度不超过 75℃。

②环氧垫块的厚度在 15-50mm 之间，较适宜厚度为 25-35mm。

③环氧垫块的重量载荷（主机重量）应小于 0.7MPa，较适宜的重量载荷为 0.4-0.5MPa。重量载荷与螺栓预紧力之和应小于 3.5MPa。

④环氧垫块面积一般应大于 $130cm^2$，其边长一般应在 10–60cm 之间。

⑤环氧垫块所接触的表面应清洁，无油垢、锈斑和水分等。

⑥环氧垫块所接触的表面均应预先喷涂脱模剂，以便于垫块的更换。

3. 确定固定垫块和地脚螺栓孔位置

按照机座垫块和地脚螺栓布置图划出垫块位置和各螺栓孔中心位置。由于要求精度高，而机座尺寸大，难以保证。为此可采用机座样板直接在底座支承面上划线，精度高，效率也高。

4. 底座支承面的加工

固定垫块按照确定的位置焊装在底座面板上。底座支承面必须平整，保证与活动垫块紧密接触，较好地承受主机的重量和作用力。为此应对底座支承面或固定垫块上平面进行加工，具体技术要求：

（1）底座支承面或固定垫块上平面应平整，用平尺和塞尺检测，0.05mm 塞尺不应插进。

（2）底座支承面或固定垫块上平面应沿横向加工成自里向外倾斜的平面，倾斜度为 1：100，以便于拆装。

（3）加工平面粗糙度为 Ra25–Ra6.3μm。

采用风砂轮和平板研磨等手工加工，亦可采用专用铣削设备加工。活动垫块应与主机机座底平面和固定垫块上平面研配，以保证它们的紧密接触。

根据具体要求在活动垫块、固定垫块及底座上钻或钻、铰地脚螺栓孔。

（三）机座的校中（或找正）

实现机座定位的技术要求，准确确定主机的位置。机座校中工艺是在底座准备就绪和在底座上安装好临时支承后进行。即按照轴系理论中心线调整好机座在机舱中的位置，保证曲轴中心线在轴系理论中心线上。

机座连同曲轴一起吊运机舱放置在可调临时支承上，并在机座首尾和左右两侧安装调位工具。通过调节机座下面的可调支承调节机座的高低位置，用首尾、左右水平调位工具调节机座的前后、左右位置。

小型柴油机多采用调节螺钉作为调位工具，大、中型柴油机的重量和尺寸均很大，多采用专用楔形调位工具。

1. 轴系按合理校中安装

当轴系已经按轴系合理校中计算书中各对法兰上的偏中值安装后，通过调节机座位置使曲轴输出端法兰与第一节中间轴首法兰的偏中值符合校中计算书中确定的数值，误差在允许范围之内，机座位置准确定位。

2. 轴系按直线校中安装

（1）轴系已安装完毕

轴系按直线校中方法安装后，调节机座的位置，使曲轴输出端法兰与第一节中间轴首法兰的偏中值符合规定值，从而使机座在机舱中的位置准确定位。

（2）轴系未装，先安装主机

机座校中时，首先按照机舱布置图的要求，调节机座首、尾端调位工具，使机座在纵向位置准确定位。然后以轴系理论中心线为基准调定机座在高低、左右的位置。可采用光学仪器进行校中。

①双投射仪校中法

在机座曲轴首、尾法兰上分别安装投射仪。

第一步，校准投射仪位置，采用逼近法逐步使投射仪投射光束成为曲轴中心线的延长线。

第二步，调节可调支承与左右调位工具使两投射仪光束十字线分别与机舱前、后隔舱壁上的基准点重合，即光束与轴系理论中心线重合，也就是曲轴中心线与轴系理论中心线重合。机座位置准确定位。

② 单投射仪校中法

在曲轴尾端法兰支架上安装投射仪。

第一步，校准投射仪位置。调节支架位置使投射仪光束在曲轴中心线延长线上。

第二步，在机舱后隔舱壁和尾轴管后方分别设置光靶，以光靶十字线为基准点（在轴系理论中心线上）。调节机座可调支承和左右调位工具使投射仪光束十字线分别与两个光靶十字线重合，则曲轴中心线与轴系理论中心线重合，机座位置得以准确定位。

3. 机座上平面的平面度检验

要求横向直线度 ≤ 0.05mm/m，纵向直线度 ≤ 0.03mm/m，机座全平面内平面度 ≤ 0.10mm。

为了消除机座变形，保证上平面平直，应对机座上平面的平面度进行复验。在船上常采用拉线法、光学仪器法检验。

（1）拉线法

在机座四角安装 4 个拉线架，调节使之等高，用 0.30–0.50mm 钢丝拉两条纵向平行线并挂重使其张紧。用内径千分尺测量机座上平面选定的各测量点至钢丝之距离，以检验机座上平面左右的平直度。同样，拉两条对角线，检查机座上平面有无翘曲变形，测量值应与台架测量值接近。

测量时应注意以下几点：

①为减少温度影响，应在夜间、清晨或阴雨天测量。

②测量交叉钢丝线时，应在两线互不接触的情况下进行，以免影响测量精度。

③为消除钢丝下垂影响应对测量值进行修正。依下式计算钢丝上第 i 测量点的下垂量 Y_i：

$$Y_i = \rho \cdot X_i (L - X_i) / 2T \text{mm}$$

式中：ρ——钢丝单位长度的质量，g/m（直径 0.3mm，$\rho = 0.56$g/m；0.50mm，$\rho = 1.54$g/

m）；

T—挂重质量，kg。

机座上平面第 i 个测量点实际变形量 Zi 可按下式计算，则机座上平面平面度可知。

$$Z_i = H - Y_i - W_i mm$$

式中：H—拉线架处钢丝端点至机座上平面的距离，mm；

W_i—第 i 测量点钢丝至上平面的实际距离，mm。

经修正后的机座上平面的平面度误差如不符合要求，可调节临时支承予以调整。机座上平面应完全平直，或在误差范围内略有上拱变形，但不允许下塌变形。

（2）光学仪器法

目前，检查机座上平面的平面度大多采用扫描光学直角仪。它是由准直望远镜和平面扫描仪组成。准直望远镜 1 装于直角仪的可调三角架 2 中。直角仪下面的扫描仪 3 可在平面内 3600 转动。通过五棱镜 4 可在准直望远镜中观察到光靶 6 的十字线与准直望远镜中十字线的偏差和读数。

检验时，调节扫描光学直角仪三角架的调节螺钉 5，使扫描仪 3 的轴线与机座上 3 个等高基准光靶中心十字线对准，即建立一个高精度基准平面。移动光靶至上平面上的各测量点，测量各点与基准平面的偏差，即测得机座上平面的平面度。

4. 测量曲轴臂距差

曲轴臂距差是衡量机座定位安装质量的重要参数。机座定位后应测量曲轴臂差并应在允许值内。

（四）机座的固定

主机机座在船上校中定位后应将机座、活动垫块、固定垫块、底座用螺栓牢固的连接在一起。机座牢固的固定以抵抗主机运转时剧烈振动、船舶航行中的猛烈摇摆和防止机座位移。此种刚性连接方式结构简单、安装方便、工作可靠，但是劳动强度大、效率低。

1. 活动垫块尺寸的测定

主机机座校中定位后仍落座在可调临时支承上，此时机座底面与固定垫块之间的距离即是垫块的实际厚度。采用内卡钳测量固定垫块四角至机座底面的尺寸即活动垫块四角厚度尺寸。亦可用专用测量工具准确测量。

2. 垫片的修磨

要求塞尺 0.05mm 塞尺插不进（未上紧地脚螺栓前）；沾点 $25 \times 25 mm^2$ 多于 2-3 点。

3. 钻孔

主机机座上非紧配地脚螺栓孔可用风钻通过机座上的孔直接在活动垫块、固定垫块和底座上钻孔，钻孔前，用点焊将活动垫块位置固定，如预先在固定垫块和底座上钻孔则是依照划线和样板确定的位置。对紧配螺栓孔可用手铰刀或机铰刀铰孔。

4. 机座的固紧

用液压拉伸器固紧,有顺序要求。上紧后用小锤敲击检查上紧程度,以声音清脆为合格。

(五)机座的检修

机座常出现的问题有机座变形、垫片松动、地脚螺栓松动和变形。

1. 机座变形

船体变形是主要原因,还包括安装基础不良或机座垫块接触不良、机座自身刚度差等。

2. 柴油机振动和船舶摇摆

会导致地脚螺栓变形、松动或断裂,也会使垫片松动,最后导致机座发生移动。

3. 地脚螺栓

定期检查松动情况,用小铁锤敲击地脚螺栓,若声音不清脆、有浊音,说明螺栓已松动,必须及时固紧。

二、机架、汽缸体和贯穿螺栓的安装

柴油机经台架校中安装后,固定件之间的相对位置已准确定位。一般均在机座、机架、汽缸体等结合面上分别钻、铰定位销孔和安装定位销,以便固定件在船上迅速安装。只要销、孔对准安装上,便完成了固定件的组装。除此种安装方法外,目前船厂还采用台架安装时的定位方法对机架、汽缸体的定位进行复验,以确保定位的准确性。

(一)机架的安装

1. 机架的定位

机架在机座上纵向定位是利用机座首端或尾端端面上的定位基准块:机架上对应端面与基准块紧贴,0.05mm塞尺插不进。

机架横向定位采用拉线法。在机架首、尾两端导板中央分别拉铅垂钢丝线。测量机座上平面上的机架左、右两侧面距钢丝线的距离,并使之相等,即 $a = b$,则机架横向准确定位。

2. 机架的安装要求

机架安装时,要求机架下平面与机座上平面应紧密接触,用0.05mm塞尺检查应插不进;局部用0.10mm塞尺检查插入深度不大于30mm;0.15mm塞尺插不进。可在结合面上涂抹密封胶使接触紧密。机架安装后其上平面的平面度误差不大于0.04mm。

(二)汽缸体的安装

1. 汽缸体的定位

汽缸体单缸安装时,利用定位销和孔使其在机架上平面准确定位。

利用带百分表的专用量具在首、尾两缸汽缸体内测量。测量时,将专用量具分别紧贴于导板工作面和侧端面。

用百分表测量汽缸体下部填料函孔内表面的首（尾）、左（右）部位，记下读数。将量具再紧贴于另一导板工作面和另一侧端面，测量填料函孔的尾（首）、右（左）部位，记下读数。

两次纵向、横向测量读数分别使之相等，则汽缸体横向、纵向准确定位。允许偏差不超过 0.05mm。

2. 汽缸体的安装要求

汽缸体与机架结合面应紧密贴合，用 0.05mm 塞尺检查，局部插入深度不大于 30mm；用 0.10mm 塞尺检查不应插进。汽缸体之间结合面亦应紧贴。结合面处均可采用密封胶使之紧密接触。

3. 贯穿螺栓的安装

贯穿螺栓将柴油机的机座、机架、汽缸体紧固地连接成一体，构成柴油机的固定件。

贯穿螺栓安装前，将上部螺母、上中间环和贯穿螺栓、螺纹部分清洁并涂二硫化钼，再将贯穿螺栓安装到贯穿螺栓孔中，安装过程中注意以下问题：

（1）贯穿螺栓的上紧

用圆棒上紧螺母至其与上中间环接触为止。测量贯穿螺栓的外露部分长度 L，再用液压拉伸器分两次上紧。

第一阶段上紧，预紧力为 35MPa，上紧全部贯穿螺栓，测量各螺栓外露部分长度 L_1，则螺栓受力后的伸长量 ΔL_1：

$\Delta L_1 = L_1 - L$ mm

RTA38.RTA48 的 ΔL_1 为 2.4–2.6mm。

第二阶段上紧，预紧力为 60MPa，上紧全部贯穿螺栓，测量各螺栓外露部分长度 L_2，则螺栓伸长量 ΔL_2：

$\Delta L_2 = L_2 - L$ mm

RTA38 的 ΔL_2 为 4.4mm。

（2）上紧顺序

为了防止机座、机架和汽缸体因受力不均产生变形，除要求按说明书规定的预紧力上紧贯穿螺栓外，还要求按照合理的顺序上紧贯穿螺栓。一般是成对上紧，并从柴油机中央开始，依次交替向两端进行。记录油压和伸长量等数值，以备检查、比较。

三、固定件相互位置的校中

固定件有机座、机架、汽缸体、汽缸套和导板等零件。只有在柴油机台架安装和柴油机大修时才进行固定件相互位置的校中。

（一）相互位置的技术要求

1. 汽缸中心线与曲轴中心线垂直相交

垂直度误差不大于 0.15mm/m；位置度误差不大于 0.5mm。

2. 导板工作面应分别与曲轴中心线、汽缸中心线平行

平行度误差不大于 0.1mm/m，衡量导板相对于汽缸中心线有无上、下倾斜，否则，会导致横向失中。

3. 导板工作面与曲轴中心线平行

同一汽缸同侧两导板工作面的平面度应不大于 0.10mm，侧向导板工作面应与汽缸中心线平行，平行度应不大于 0.15mm/m。衡量导板相对于曲轴中心线有无左右方向的偏斜。

（二）校中方法（拉线法）

柴油机固定件相互位置精度可通过拉线法、光学仪器法检验。其中拉线法应用较广，具有简单、方便、易于实施及具有一定精度的特点。

1. 拉线

如果曲轴尚未安装，可拉出 5 条线；如果曲轴已经安装，可拉 3 条线。

（1）汽缸中心线

以汽缸套上部内圆表面和下部填料函孔内圆表面为基准拉汽缸中心线。修理时，以汽缸上部未磨损内圆表面和距下端 50–100mm 处的内圆表面或填料函孔内圆表面为基准。拉线时，在汽缸上、下端用专用拉线工具系好钢丝，用内径千分尺将钢丝线调整到汽缸中心位置上。

（2）曲轴中心线

曲轴未装于机座上时，以机座首、尾端主轴承中心为基准拉曲轴中心线，一般情况是曲轴已装于机座，无法拉出曲轴中心线，而是采用专用量具进行检验。

（3）导板辅助线

3 条，不是贴在导板上，而是贴在首尾汽缸中心线上。导板辅助线是贴于汽缸中心线拉出的上、中、下三条水平钢丝线。上、下钢丝线分别在首、尾汽缸导板上、下端边缘 50mm 处拉出，在上、下两条钢丝线中间拉出中间辅助线。

2. 测量与检验

利用塞尺和专用量具测量钢丝线之间的距离，依其计算值调整柴油机固定件相互位置，使其符合技术要求。

（1）汽缸中心线与曲轴中心线垂直度与位置度检验

柴油机汽缸中心线与曲轴中心线不垂直将会引起活塞运动装置失中，导致敲缸、拉缸等事故；两线不相交，位置度误差过大将直接影响曲轴与连杆的装配。

①未装曲轴的检验

利用专用量具——十字线板检验垂直度。

②已装曲轴的检验

将带有微测尺 2 的卡环装于曲柄销颈上，盘车使曲轴转至上止点前 150（此时曲柄销颈表面刚好与汽缸中心线接触）。

（2）导板工作面与汽缸中心线平行度检验

为了保证导板工作面相对于汽缸中心线无前倾和后倒，应检验和调整导板工作面与汽缸中心线的平行度，使之符合技术要求。

（3）导板工作面与曲轴中心线平行度检验

为了保证导板工作面相对曲轴中心线无左右方向的偏斜，应检验和调整导板工作面与曲轴中心线的平行度，使之符合技术要求。

对于双导板结构的柴油机，对两侧导板应分别进行上述检测。

四、活塞运动部件的平台检验

活塞运动部件在船上安装前，应在车间平台对其相对位置精度进行复验，以保证与固定件的对中性和缩短船舶建造周期。对于修理中的营运船舶，必要时也应进行这一检验。

（一）活塞运动部件相对位置的技术要求

十字头式柴油机活塞、活塞杆、十字头、滑块等零部件装配后，应符合下列要求：

1. 活塞裙外圆与活塞杆外圆的同轴度不大于 0.10mm。

2. 活塞杆中心线与十字头销中心线垂直，垂直度不大于 0.05mm/m。

3. 活塞杆与十字头之间的连接螺栓装妥后，其支承面间用 0.05mm 塞尺检查不应插进。

4. 滑块工作面与活塞杆中心线的平行度不大于 0.10mm/m。

5. 滑块两侧面与活塞杆中心线的平行度不大于 0.15mm/m。

6. 连杆与十字头装配后，在平板上垂直状态测量时，连杆大、小端轴承孔中心线的平行度不大于 0.15mm/m。在水平状态测量时，平行度（歪扭允差）不大于 0.15mm/m。

（二）活塞运动部件的平台检验

1. 活塞与活塞杆同轴度检验

大型柴油机的活塞头和活塞分别制造时，应将其组装成一体，然后再与活塞杆组装。活塞组件装配后，应检验活塞裙部外圆与活塞杆外圆的同轴度，并调整使之同轴。检验时，随活塞组件尺寸的不同可在车床或在平台上进行检验。大型柴油机活塞部件车间平台检验时，将其置放于平台 V 形铁上，以活塞杆外圆为检验基准，用百分表测量活塞头部和裙部外圆的径向跳动量。活塞转动一周百分表数值变化量不超过 0.10mm。

2. 活塞杆中心线与十字头销中心线垂直度检验

活塞杆与十字头销装配后，置于平台V形体上。V形体分别支承在活塞裙部和活塞杆的外圆面，用百分表测量十字头销上相距1的两点读数a、a'，则活塞杆与十字头销的垂直度 Δ 为：

$$\Delta = (a-a')/\text{lmm/m}$$

3. 滑块工作面与活塞杆中心线平行度检验

检验时，首先调整活塞杆中心线、十字头销中心线和首、尾正车滑块工作面M、E与平台11平行。调节千斤顶6和V形托架7、9，使百分表测量A、B和C、D读数分别相等。则活塞部件中心线和十字头销中心平行于平台。

调节支承首、尾滑块的千斤顶8、10和8'、10'，使首、尾正车滑块工作面M、E与平台平行。然后用百分表测量倒车首、尾滑块工作面N、F上相距1两点的读数 a、a' 和 b、b'。则正、倒车滑块工作面平行度 Δ 即为滑块工作面与活塞杆中心线的平行度 Δ，为：

$$\Delta = (a-a')/\text{l} \quad 或 \quad \Delta = (b-b')/\text{l}$$

4. 连杆大、小端轴承孔中心线平行度检验

连杆杆身与大、小端轴承组装成一体后，应检验垂直平面内和水平平面内的大、小端轴承孔中心线的平行度，以保证活塞运动装置的对中性和正常运转。

连杆以大端轴承剖分面为基准立于平台4上，十字头销安置在小端轴承下瓦上。用置于小端平台上的百分表测量十字头销上相距1两点的读数 a、b，则大、小端轴承孔中心线在垂直平面内的平行度 Δ：

$$\Delta = (a-b)/\text{lmm/m}$$

连杆水平置于平台7上的千斤顶3、4、6上。调节千斤顶使百分表与沿大端轴承孔全长读数不变，则大端轴承孔中心线和连杆杆身轴线平行于平台。用百分表测量十字头销颈上相距1的两点读数 a、b。则大、小端轴承孔中心线在水平平面内的平行度 Δ：

$$\Delta = (a-b)/\text{lmm/m}$$

五、活塞运动部件在船上的校中

（一）概述

柴油机固定件在船上安装和活塞运动部件平台复验合格后，将活塞运动部件吊运船上与汽缸固定件装配。安装时，先从机架道门将连杆和十字头组件吊入并与曲轴连接，再将活塞部件从上部吊入汽缸中，用海底螺帽或螺栓将这两部分连成活塞运动部件。

活塞与汽缸不但要有间隙，还要求在整个行程中它们的中心线基本重合，不允许一边间隙大，一边间隙小，更不可单面接触，活塞在汽缸中应该是四面脱空的。

长期运转后，由于活塞、十字头、连杆等运动部件本身形状的变化，轴承的磨损，活塞安装不正确等，使得活塞中心线在汽缸中产生偏移和倾斜。为此要进行校中。

1. 横向校中

使活塞运动部件在柴油机横向，即左右方向与汽缸固定件有准确的相对位置；左右方向上的活塞与汽缸间隙相等、导板与滑块工作面间隙符合规定。

左右间隙相等，导板与滑块的正向间隙（当滑块与正车导板贴合时，滑块与倒车导板间的间隙）符合要求。

2. 纵向校中（首尾方向）

使活塞运动部件在柴油机纵向（轴向），即首尾方向上活塞与汽缸间隙相等，侧导板与滑块侧面间隙符合规定。保证几个间隙：

（1）首尾间隙相等。

（2）侧导板与滑块的侧向间隙符合要求。

（3）轴向间隙（专用名词，连杆大小端的轴向间隙）。

（二）技术要求

柴油机说明书和船舶柴油机安装标准中对活塞运动部件校中技术要求均有规定。我国船舶行业船用柴油机修理技术标准 CB 规定。

1. 活塞与汽缸间隙的要求

（1）十字头式柴油机，在未装活塞环的条件下，活塞位于近上、下止点位置时，滑块工作面与导板工作面应紧密贴合，用 0.05mm 塞尺检查插不进的情况下，活塞裙部减磨环处与汽缸内孔单边最小间隙：

缸径 < 70mm 时，应不小于该处总间隙的 30%；

缸径 > 70mm 时，应不小于该处总间隙的 20%。

（2）筒状活塞式柴油机，在未装活塞环的条件下，活塞位于近上、下止点位置时，活塞裙部与汽缸内孔单边最小间隙应不小于该处总间隙的 25%。总间隙为首、尾或左、右间隙之和。

（3）活塞在汽缸内沿柴油机纵向允许平行偏在一边，但向另一边撬动时，偏移量应能转移过去。

2. 十字头滑块与导板间隙的要求

十字头式柴油机的十字头滑块与导板应均匀接触，安装间隙和极限间隙应符合说明书或规定。

3. 连杆大、小端的轴向间隙

一般，小端轴向间隙：0.3–0.5mm；大端轴向间隙：（0.01–0.15）d；d—曲柄销直径。

（三）校中方法

对活塞运动部件与固定件的相互位置进行校中是为了实现其校中的技术要求。新造柴油机在台架安装和在船上安装、柴油机大修后的安装中进行校中均是为此目的。营运船舶柴油机在船上吊缸检修时进行校中测量，则是为了检查和了解活塞运动部件在汽缸中的状态，以便分析和发现存在的故障。

1. 活塞与汽缸间隙的测量

柴油机检修测量时，应自缸中吊出活塞、取下活塞环，清洁后将不带环的活塞组件装入缸中；新机则直接将不带环的活塞组件装入缸中。

（1）测量方法

测量时，盘车使活塞分别处于上止点后 15~300、下止点前 15~300 位置，用塞尺测量活塞与汽缸在首、尾、左、右 4 个部位的间隙值。活塞处于工作状态是为了使滑块在侧推力作用下紧压在正车导板上，有利于提高测量精度。

MAN-B & WL60MC/MCE 型柴油机说明书规定，盘车至上止点前 350、下止点后 450 时沿块压在正车导板上，用专用长塞尺分别测量活塞裙部与汽缸在首、尾和左、右方向的间隙。

活塞与汽缸间隙还可采用透光法进行定性检查。在不带环的活塞装入汽缸后，在活塞下方置一强光源，自活塞顶向下观察活塞在近上、下止点位置时的漏光情况（一般间隙大于 0.20mm 光即容易透过）。若活塞周围有一等宽光环，表明活塞与汽缸间隙正常，运动部件对中良好；若光环宽度不等或中断，表明间隙不正常，对中性差。透光法仅适于营运船舶吊缸检修，且不适于长裙活塞及中、小型柴油机。

（2）测量部位

活塞与汽缸间隙测量部位随机型、活塞结构不同而异。

①长裙活塞：一般测量减磨环和裙下部任一点与汽缸的间隙。

②短裙活塞：测量裙部与汽缸间隙或再增测活塞杆与填料函孔之间的间隙。

③筒形活塞：测量活塞头部和裙部与汽缸的间隙。

每次测量活塞与汽缸间隙的部位应保持不变，以便于比较和分析。

2. 十字头滑块与导板间隙的测量

测量滑块与导板间隙同样是要求活塞分别处于上止点后 15~300、下止点前 15~300 位置。

（1）双导板柴油机

测量倒车滑块工作面与倒车导板工作面之间的间隙，即左、右方向上工作面间隙。测量倒车滑块侧面与倒车侧导板之间的间隙，即首、尾方向上的侧面间隙。并使工作面间隙和侧面间隙符合说明书规定。测量时，要求在活塞分别位于上止点前 350、下止点后 450 时正车工作面间隙（凸轮侧）为零的状态下测量倒车工作面间隙及侧面间隙，并符合要求。

（2）单导板柴油机

测量活塞位于上、下止点附近部位时，滑块倒车工作面与倒车导板的工作面间隙及滑块侧面与侧导板的侧面间隙，而且需测滑块与导板的上部和下部。

3. 连杆大、小端轴承轴向间隙的测量

用塞尺直接测量。

注意在船上测量时，由于船首高于船尾，活塞在汽缸中后倾，因而可能会出现十字头轴承尾侧的轴向间隙为零。此时，可用小橇杠把十字头向前拨动，能顺利拨过去，说明没问题。

（三）活塞运动部件失中原因分析及调整

柴油机运转中活塞运动部件与固定件之间的相对位置不正确，称为活塞运动部件的失中。分为横向失中（活塞运动部件与固定件在左右方向发生不对中的现象）和纵向失中（活塞运动部件与固定件在首尾方向发生不对中的现象）。

1. 横向失中及处理方法

横向失中一般发生在十字头式柴油机上。十字头式柴油机由于安装质量不佳或运转中异常磨损造成固定件的导板工作面与汽缸中心线不平行或距离不符合设计要求。运动部件的滑块工作面与活塞运动部件的中心线不平行或距离不符合设计要求。或以上两种情况同时存在。

2. 纵向失中及处理方法

各类柴油机均会发生活塞运动部件与汽缸固定件的纵向失中，以筒状活塞式柴油机为例分析各种纵向失中情况。

测量活塞在近上、下止点位置时的活塞与汽缸首、尾间隙值相等或接近，表明活塞运动部件纵向对中良好。

活塞与汽缸的首、尾间隙不等，但上、下止点位置时同侧间隙相等或接近，表明活塞在汽缸中偏靠一侧，即活塞运动部件中心线与汽缸中心线平行。造成这种情况的原因主要是连杆大端两侧轴向间隙不等或船舶纵倾所致。调节大端轴向间隙可消除此种失中。

通过测量间隙可以分析判断活塞在近上止点时在缸中倾斜，而在近下止点时活塞在缸中位置居中，这是由于曲柄销颈不均匀磨损产生单面锥度所致。消除曲柄销颈几何形状误差可使活塞在缸中有正确的相对位置。

通过对测量数据的分析可以判断活塞位于近上、下止点位置时括塞在汽缸中发生向同一侧倾斜的现象。

失中现象虽然相同，但产生的原因却不同。为连杆大端轴承上瓦偏磨，为曲柄销颈纵向不均匀磨损出现锥度。分别采用刮瓦和修轴措施消除失中现象。

测量值显示出活塞位于近上、下止点时活塞在缸中向不同方向倾斜。这是由于曲轴的曲柄销中心线与主轴颈中心线不平行造成的。机械加工消除曲轴的位置误差可提高活塞运动部件的对中性。

为了便于分析，上述各种失中现象是简单的，原因是单一的。船上柴油机运转中的失中问题则是复杂的，原因是多方面的、综合性的。轮机员在船上遇到失中问题时，应依具体情况，进行各种测量、收集实际运转的数据和资料，综合分析和判断，找出真正的失中原因，采取对症措施消除失中故障。

第四节　船舶甲板机械的安装

甲板机械即船舶甲板机械，是装在船舶甲板上的机械设备，是船舶的重要组成部分。甲板机械是为了保证船舶正常航行及船舶停靠码头、装卸货物、上下旅客所需要的机械设备和装置。船舶甲板机械可以分为大甲板机械和小甲板机械。主要包括舵机、起锚机和绞车、导缆器、带缆桩（系揽桩）、导缆滚轮以及克令吊等。

一、船舶舵系的安装

（一）舵系的简介

舵系是由那些将舵机动力传递到舵叶产生舵效的部件和构件组成，包括固定件——舵杆舵承（上、下舵承）、舵销轴承、舵轴等和运动件——舵杆、舵叶和舵销等。不包括舵机及其操纵系统。

舵系安装在船舶尾部螺旋桨的正后方，有单、双舵系之分。一般远洋及近海商船为单桨、单舵；客船、军舰及有的内河船舶为双桨、双舵。舵叶浸在水中，转动舵叶时，舵叶水动力对船舶产生力矩，迫使船舶改变航向或保持直线航行。

（二）舵的分类

舵的种类很多，主要有以下几种：

1. 按舵的旋转轴线位置分为平衡舵、半平衡舵和不平衡舵

（1）平衡舵

转动轴线在舵叶的中间，把舵叶分为两部分。舵叶转动时两部分均承受水压产生力矩。此二力矩方向相反，使转舵力矩降低，在某一舵角时为零，达到完全平衡。平衡舵所需舵机功率较小。

（2）半平衡舵

仅舵的下半部起平衡作用。

（3）不平衡舵

舵的旋转轴线在舵叶的一边，即舵杆一侧有舵叶，对转舵力矩不起平衡作用。

2. 按舵叶截面形状分为平板型舵和流线型舵

（1）平板型舵

一般用钢板或木板制成，两侧表面可适当加固。具有便于修造、成本低和舵效差的特点。可做成平衡舵、半平衡舵或不平衡舵。它只用于小船或非自航船。

（2）流线型舵

舵叶横截面呈机翼形，用钢板焊制，内部呈空心状并用钢板加强以增加舵叶刚性。流线型舵产生的水动力大、阻力小、强度高，但结构复杂、制造成本高。常作为平衡舵或半平衡舵，为大多数船舶采用。

3. 按舵与船体的连接形式分类

（1）悬挂舵（吊舵）

多数是平衡舵，完全由船体上的上舵承支承，中部通过下舵承，而下部整个舵叶悬空。

（2）半悬挂舵

多数是半平衡舵，其舵杆支承在船体上的上舵承，而舵叶支承在船尾支架上。

（3）多支承舵

该舵有两个以上的支承点，通过舵销将舵叶上的舵钮与船体尾柱上的舵承连接，舵叶下部有舵底托支承。

（4）双支承舵

舵杆通过上、下舵承及舵底托支承。

（5）穿心舵轴平衡舵

除舵杆外，该舵还装有舵轴，它穿过舵叶并固定在船体尾柱上，舵杆与舵轴的轴线重合，转舵时，舵叶绕舵轴回转。

（三）舵系故障

舵系除因海损事故需要进行修理外，一般情况下很少修理，具有较长的使用期。舵系检修可随同轴系检修进行。舵系在实际运转中一般会产生以下故障：

1. 舵沉重，转舵不灵敏，转满舵需较长时间

舵机功能正常情况下，可能是舵叶进水使转舵负荷增加；舵杆弯曲或扭曲变形，使各舵承负荷不均，摩擦力增加；舵承损坏；舵系安装不正使某些配合件单面卡紧等原因造成。

2. 转舵时声音异常，有严重的撞击现象

主要是舵承与舵杆、舵轴、舵销等的配合间隙过大、转舵时舵叶忽左忽右产生撞击，或上舵承滚珠碎裂、护圈松动，转舵沉重并产生撞击。

3. 转舵不准确，舵角不正，正舵时舵角不在零位

舵角指示器正常时，主要是以下原因造成：舵杆扭曲变形，舵叶方向随之变化；安装舵时舵角没对准零位。当舵角指示器发生故障指示错误时，转舵也就不准。

4. 操舵轻松，但航向失去控制

可能是舵杆折断或舵杆与舵叶连接法兰螺栓脱落使舵叶落水丢失等原因引起。

5. 舵系振动

主要是由于舵系安装不正，舵承间隙过大，舵系安装部位的船体强度、刚度不足，上舵承底座强度不够等造成。

6. 舵系密封装置损坏产生漏泄

（四）舵系检修

船舶进坞后，在舵系拆卸前应进行全面勘验，以确定修理内容和范围，并作为修后验收的依据。

1. 舵系拆卸前的勘验

（1）外观检查

①人站在船尾，目测舵角零位舵叶是否居中。

②目测检验舵叶和舵杆有无弯扭等变形。

③小船可用手转动舵叶检验其舵灵活性。

④检查密封装置损坏情况。

（2）测量

用塞尺测量检查各配合件的间隙，以确定舵系的技术状态和确定修理方案。

①测量舵杆与舵承的配合间隙和舵轴与铁梨木舵承间隙。

测量并记录舵位于左满舵、右满舵和中央三个位置时在轴承前、后、左、右的间隙。当结构限制无法用塞尺测量时，可用千斤顶顶动舵叶，用百分表测量舵叶的移动来求得配合间隙。

②测量舵销与舵销承间隙、舵叶舵钮与尾柱舵钮平面间隙。

舵叶上的舵钮与尾柱上的舵钮用舵销连接（尾柱舵钮与铜衬套构成舵销承），舵叶下部有舵底托支承。测量舵销与舵销承配合间隙、舵叶舵钮与尾柱舵钮平面间隙并与标准比较。

2. 舵杆的检修

舵杆是舵系的重要零件。

（1）检测

①舵杆工作轴颈的磨损检测，测量工作轴颈的直径并计算其圆度、圆柱度误差。

②舵杆表面腐蚀、裂纹检测，采用渗透探伤、磁粉探伤或超声波探伤检测舵杆表面的腐蚀和裂纹情况。

③在车床或支架上检测舵杆的弯曲变形。

（2）舵杆的修理

①舵杆工作轴颈锈蚀面积超过总面积的 25% 时应进行光车、补焊或堆焊不锈钢，光车后轴径减小值不得超过公称直径的 10%，个别残留斑痕深度不超过 0.5mm。

②舵杆工作轴颈装保护套时，磨损后光车修理，护套极限壁厚应符合规定。

③舵杆裂纹修理：舵杆上有 2–3 条细小纵向裂纹时，可用手工修理；纵向裂纹长度不超过 1/4 公称直径，数量不超过 3 条且不在同一母线上，裂纹深度不超过 5% 公称直径时，可进行焊补修理；舵杆上不允许有横向裂纹。

④舵杆弯曲变形时，直线度不大于 2mm/m 允许冷校直；大于 2mm/m 进行热校直，加热温度不超过 650℃。

3. 舵承的检修

①上舵承的检修。上舵承大多为滚动轴承，当轴承发生锈蚀、剥蚀、护圈破裂、滚珠（滚柱）严重磨损或破碎、转动不灵活时，均应予以换新。

②其他滑动轴承检修。白合金或铁梨木滑动轴承磨损严重时，分别采用重浇白合金或更换铁梨木进行修理。

（五）舵系的校中

新造船舶安装舵系前应首先确定舵系中心线，通常这项工作是在轴系理论中心线确定时同时进行。

营运船舶由于海损事故或其他原因造成舵系失中，如舵轴与舵底承之间的间隙过大，且首尾方向间隙大于左右方向间隙就表明舵系中心线不正，因此，应检查舵系中心线的状态。

以上舵承和舵底承孔中心线为基准拉钢丝线。一般拉线用钢丝线直径不大于 0.8mm。

1. 舵系校中技术要求

（1）舵系固定件校中技术要求

①舵系固定件中心线与船舶基线垂直度偏差不大于 1mm/m。

②新造或营运的单桨单舵船舶，要求舵系中心线与轴系中心线应相交，其相对位置偏差 δ 不得超过下式计算值：

$\delta = 0.001L1/3$

m 式中：L——船长，m。

③固定件各舵承孔中心同轴度允许偏差不大于舵承安装间隙值的 0.7 倍。

④恢复性修理的双桨双舵船舶的两条舵系中心线前后定位偏差、相互位置偏差不得大于 5~10mm；舵系中心线与轴系中心线位置偏差 δ 的要求同上。但两舵的偏差 δ 不允许在同侧。两舵偏移方向相反船舶航行时偏舵作用可以使之相互抵消。

（2）舵系运动件校中技术要求

舵杆与舵叶在车间组装以便校准舵杆中心线与舵叶轴承孔中心线同轴。刮磨法兰平面、铰削紧配螺栓等以使相对位置固定。

①采用组装拉线校中时，舵系运动件法兰连接最少有 4 个紧配螺栓，法兰结合面应紧贴。

②舵叶轴承孔与舵杆轴颈同轴度偏差不得大于舵承安装间隙的 0.7 倍。

2. 舵系校中

（1）舵系固定件同轴度检验

舵系固定件中心线的钢丝线拉好后，测量各舵承孔至钢丝线前、后、左、右的距离，以判断各轴承孔与舵系中心线的偏差。

当偏差过大时，可偏心镗削舵承孔衬套，或用胶结剂使舵承衬套在舵承孔内偏心固定。偏心镗削舵承衬套后，衬套最小厚度应在新制衬套厚度的 75% 以内，并要可靠定位以防衬套转动。

（2）舵系运动件同轴度检验

舵杆与舵叶在车间平台组装后，先将舵杆调整使与平台平行，用划针测量舵杆中心距平台的高度，再用划针测量舵叶轴承孔中心至平台高度或舵叶下端销轴中心至平台高度。二者相差值，即同轴度偏差，应符合规定。将舵杆与舵叶一起绕舵杆轴线转 900，重复测量。两次测量之差不大于 0.5mm。偏差过大时，可研磨舵杆与舵叶连接法兰平面予以纠正。

（3）舵系中心线与轴系中心线位置度检验

测量舵系中心线与轴系中心线之间的距离 δ，并与计算值比较。

（六）舵机的安装

1. 基础安装

（1）用冲子顺舵机的地脚螺栓孔在舵机座上平面打冲眼，冲子与螺栓孔之间的间隙不应超过 0.10mm。

（2）全部地脚螺栓孔打完冲眼之后，将舵机按原状态分解成几大块吊开（空间许可时也可以采用旋转角度的方法），根据打好的地脚螺栓孔的中心位置将焊接垫片的位置确定下来打硬记。

（3）用小平板对焊接垫片的位置进行研磨。要求着色均匀、着色面积不小于 60%。

（4）按预定位置将焊接垫片卡固于舵机座面板上，然后，按施工图的要求将其焊牢。

（5）用小平板将焊接垫片的上平面研磨好，要求着色均匀、着色面积不小于 60%。

（6）将舵机按照相关要求重新就位并精确找正。

（7）测量并记录调整垫片的厚度尺寸，编号加工。

（8）调整垫片加工后，采用着色的方法进行研配。要求着色均匀、总接触面积不小于 70%。

（9）拧紧全部地脚螺栓。

（10）按图纸要求焊接、配研并安装舵机侧向止推装置。

2. 后续施工

按施工图要求，完善舵机接电、接管等后续施工。

二、舷梯升降机的安装

（一）舷梯升降机的组成及介绍

舷梯升降机由舷梯绞车舷梯支撑架及链接机构等组成。

舷梯绞车是专门用来放下、支持和收起舷梯的绞车。

舷梯是供船上人员上下船的梯子。

（二）舷梯升降机的安装

1. 首先把舷梯门安装好，以此作为链条基准。

2. 根据图纸上的定位基准划线，定出舷梯绞车的位置。

3. 根据定位线和舷梯上链条的位置把舷梯绞机安装好，并点焊定位。（此步骤需要根据现场的实际情况和图纸上的要求范围进行反复校正）

4. 再通过绞车的位置把上甲板上的吊钩按实际位置放好，然后点焊定位。

5. 把舷梯用葫芦吊起来并推到位，根据舷梯支架上实际的孔槽用专用的定位销固定。

6. 然后到船舶下水的时候把链条、钢丝绳等装上准备调试。

7. 调试完成，完工。

（三）收放舷梯注意事项

1. 收放舷梯前应对升降机械、钢丝绳、滑车转盘平台支架等进行检查，确认设备完好丝、卷筒、吊梁无障碍后方可作业。

2. 船靠离码头收放舷梯过程中，要有专人指挥，作业人员默契配合。在浮动的梯子上进行收起、安装栏杆、护绳作业时，应先检查平台支架是否已可靠支好，并使用荡索，上舷梯操作人员必须系好安全带，穿好救生衣。

3. 舷梯落岸下踏板要避开障碍物，安放平稳，严禁扭曲。吊梁、链条要注意绞。

4. 高或安放妥当，以免碰头和妨碍上下船。

5. 由于潮夕、装卸货、码头环境等因素影响，舷梯不能放置码头时，要注意随时调整舷梯高度。当舷梯下踏板离码头较高较远时，不允许勉强上下。梯口值班人员负责调整舷梯和提醒上下人员注意安全，必要时应按规定加装桥梯。

6. 由于涨落潮、移泊等原因需要松紧缆绳时，应绞起舷梯，收起桥梯，或专人看好梯口禁止人员上下。在无法使用舷梯时，要正确地搭设桥梯，必须绑扎牢固、装妥扶手、挂好安全网后人员方可上下。禁止从船舷直接跳上码头，或从码头直接跳上船。

7. 舷梯、桥梯必须按规定张挂安全网。舷梯、桥梯处应有防坠落、防滑等安全指示标志。舷梯、桥梯的扶手、扶绳、阶梯保持清爽、干净、牢固，便于上下人员抓牢、踏实。

8. 锚泊时上下舷梯、软梯，要随时调整好高度。软梯上部绑扎固定，必须有扶手，并在梯口备好带安全绳的救生圈及吊包绳。禁止携物太多和一手携物一手攀爬软梯。

9. 禁止用舷梯吊运物品，禁止超载。

10. 舷梯、软梯要经常保养，尤其是升降钢丝、转盘平台支架、栏杆、机械设备的制动部分等部件要保护完好，如损坏应及时修理或更换，不得凑合使用。舷梯钢丝必须在滚筒上排列整齐避免由于钢丝叠绕、卡死造成舷梯急顿而发生事故。

11. 安全网应由天然或合成纤维绳制成，绳的直径不得小于5mm，网眼直径不得大于200×300mm；悬挂绳直径不得小于10mm；两绳间的距离不得大于2m。安全网的尺寸要求：桥梯安全网应伸出左、右侧不得小于1.5m，舷梯安全网应按港监和有关部门的要求设定，船舶应备齐适用于各港口规定不同规格的安全网以备使用。安全网要严格按要求设置，无论舷梯、桥梯与码头成直角或平行，安全网的上缘都应系在本船，下缘系在码头，左、右缘应超过舷梯或桥梯左、右1.5m。

三、锚机的安装

（一）锚的简介

锚是确保船舶安全的一种不可缺失的设备。锚的抛投方式：船舶抛锚停泊是常用的停泊方式。

船舶抛锚停泊是常用的停泊方式。船上以锚链或锚索连接的锚抛入水中着地，并使其啮入土中，锚产生的抓力与水底固接起来，把船舶牢固地系留在预定的位置，根据不同的水域、气象条件和作业要求、锚的抛投方法有所不同。常用的方式有首抛锚、尾抛锚及首尾抛锚。船首抛锚6709单锚和双锚两种。

一般情况下只抛单锚既能系牢船只，只有在风浪特别大和锚地大狭小时抛双锚。船首抛锚时船体所受的风力、水流力及波浪冲击力等外力最小，所以这种方式的抛锚停泊的主要方式，也是主锚布置在船首的主要原因。一般很小的船上和渔船只配一个首锚。

除此之外，任何船舶上都在船首上配两个主首锚。当船长大一定程度时，船上还应该另设一个备用主锚，也称抗风锚。船尾抛锚，多用于内河船和登陆船舰。当内河船向下游顺水航行停泊时，为保障安全和避免调头，常采用船尾抛锚，在登陆舰艇退滩作业中，在主机的配合下，依靠锚机的拉力将搁滩的舰艇拉下滩头。

若想使停泊的船舶总是用船舷，对着风向时，就采用首尾抛锚方式。首尾抛锚的方法，一般是将主锚从顶风方向抛出，从船尾把一根缆索绕过船舷外边与已抛出的主锚链连接，然后再放出一些主锚链即可。另一种方法是，在首部主锚抛出后，再从尾部抛出尾锚。尾锚通常用小艇运出抛下，尾锚一般比主锚小，约为主锚的1/3。

1. 锚的分类

（1）有杆锚

具有横杆的锚为有杆锚。该类锚的特点是一个锚爪啮入土中，当锚在海底拖曳时，横杆能阻止锚爪倾翻，起稳定作用。有杆锚中有海军锚、层洛门锚、单爪锚及日式锚等。

（2）无杆锚

没有横杆，锚爪可以转动的两爪锚为无杆锚。该类锚的特点是，在工作中两个爪同时啮入土中，稳定性好，对各种土质的适应性强，收藏方便。无杆锚发展较快，已由第一代发展到第三代。常用的无杆锚主要有霍尔锚、斯贝克锚、AC–14型锚及DA–1型锚。

（3）大抓力锚

大抓力锚实际上是一种有杆转爪锚，因其具有很大的抓重比，故称为大抓力锚。这类锚的特点是，锚爪的啮土面积大，抓持的底质深而多，抓力特大，但是锚爪易拉坏，收藏不方便。大抓力锚中有马氏锚、丹福尔锚、快艇锚、施得林格锚及斯达托锚等。

（4）特种锚

特种锚的形状与用途与普通锚均不同。主要是指供浮筒、囤船、浮船坞等使用的永久性系泊锚；破冰船上所用的冰锚及帆船和小艇上用的浮锚等。

2. 锚的丢失与防止

船舶丢失锚和船舶丢失螺旋桨帽一样，是经常发生的事，船锚是由锚卸扣与锚链连接在一起的，所以船锚丢失的情况有两种：一是由锚卸扣的原因引起的；二是由锚链的原因引起的。

（1）锚卸扣引起的锚的丢失

锚链口为钢质，是锻造或焊接制成，其上有一销栓。锚一般都掉放在船头两侧的舷外，由于长期受大风浪的冲击及收放时的撞击，销栓有松动或脱开的可能。当销栓脱开时，就造成了船锚的丢失。

（2）锚链引起的锚的丢失

锚链由于使用年久，磨损严重，当将锚正好抛到坚硬的地质，又加上起锚的速度过快时，将出现断锚，也会造成丢锚。锚的丢失是可以防止的，在船舶出航前应认真检查锚卸扣的情况若有松动，及时处理。锚链要按船舶检验要求，按时检修和更换。只要做到以上两点，再加上起锚时速度适当，船锚就不会丢失。

随着科学技术和造船业的发展，新型船锚会不断出现，将进一步为船舶的安全提供可靠的保障。

（二）锚机的分类及组成

1. 锚机的组成

锚设备一般包括锚、锚机、锚链、制链器、锚链仓和弃链器等几部分。

2. 锚机的分类

起锚机按照驱动形式可以分为：手动、电动、液压、气动等。起锚机按照锚链直径可以分为：ϕ12-ϕ120mm等若干种规格。起锚机按照卷筒分布又可以分为单侧和双侧。起锚机按照链轴线布置可以为：立式和卧式。

（三）锚机的安装

1. 锚机基座的安装及固定垫块的加工

（1）根据锚机基座图确定基座的距船体中心线、肋骨号位、甲板高度三个方向定位尺寸。

（2）锚机基座按船体工艺焊接完成并报验。

（3）对于环氧浇注定位的锚机此时应安装基座内档的环氧浇注围栏。

（4）拂磨个固定垫片上表面，加工要求：外倾，倾斜度为 1：100，蓝点检查不少于 3 点 /25×25mm² 均布。

2. 锚机的安装

（1）锚机按图纸资料进行运输和吊装。锚机落位并初步调整。

（2）锚机一般有三种安装形式：

①拂配钢制调整垫块。

②浇注环氧树脂垫块。

③用铜垫片（有称耐压）。

（3）根据锚机安装图确定锚机安装垫块（片）的形式。

（4）用上下左右顶码调整，并保证垫片厚度与预估厚度大致相当。

（5）锚机安装图拂配锚机调整垫块，钢制垫片厚度 > 10mm，铸铁垫片厚度 > 12mm，贴面蓝点检查不少于 2–3 点 /25×25mm（均布），贴合面 0.05 塞尺检查，局部插入深度不得大于 20mm，宽度不得大于 25mm，但不得超过大于 30mm，但不得超过 2 处。

（6）调整垫片报检合格后，将固定垫片与调整垫片点焊牢固。

3. 环氧垫片的浇注

（1）锚机调整时应保证底板平直不变形，各调节螺栓受力均匀（以环氧树脂供应商资料为准）。

（2）按主辅机环氧树脂垫片安装工艺在服务工程师的指导下进行环氧浇注（当环境温度低于 20 摄氏度时，必须采用加热保温措施），环氧固化后，在服务工程师的指导下打硬度，要求巴式硬度 > 35，报厂检、船东、CCS。

4. 耐压垫片的安装

配制耐压垫片，在锚机地脚螺栓未拧紧前，检查锚机底座与基座固定垫片之间间隙少于 0.5mm，允许不加垫片；大于 0.5mm 允许垫片不超过 3 张薄铜皮垫片安装，不允许用半张的垫片，报检。

5. 锚机底座配钻、铰孔及紧固件的安装

（1）锚机底座配钻、铰孔，要求：圆度、圆柱度 < 0.015mm；粗糙度 1.6；配铰孔螺栓，配合间隙为 0.01mm。报厂检、船东、CCS。

（2）安装普通紧固螺栓和铰孔螺栓，螺栓头部与螺母贴合面 0.05mm 塞尺插不进。

（3）进行锚机底脚螺栓安装时，螺栓按锚机厂推荐的顺序和拧紧力矩拧紧。报厂检、船东、CCS。

四、舱盖及启闭装置的安装

（一）舱盖的介绍

舱口盖（以下简称舱盖）是船舶上的重要组成部分之一。舱盖是货舱甲板开口的关闭装置。它肩负着密封舱口，保护货物和部分支撑平台的作用。舱盖本体多为大型钢结构，配备的附属装置为机械加工构件，驱动及操控方式多种多样。舱盖的强度和密性，影响到船舶的安全性；舱盖的开关方式，影响到装卸货物的时间。舱盖本体、附件和驱动设备在船舶造价中占有相当比例，关系到船舶的经济性。为此舱盖越来越被船级社、船东和船厂重视。舱盖修理工程也成为影响单船修理质量和工期的重点工程之一。

舱盖如果按照开关方式划分，舱盖可分为翻滚式、折叠式、侧移式、吊装式和卷筒式等。如果按照驱动方式划分，又可分为链条式、铰链式、齿条式和拉杆式等。

（二）舱口盖的准备

1.检查舱口盖的基准线（中心线）及中间接缝的样冲标记。

2.检查舱口盖的中间铰链、端铰链、橡皮等附件的完整性。

3.检查舱口盖的直线度、平整度及四角水平。

（三）舱口围的准备

1.舱口围的尺寸测量（对角线公差 ≤ ±10mm 允许 ±15mm，长度公差 ±5mm，允许 ±10mm）。

2.舱口围的面板倾斜度（±2mm，允许 ±3mm）。

3.舱口围的四角水平和平整度（±3mm，允许 ±5mm）。

4.建立舱口围表面的基准线（中心线 MVP、垂直线 CVP），将舱口围的端部及侧边等分。

5.建立舱口围表面舱口盖的定位线和轨道基准线，轨道基准线和中线平行且在轨道外侧。

（四）舱口盖的定位

1.在吊运和吊装舱口盖时，盖板必须得到保护，不能碰撞或损坏。

2.从分离接缝开始（CVP 线），将盖板尽可能精确地安放到舱口围正确的位置上，参考线距离要正确，参考标记要与舱口围上的相吻合。

3.在盖板下垫 12mm 或 14mm 的铁板，"摆正"盖板后，检查规定的盖板伸出舱口围的尺寸，适当进行调节，使两端伸出部分相当。

4.安装临时支承块，将盖板降到支承块上，并焊上临时固定铁板，以防盖板滑动。

5.舱口盖定位好后，舱口围四个平面拉钢丝，测量出舱口盖和舱口围的平直度。

6.初步测量出舱口盖边板底端到舱口围面板的间隙，记录数据，并计算出橡皮压缩量。

（五）轨道的安装

根据盖板的实际轨距和前面所述的定位基准线，临时安装轨道和斜轨道，同时要考虑到有关公差要求。轨道平面倾斜度≤ ±1mm，轨道接头不允许有台阶，轨道只能点焊。

（六）端部铰链的安装

1. 按前面所述得定位基准线，做出与船体中心线平行的端部铰链基座的中心线。

2. 调整基座的高度和水平度，调正基座与船体结构加强的对应位置，控制焊接变形。

3. 调整舱口盖支承块间隙，必要时在盖板上压重物，支承块局部间隙≤ ±1.5mm，接触面要达到80%。

4. 调整铰链眼板的高度，可采用工艺假轴拉中心钢丝，对眼板进行焊前定位，铰链轴中心线必须与基准线平行和垂直，以实现根本的正常折叠，（船东要求，正常关闭状态下，销轴必须容易抽取）。

（七）液压油缸的安装

1. 油缸眼板的销轴中心线相对于端铰链线保持与安装图纸一致。建议用量具或模拟油缸代替液压油缸，来找到甲板上油缸眼板的正确位置。

2. 必须保证液压油缸的最小安装长度不超过公差，必须保证液压油缸的眼板的中心线与端部铰链眼板的中心线在平行线上。

（八）液压系统的安装

1. 装配的管材和零部件应存放在干燥的地方，至少要放在搁架上并适当遮挡。

2. 防止杂质污染系统，典型的杂质有切屑、焊渣、打磨尘屑等。所有管路元件的端口要有保护帽，在安装前必须保持密封，时刻处于洁净状态。

3. 管路安装的基本原则：

（1）使用锯子切割管材，不要用管子切割器。

（2）管材端口应平整，去除毛刺。

（3）安装前用干净干燥的空气清洁管路。

（4）管材不能承受外力。

（5）管路要使用足够数量的管夹支撑，以减少振动。

4. 管路安装后的超压试验和投油工作，液压装置的主要故障是由于系统内的灰尘等脏物引起的，较高的压力会带来更多的影响，因此，充分的投油是必需的。

（九）初次操作实验

1. 移除所有临时支撑和其他障碍物。

2. 确保临时液压管的连接完好。

3. 首次操作必须非常小心，移动幅度要小。

4. 观察铰链的自由转动情况以及液压油缸和眼板的互相影响。

5. 观察滚轮在轨道上的运动情况。

6. 当盖板首次接近垂直时，应防止盖板翻到。

7. 调整舱口盖附件的间。

（十）压紧扁钢的安装

1. 标出不锈钢压紧扁钢在舱口围上的位置。

2. 根据前面所述的舱口盖橡皮压缩量，适当调整扁钢高度。

3. 也可以采用拉线的方法，保证扁钢的平直度。

4. 必须严格控制橡皮条中心与压紧条中心的间距。

5. 压紧扁钢上的焊缝需打磨光滑圆顺。

（十一）最后的焊接

舱口盖功能测试好，焊前交船东后，完成所有焊接工作。

第五节　船舶电站调试及故障分析

一、船舶电站的试验

在完成船舶电站的试验前，先要做好主配电板的通电工作。其工作程序如下：

（1）检查配电板外观的完整性，内部零件及部件是否完好无损。

（2）检查设备内部是否有杂物，清洁设备内外的灰尘。

（3）检车设备内部链接固定是否紧固可靠。

（4）检查设备屏与屏之间汇流排连接是否紧固可靠屏与屏之间的控制线过屏线连接是否可靠。

（5）检查设备的安全接地是否牢靠。

（6）检查设备电缆连接的正确性。

（7）检查设备内输出大载面动力电缆连接是否牢靠。

（8）拆卸设备仪表送检。

（9）设备仪表复装。

（10）关闭设备面板上所有 220V 屏及 450V 屏空气开关。

（11）检查设备面板上所有空气开关是否关闭。

（12）检查整个电网绝缘应不小于 5MΩ。

（13）合上仪表回路开关。

（14）检查岸电箱至主板之间的连接电缆连接是否准确。

（15）检查主板至变压器、变压器至220V屏之间的连接是否正确。

二、发电机组试验。

（一）柴油发电机组性能检查

1. 仔细检查为柴油发电机组服务的油水系统。

2. 仔细检查电气设备安装的完整性接线的正确性。检查电气系统供电的正确性。用500V兆欧表对发电机等电气设备系统进行绝缘检查，其对地绝缘不小于1MΩ。

（二）柴油发电机组性能试验

1. 机组启动性能试验

将"机旁/遥控"转换开关处于"机旁"位置，机旁起动柴油发动机组3次，在主板上观察发电机屏电压、电流表指示是否准确。用相序表检查发电机的相序是否与母排一致，将"机旁/遥控"转换开关处于遥控位置，再在主板遥控起停发电机3次，并将遥控调速和调压试验。

2. 发电机组应急停车试验

起发动电机组分别在机旁与主板上按下紧急停车按钮。机组应立即停车，试验各进行三次。

（三）柴油发电机组试验

1. 柴油发电机负荷试验的工况及试验时间

应按20%负载15min, 50%负载15min, 75%负载0.5h, 100%负载2h, 110%负载0.5h, 依次进行。

在试验时，柴油机的滑油、冷却水的温度及压力，排气温度等。应做好记录，其中满载每小时记录1次，其他工况在试验块结束时记录即可。

将各种负荷情况下的电压、电流、频率，功率因数、转速作好测量记录，试验前应测量、记录冷态绝缘电阻，试验后应立即测量和记录热态情况下的绝缘电阻，发电机的热态绝缘电阻应不小于1MΩ，发电机经100%负荷试验后应测量发电机定子、转子、轴承的温升。

2. 发电机的静态调压特性试验

在额定负荷下，将电压和频率调至额定值然后按顺序100%→75%→50%→25%→75%→100%改变负荷（功率因数=0.8），同时记录测量点的电压和频率。柴油发电机的静态电压调整率应不超过额定电压的 ±2.5%。

3. 柴油发电机的调速特性试验

柴油机在满载负荷运转时，突然将负荷全部卸去，检查柴油机运转的变化情况和稳定所需的时间，将 50% 的负荷加上并随机再加 50%，检查柴油机转速的变化情况和达到稳定所需的时间，连续进行 3 次，柴油发电机的瞬态调速率不大于 10%，稳定时间小于5s，稳态调速率不大于 5%。瞬态电压调整率范围 –15% 到 +20%。

4. 在柴油发电机 69%（220kW）负载下，作起动淡水循环泵（36kW）的试验

此时，应不使运行中的交流电机动机失步，停转或者电气自行脱扣。

5. 柴油发电机的运联试验

试验时将在运行中的发电机在 50% 额定负载时电压和频率调至额定状态，并入待并发电阻，然后将各发电机的负载调至额定的 75% 作为起并负载点，按顺序75% → 50% → 25% → 50% → 75% → 100% → 75%，改变负载进行试验。每一负载点并联运行时间为 5min。各发电机实际承担的有功功率与按发电机额定功率分配功率比例的计算值之差，应不超过发电机额定有功功率的 ±15%。各发电机实际承担的无功功率的±10%

6. 负载转移试验

将第二台发电机接入与运行的发电机做短时并联运行，作转移负载，检查发电机负载转移的可靠性。

7. 柴油发电机与轴带发电机

柴油发电机与停泊发电机分别作短时并联运行，转移负荷。检查发电机负载转移的可靠性。

8. 轴带发电机试验

轴带发动机试验在主机试验板检查完毕后进行，其负载试验、静态调压特性、调速特性，参照发电机组试验。轴带发电机之间或轴发与柴发之间不用做并车试验。只做手动负载转移试验。在试验结束后测量所有电气设备的热态电阻应不小于 1MΩ。

三、主配电板功能试验

（一）遥控调速试验及调压试验

起动发电机将"机旁遥控"转换开置于遥控位置，用主板上的遥控调速开关对机组进行调节、观察机组转速表的转速在额定转速正负 10% 的范围内均匀稳定变化。

起动发电机组将"机旁遥控"转换开关置于遥控位置，然后用主板上的调压开关对发电机组发出的电压进行调节，观察主板上电压表在额定电压（450V）的正负 15% 的范围内均匀稳定变化。最后把电压调节在额定 450V 的位置上。

（二）主配电板应急配电板与岸电之间的相互连锁

1. 主发开关与岸电开关之间的连锁试验

试验主发电机合闸开关和岸电开关是否相互连锁，不能同时合闸，且以主发开关优选的功能。在二台发电机合闸开关均未合闸，岸电有电时，岸电开关应能合上，若有任何一台发电机合闸开关合闸，对电网供电，则岸电开关不能合上。岸电开关已合闸，则按任何一台发电机的合闸按钮时，应先断开岸电开关，同时发电机开关自动合上。对每台发电机主机开关均应进行试验。

2. 主配电板与应急配电板之间的连锁

任启动一台主发电机时对电网供电，合上主板至应板联络开关对应板供电，启动应急发电机时，则应急发电机合闸开关不能合闸。

若是应急发电机对应板与主板供电时，任何一台主发电机按合闸按钮，应先切断应发开关，再转换成主发对主板和应板供电。

（三）欠压保护试验

起动任一台发电机对电网供电时，按下急停按钮，当电压降至欠压保护动作值（157-315V）的范围时，发电机开关应自动分闸。分别对二台轴发，二台柴发及应急发电机开关进行试验，记录动作值。

（四）过流及短路保护试验

起动任何一台发电机对电网供电时，用模拟器模拟发电机额定电流的125%-135%额定电流时，发电机主开关应在二分钟以内断开主开关。

用模拟器模拟发电机额定电流200%-300%额定电流时，发电机主开关应瞬时断开。分别对二台轴发，二台柴发及应急发电机主开关进行试验，并记录动作值及时间。

（五）过载保护试验

起动任何一台发电机对电网供电时，加水负载至发电机85%的额定负载时应切断全船空调等二级卸载设备。加水负载至发电机90%的额定负载时应切断全船一级卸载设备。分别对每台发电机做此试验，并记录动作值。

（六）逆功率保护动作试验

起动两台发电机组，首先将一台机组投入电网，将负载加至50%额定有功负载，另一台用并车屏的手动并车按钮并网，将负载进行分配，保持两台机组一致。人为地造成逆功率，将一台机组的转速降低，另一台机组转速升高，进行逆功率保护试验，每个主开关进行三次，记录逆功率保护动作值及延长时间，要求逆功率在8%-15%额定功率，主开关延时3-10s跳闸，并在主配电板发出报警指示。

（七）手动并车试验

将发电机"机旁和遥控"开关置于遥控位置，在主板上起动两台柴油发电机，先将一台发电机对电网供电，用并车屏上同步表和合闸按钮进行手动并联试验。试验时，同步表的指示的频率差为0.1-0.2Hz，相位差接近零按下待并发电机组合闸按钮，在网机组和别并机组功能可靠并联运行，试验进行三次。

四、在试验过程中遇见问题及解决方法

在进行试验的过程中我们遇见了不少困难，但是经过采取相应的措施这些问题都得到了解决。

（一）主配电板的常见故障

主配电板是对船舶主发电机所发出的电功率及向全船用电设备供电进行通断、监视、控制和保护的开关设备和控制设备的组合配置。主配电板通常由发电机控制屏、并车屏、负载屏、起动屏等组成。发电机控制屏是用来控制、调节、监视和保护发电机组用的，每台发电机组均需配备有单独的控制屏。船舶发电机的短路、过载或欠压保护是通过万能式自动空气断路器的保护装置来实现的。自动空气主开关不仅用作正常电路的断开或闭合，而且也是一种自动切断故障用的保护电器。当电网上出现短路、过载或欠压等情况时，主开关的过载线圈能准确地反映过电流或欠电压的大小，并在其达到整定值时控制开关的脱扣机构断开主开关，从而实现对发电机保护的目的。

主开关大都是"DW"系列或"AH"系列，尽管主开关的型号多种多样，但它们的结构特点大体是一样的，一般包括触头系统、灭弧室、过流脱扣器、失压脱扣器、分励脱扣器、自由脱扣机构、电动操作机构和手动操作机构、锁扣装置等。如果主开关因故障合不上闸，首先要检查四连杆传动机构、脱扣锁钩是否接好，过载、失压、分励脱扣器是否复位。然后再检查主开关的半导体脱扣器的控制电路板是否有故障，可以将备用的电路板换上，使主开关正常工作。

对于新安装的主配电板要检查各部螺栓是否松动，如母线螺栓有一项松动，就会造成三项电流不平衡，加上负载后使另外两项过电流而跳闸。对主配电板在运行中的保养要着眼于日常的认真维护，因为船舶经常处于在海上航行，要有自己进行维修的能力。以下是保养检查的主要项目：

1. 由于主配电板经常发生振动，因此故障多发生在振动较强烈之处，所以要检查引起振动的原因并排除之，如躲开共振转速、增加防震垫片等。

2. 尘埃是造成接触不良的原因，对接线端子座及防尘罩等容易附着灰尘的场所要经常清扫。

3. 运行中经常检查仪表的指针指示是否准确，特别当负载起动、停止时注意指针的动作状况是否正常，从仪表的数值可以判断机器运转状况。

4. 保护装置的整定值不允许轻易变动，当在使用状态而必须改变保护动作值时，必须在改变处做明显的标记。保护装置动作时，例如断路器断开时，需确认是由于逆功继电器动作、过载脱扣还是失压脱扣引起的，并做好记录。确认其接触是否良好。

（二）发电机的故障

发电机发不出电来，可能有以下几种原因：

1. 无励磁电压，检查励磁机或整流器。

2. 有励磁电压，无励磁电流，电刷滑环接触不良，励磁绕组断线。

3. 大修后，激磁绕组的接线未能保证磁极 N–S 极性交替分布。

4. 发电机长期未使用，对于自激式同步发电机来讲，磁极剩磁不足，不能自激，应充磁。

5. 电机有剩磁，但励磁电流流向未能起助磁作用不能自励，颠倒电刷极性即可。

6. 发电机的绕组温度高，轴承温度高，这通常是由于绕组绝缘下降、灰尘太多散热不好、末轴承磨损等原因造成的。做法是结合船舶检查，定期对发电机进行拆检、清洁、浸漆、烘干、更换轴承等。

7. 由于振动造成发电机线头断路，特别是用 4135 系列柴油机做原动机的发电机，比用 6135 系列柴油机的离心力大，振动也大，发电机的可控相复励自励恒压装置的线更容易被震断。对于这些问题，除了采取保证发电机与原动机的轴线一致、减少震源外，还采用将可控相复励恒压装置用支架托起与发电机这一震源隔离的方法，解决这个问题。

（三）发电机电压不稳的原因及预防措施

1. 原动机的转速不均匀。

2. 原动机的速度变动率过小。

3. 原动机调速器的灵敏度过高。

4. 对采用往复式运动的原动机其驱动转矩的频率经常与发电机的固有频率相分离，为此需要适当加大其惯性轮。

5. 在发电机转子的磁极上加装制动绕组。其作用与感应型电动机的鼠笼相似。当转子以同步速度旋转时，与发电机旋转磁场的相对速度为零，制动绕组不起作用，当转子产生振荡时，转子的转速不再是同步转速，此时制动绕组切割旋转磁场产生感应电流，由于这个感生电流生成的转矩总是阻碍转子速度的变化，从而抑制了"摆动"。

6. 为了使调速器的灵敏度不致过大应装设阻尼器，给调速器的动作加入一延时时限。

7. 适当地加大发电机原动机的速度变换率，即增大调速特性的斜率。

五、船舶电网的维护和常见故障排除方法

船舶航行的安全，要求船舶电站供电有高度的连续性、可靠性和安全性。它在很大程度上取决于船舶电网的绝缘状况的好坏。船舶电网的绝缘降低或损坏，会造成漏电乃至击穿，可能引起舵机失灵，配电板掉闸，甚至引起人员触电和火灾。因此，对船舶电网的最低允许绝缘电阻有一定的规定和要求。

由于船舶电网常年运行在潮湿、高温、振动和油雾等恶劣的环境中，常常使船舶电网

的绝缘电阻降低，以至达不到规范的要求，为此必须加强对船舶电阿的维护工作，保持电网具有良好的绝缘水平。

（一）船舶电网的维护

1. 船舶在航行、制造或者修理时，都必须仔细谨慎地维护电网，防止电网绝缘电阻降低，防止电缆芯线之间电缆与壳体之间发生短路及遭受机械损伤或电焊火花烧伤。

2. 平时，特别在恶劣的船舶使用条件下，要加强电网绝缘的监测。除采用常用的绝缘指示灯、兆欧表外，建议采用能连续带电测量，自动发出声光报警信号的电网绝缘监测仪。主要电气设备的绝缘电阻值应记录备查。

3. 船舶在建造或修理时，当敷设完线后，要做好端头封闭的接线工作，不要搁置过久，暂不进入电器设备的电缆头必须严封，以防潮气进入电缆芯。

4. 加强配电板的维护，局部停电或定期检修时，吹除不带电设备上的灰尘，以防由于潮湿、凝露等影响，在绝缘体上形成表面导电层。

5. 在电缆附近进行气割或电焊工作时，应在电缆上覆盖石棉被，以防止火花飞溅而烧伤电缆。

6. 配电箱的门锁应经常锁住，并有专人负责。

7. 经常检查电器设备、电缆是否受机械损伤、有无水渍及其他杂物侵入，发现情况应立即处理，要经常保持电器设备干燥和清洁。

8. 经常检查设备上的绝缘材料表面是否完整，有无发霉现象。电缆端头与设备连接金属体应无氧化及锈蚀，发现情况应立即采取相应的措施。

9. 应尽量少打开电气设备的密封壳体，如必须打开，则关上时应仔细可靠地恢复密封。

10. 设备在保养期间，对某些设备应定期通电工作一定时间。

（二）船舶电网常见故障和排除

从用电设备开始，依次断开各段电网，一直到主配电板，按顺序测量，找到引起电网绝缘电阻下降的电缆。

对潮湿的电缆要将电缆揩干后，进行外部加热，短距离的电缆可以利用高瓦数电灯加热烘烤。

长久不用或跨舱的电缆，可以通过低压短路电流加热，但必须防止加热温度超出规定的允许值。

主配电板可以通热风，但通风机的出口温度不得高于 90° −100° 。

第七章 飞机装配及运行

第一节 飞机概述

一、飞行的主要组成部分及功用

到目前为止，除了少数特殊形式的飞机外，大多数飞机都由机翼、机身、尾翼、起落装置和动力装置五个主要部分组成。

（一）机翼

机翼的主要功用是产生升力，以支持飞机在空中飞行，同时也起到一定的稳定和操作作用。在机翼上一般安装有副翼和襟翼，操纵副翼可使飞机滚转，放下襟翼可使升力增大。机翼上还可安装发动机、起落架和油箱等。不同用途的飞机其机翼形状、大小也各有不同。

（二）机身

机身的主要功用是装载乘员、旅客、武器、货物和各种设备，将飞机的其他部件如机翼、尾翼及发动机等连接成一个整体。

（三）尾翼

尾翼包括水平尾翼和垂直尾翼。

水平尾翼由固定的水平安定面和可动的升降舵组成，有的高速飞机将水平安定面和升降舵合为一体成为全动平尾。

垂直尾翼包括固定的垂直安定面和可动的方向舵。尾翼的作用是操纵飞机俯仰和偏转，保证飞机能平稳飞行。

（四）起落装置

飞机的起落架大都由减震支柱和机轮组成，作用是起飞、着陆滑跑，地面滑行和停放时支撑飞机。

（五）动力装置

动力装置主要用来产生拉力和推力，使飞机前进。其次还可为飞机上的其他用电设备提供电源等。现在飞机动力装置应用较广泛的有航空活塞式发动机加螺旋桨推进器、涡轮喷气发动机、涡轮螺旋桨发动机和涡轮风扇发动机。除了发动机本身，动力装置还包括一系列保证发动机正常工作的系统。

飞机上除了这五个主要部分外，根据飞机操作和执行任务的需要，还装有各种仪表、通信设备、领航设备、安全设备等其他设备。

二、飞机的升力和阻力

飞机是重于空气的飞行器，当飞机飞行在空中，就会产生作用于飞机的空气动力，飞机就是靠空气动力升空飞行的。在了解飞机升力和阻力的产生之前，我们还要认识空气流动的特性，即空气流动的基本规律。流动的空气就是气流，一种流体，这里我们要引用两个流体定理：连续性定理和伯努利定理。

（一）流体的连续性定理

当流体连续不断而稳定地流过一个粗细不等的管道时，由于管道中任何一部分的流体都不能中断或挤压起来，因此在同一时间内，流进任一切面的流体的质量和从另一切面流出的流体质量是相等的。

连续性定理阐述流体在流动中流速和管道切面之间的关系。流体在流动中，不仅流速和管道切面相互联系，而且流速和压力之间也相互联系。

（二）伯努利定理

要阐述流体流动在流动中流速和压力之间的关系。基本内容是流体在一个管道中流动时，流速大的地方压力小，流速小的地方压力大。

飞机的升力绝大部分是由机翼产生，尾翼通常产生负升力，飞机其他部分产生的升力很小，一般不考虑。

空气流到机翼前缘，分成上、下两股气流，分别沿机翼上、下表面流过，在机翼后缘重新汇合向后流去。机翼上表面比较凸出，流管较细，说明流速加快，压力降低。而机翼下表面，气流受阻挡作用，流管变粗、流速减慢、压力增大。这里我们就引用到上述两个定理，机翼上、下表面出现了压力差，垂直于相对气流方向的压力差的总和就是机翼的升力。这样重于空气的飞机借助机翼上获得的升力克服自身因地球引力形成的重力，从而翱翔在蓝天上了。

机翼升力的产生主要靠上表面吸力的作用，而不是靠下表面正压力的作用，一般机翼上表面形成的吸力占总升力的 60%-80% 左右，下表面的正压形成的升力只占总升力的

20%～40% 左右。

飞机飞行在空气中会有各种阻力，阻力是与飞机运动方向相反的空气动力，它阻碍飞机的前进，这里我们也需要对它有所了解。按阻力产生的原因可分为摩擦阻力、压差阻力、诱导阻力和干扰阻力。

1. 摩擦阻力

空气的物理特性之一就是黏性。当空气流过飞机表面时，由于黏性，空气同飞机表面发生摩擦，产生一个阻止飞机前进的力，这个力就是摩擦阻力。摩擦阻力的大小，决定于空气的黏性、飞机的表面状况，以及同空气相接触的飞机表面积。空气黏性越大、飞机表面越粗糙、飞机表面积越大，摩擦阻力就越大。

2. 压差阻力

人在逆风中行走，会感到阻力的作用，这就是一种压差阻力。这种由前后压力差形成的阻力叫压差阻力。飞机的机身、尾翼等部件都会产生压差阻力。

3. 诱导阻力

升力产生的同时还对飞机附加了一种阻力。这种因产生升力而诱导出来的阻力称为诱导阻力，是飞机为产生升力而付出的一种"代价"。其产生的过程较复杂，这里就不再详述。

4. 干扰阻力

它是飞机各部分之间因气流相互干扰而产生的一种额外阻力。这种阻力容易产生在机身和机翼、机身和尾翼、机翼和发动机短舱、机翼和副油箱之间。

以上四种阻力是对低速飞机而言，至于高速飞机，除了也有这些阻力外，还会产生波阻等其他阻力。

三、影响升力和阻力的因素

升力和阻力是飞机在空气之间的相对运动中（相对气流）中产生的。影响升力和阻力的基本因素有机翼在气流中的相对位置（迎角）、气流的速度和空气密度以及飞机本身的特点（飞机表面质量、机翼形状、机翼面积、是否使用襟翼和前缘翼缝是否张开等）。

（一）迎角对升力和阻力的影响

相对气流方向与翼弦所夹的角度叫迎角。在飞行速度等其他条件相同的情况下，得到最大升力的迎角，叫作临界迎角。

在小于临界迎角范围内增大迎角，升力增大；超过临界临界迎角后，再增大迎角，升力反而减小。迎角增大，阻力也越大，迎角越大，阻力增加越多。超过临界迎角，阻力急剧增大。

（二）飞行速度和空气密度对升力阻力的影响

飞行速度越大升力、阻力越大。升力、阻力与飞行速度的平方成正比例，即速度增大到原来的两倍，升力和阻力增大到原来的四倍，速度增大到原来的三倍，升力和阻力也会增大到原来的九倍。空气密度大，空气动力大，升力和阻力自然也大。空气密度增大为原来的两倍，升力和阻力也增大为原来的两倍，即升力和阻力与空气密度成正比例。

（三）机翼面积，形状和表面质量对升力、阻力的影响

机翼面积大、升力大、阻力也大。升力和阻力都与机翼面积的大小成正比例。机翼形状对升力、阻力有很大影响，从机翼切面形状的相对厚度、最大厚度位置、机翼平面形状、襟翼和前缘翼缝的位置到机翼结冰都对升力、阻力影响较大。还有飞机表面光滑与否对摩擦阻力也会有影响，飞机表面相对光滑，阻力相对也会较小，反之则大。

第二节　飞机装配

一、飞机装配定位方法

飞机装配过程一般是由零件先装配成比较简单的组合件和板件，然后逐渐地装配成比较复杂的锻件和部件，最后将部件对接成整架飞机。

机翼和机身具有不同的功能，结构不同，所以要设计成两个单独的部件，发动机装在机身内，为便于更换，维护和修理，将机身分为前机身和后机身，舵面相对于固定翼做相对运动，故划分为单独部件，某些零件设计有可卸件，以便维护，检查及装填用。

在装配过程中首要问题是要按图纸及设计要求确定零件，组合件之间的相对位置，即进行装配定位。定位方法是完成在装配过程中定位零件、组合件的手段，包括基准件定位法、画线定位法、装配孔定位法和装配型架定位法四种常用的定位方法。

（一）用基准零件定位

待装配的零件、组合件以基准零件、组合件或者先装的零件、组合件来确定装配位置。这种装配定位方法简便易行、装配开放、协调性好，在一般机械产品中大量使用。基准零件一般是先定位或安装好的零件，零件要有足够的刚度及较高的准确度，在装配时一般没有修配或补充加工等工作。在飞机制造中，液压、气动附件连接框和长行用的角片可以预先装在长行上，按角片确定框的纵向位置，或者在骨架装配时按框和长珩定位角片。这种基准件定位法要求基准件位置准确、刚性强，多用于小零件和小组合件的定位，方法简单、方便。

（二）用画线定位

即待装配的零件按画在零件上的线条确定装配位置，角材位置按腹板上划线定位。这种定位方法准确度较低，一般用于刚性较大、无协调要求和位置准确度要求不高的零件定

位。还有此方法工作效率不高，容易产生差错，所以，在飞机研制阶段为了减少工艺装配数量，采用这种方法定位零件，在成批生产中作为一种辅助的定位方法

（三）用装配孔定位

即是把相互连接的零件、组合件分别按一定的协调手段，具体过程如下：装配以前，在各个零件的部分铆钉位置上（一般是每隔400mm左右钻一个装配孔，孔径比铆钉孔径小）预先按各自的钻孔样板分别钻出装配孔，装配时个零件之间的相对位置按这些装配孔设置。其中，孔称为装配孔。

装配孔的数量取决于零件的尺寸和刚度，一般不少于两个。在尺寸大、刚性弱的零件上取的装配孔数量应适当增加。这种定位方法在铆接装配中应用比较广泛。它适用于平面型和单曲面壁板型组合件装配。按装配孔定位的特点：

1. 定位迅速、方便。

2. 减少或简化装配型架。

3. 开敞性好。

4. 比画线定位准确度高。

用装配孔定位的装配方法不需要使用专用夹具，在成批生产中，在保证准确度前提下，应尽量使用装配孔定位的方法。对一些形状不是很复杂的组合件或板件，如平板、单曲度以及曲度变化不大的双曲度外形板件，都可采用装配孔方法进行装配。

（四）用装配型架定位

最基本的一种定位方法。准确度取决于装配型架的准确度，保证装配准确度先保证装配型架的准确度。

由于飞机的零件、组合件尺寸大、刚度小，因此，为了进一步提高零部件之间的协调性和互换性，确保装配准确度，在飞机装配中通常采用装配型架（夹具）定位来保证零组件在空间相对准确的位置关系。装配型架定位是飞机制造中最基本的一种定位方法，它除了起定位作用外，还有校正零件形状和限制装配变形的作用。

一般机械产品的装配夹具是为了提高生产率，而飞机装配型架的主要功能是确保零件组件在空间相对正确位置。零件定位、校正零件组件的空间位置的准确度。

机翼外形由卡板定位，机翼接头及副翼悬挂接头由反映部件之间连接关系的接头定位器来定位。

飞机装配中采用了大量装配复杂的型架，使制造费用大、生产准备期长，因此，在型架设计中应仔细研究各装配单元的定位方法，在确保准确度的前提下，综合采用各种定位方法，使型架结构尽可能简单。

装配型架定位的特点：

1. 装配的准确度高，有校验零件外行和限制装配变形的作用。

2. 定位迅速、方便，可以提高装配工作生产率。

3. 装配工作不够开敞，定位件占据空间。

4. 保证产品达到生产互换和使用互换的要求。

5. 生产准备周期长。

（五）用坐标定位孔定位

定位孔分别配置在型架和零件上而装配孔在装配的两个零件上。

（六）用基准定位孔定位

基准定位孔是配置在两个组合件板件或者锻件，而装配孔在两个零件上。

对定位的要求：

1. 保证定位符合图纸和技术条件所规定的准确度要求。

2. 定位和固定要操作简单可靠。

3. 所用的工艺装备简单，制造费用少。

二、飞机装配型架的作用

（一）型架的功用

1. 保证产品的准确度及互换性

（1）应有过定位来保证零件的准确形状，这样才能保证工件在装配过程中既有准确形状又有必需的工艺刚度。

（2）无论铆接、胶结、焊接，在连接中都产生不同程度的变形，装配型架要能限制工件的变形。

（3）一般机械制造中保证产品互换性，主要通过公差及配合制度和通用量具，而飞机制造中通过相互协调的成套的装配型架。因此，型架的另一特点是成套性和协调性。

2. 改善劳动条件，提高装配工作生产率，降低成本

飞机装配型架关键特性具有一般关键特性的特点，同时，结合飞机柔性装配型架与数字化测控制系统在飞机装配中的应用，飞机装配型架关键特性还具有一些独特的特点。

（1）在装配型架设计阶段，根据用户需求与被装配产品特点，结合当前企业拥有的加工、制造等能力，设计产品装配型架。在设计过程中主要涉及为保证飞机产品主要尺寸和位置的定位器设计、保证产品外形准确度的定位面的设计等，初步把这些主要尺寸作为关键特性进行控制。装配型架关键特性与一般关键特性一样根据关键特性的可测量性和可控制性沿制造树逐级向下传递，形成关键特性，同时上级关键特性由下级关键特性保证。

（2）在装配型架安装阶段，把设计阶段定义的保证产品主要尺寸和外形准确度等定位特征作为关键特性，在主要定位结构上设置靶标点，把测量靶标点的坐标与理论坐标相

比较，进行实时反馈和补偿，精确安装各种定位器。

（3）在产品装配阶段，控制系统控制随动定位器运动到理论位置以精确定位产品，把这类通过控制系统控制的随动定位器或定位机构的精确定位也作为关键特性进行控制。

航空制造业的竞争日趋激烈，人们要求飞机的承载能力更强，更高效，而交货周期却更短。为满足这些严格的要求，飞机设计师不得不寻求更先进的设计方法和工具，以提高产品质量，缩短研制周期。有限元分析方法和智能设计系统加速了产品的优化设计，使零件、组合件的设计达到了前所未有的精度。这些先进的方法和工具为型架设计方法的改进提供了技术基础。

（二）传统型架设计方法存在的问题

飞机结构件尺寸大，刚度小，而制造精确度要求高。为保证产品制造精度和互换协调，飞机制造过程中采用了成套装配型架。为减小装配过程中结构的变形并保证准确定位，现有装配型架采用刚性结构，而且一套型架只能用于一个装配对象，因此，飞机许多公司都采用"确定装配"。

由于尺寸大，结构复杂，因此，确定装配是用来描述产品设计过程的配型架的制造周期长，成本高，而且占一个术语，其基本思想是构成产品的地面积大。传统的装配型架上要安装许多定位件，为保证定位精度，定位件的安装往往需要专用安装仪器，如电子经纬仪、激光准直仪等，工作的分散性差，安装效率低，安装周期长。

一般飞机生产准备周期占飞机研制周期的 1/2 以上，而装配型架的设计制造是飞机生产准备的主要内容之一。减少型架的制造时间对缩短整个飞机研制周期有重要意义。为缩短生产准备周期，人们希望飞机设计完成后，生产工装很快就能投入使用，而型架设计的依据是飞机结构数据，因而，传统的型架设计往往在飞机设计完成后才开始进行。实际生产过程中，在型架设计中确定装配设计方法装配对象的设计数据经常改动，导致装配型架的设计随之改动，这又延长了型架的设计制造周期。

（三）确定装配设计方法

为缩短飞机研制周期，目前国外许多公司都采用"确定装配"设计方法。确定装配是用来描述产品设计过程的一个术语，其基本思想是构成产品的不同零件在预定义的结合面配合装配，整个装配过程不需要专门的测量仪器和复杂的测量及调整。

确定装配设计方法属于面向制造和装配的设计方法的一部分，这种设计方法的潜在好处是减少工装和工具、提高装配效率，从而减少生产准备周期和制造费用。从理论上讲，这种设计方法要求零件的准确度高，不同零件"吸附在一起"就可保证产品装配的准确度。因此，这种设计方法必须以三维 CAD 系统和智能设计为设计工具，以高精度 CNC 设备为加工手段。

在型架设计中确定装配设计方法的一个具体应用就是采用"销钉板"（Pegboard），

比如在立柱上加工许多标准的坐标孔，有相应标准的销钉与坐标孔配合。为了定位装配对象，专门加工了许多定位用刻度板完成专用结构的设计制造，这些刻度板上也有坐标孔，专用门加工了许多定位用刻度板，这些刻度板上也有坐标孔，可以通过销钉及相应的坐标孔将刻度板定位在立柱的销钉板上。刻度板是专门针对装配对象的特点加工的，用于桁条等结构的定位。

1. 飞机结构和装配型架的并行设计

民用飞机的结构尺寸愈来愈大，如目前最大的超大型客机 A380，双层客舱，高 24m，长 73m，翼展宽 80m，标准机型载客 550–650 人。飞机结构的大型化对设计人员提出了新的挑战。由于结构尺寸的增大，设计人员需要解决承载和空气动力外形方面所遇到的许多问题，从而导致设计周期更长、设计更改更多，这必然影响工装的设计、制造周期，延长了产品的上市周期。

要缩短产品上市周期，在飞机结构设计的同时就应开始工装设计，即飞机产品和飞机工装的并行设计。由于工装的设计依据来源于飞机产品数据，要在最终产品数据还未确定的情况下进行工装设计，工装的部分结构必须独立于产品数据。工装和产品并行设计的一个基本思路是改变传统的工装结构，将其划分为独立于产品数据或只需要基本数据的标准结构和依赖于最终产品数据的专用结构件两部分。

装配型架的标准结构部分主要有立柱、底座、辅助支撑等，专用部分主要有用于定位桁条的刻度板、接头定位件等。专用件一般尺寸较小，设计、加工制造周期很短，并且不需专门的大型加工设备。标准结构的设计不需要最终产品数据或只需一些基本数据，因此在飞机产品设计的初期就可进行设计制造可进行设计制造，当产品最终版本发放后只需较短的时间就可完成专用结构的设计制造。标准件和专用件采用确定装配设计方法非常方便，并且不需专用安装工具，装配周期短。这样，在产品设计完成后很短时间内型架就可投入产品装配。

确定装确定装配和并行设计方法在 A380 壁板装配型架的设计制造中取得了巨大的成功。空中客车英国公司以三维零件实体定义和开发的智能设计系统为工具，制造工程师可以将零件几何特征很快转换为桁条定位指针，用于定位每一个桁条。

2. 装配型架的柔性设计

大型飞机的装配型架更加庞大，制造周期长、占地面积大。传统的装配型架采用刚性结构，一套型架只能装配一个组合件或部件。柔性装配型架可以装配不同产品，能够减少型架数量，从而减少工装制造周期和费用，减少生产用地。

柔性设计的基本思想是在型架中采用可以快速调整的机构，以满足不同装配对象的装配要求。一般型架有数个立柱，每个立柱上有多个定位件。分析 A340–600 的柔性型架的桁条定位部分可以发现。柔性型架的立柱、定位件，甚至底座都是可以移动或调整的。采用确定装配设计方法设计制造的 A380 壁板装配型架有数个桁条定位在型架上。型架的立柱上有带多个坐标孔的"销钉板"上。

定位桁条的刻度板通过定位梢固定在"销钉板"上。立柱上的定位指针在 Z 向可以通过螺纹调整，通过丝杠可以在 Y 向移动。立柱通过底座上的导轨可作 X 向移动。为了保证装配对象在 Y 向的定位，在底座上往往有多个辅助支撑。辅助支撑通过导轨可作 X 向移动，Y 向定位点可以通过调整伸缩顶杆来调整。空客英国公司制造的柔性高速铆接系统中有两套柔性装配型架，可以铆接 A330/340，A319/320/321；A300 系列飞机机翼上下共有 12 种壁板，型架经过一定的调整，还可用于 8 种壁板的装配。每套型架有 10 个可移动的立柱，2 个围框式接头定位板，5 个辅助支撑及底座。每个立柱上有一套定位系统以满足不同壁板结构的定位要求。定位系统包括 4 个可调节指针定位机构，其中上下 2 个指针从蒙皮外表面定位，中间两个指针从蒙皮内部对壁板定位。

大型飞机装配型架在飞机研制过程中占有重要地位，其设计方法对飞机研制周期有较大的影响。柔性设计方法和并行设计的采用可明显缩短型架的制造周期，减少型架数量和占地面积，对降低成本和缩短研制周期具有重要的影响。确定装配设计方法是并行设计和柔性设计实施的基础，而确定装配设计方法必须以三维实体定义和智能设计系统为设计工具，以提高 CNC 加工设备为手段。

三、飞机装配中胶结工艺特点

胶结是利用胶结剂在连接面上产生的机械结合力、物理吸附力和化学键合力而使两个胶结件起来的工艺方法。胶结不仅适用于同种材料，也适用于异种材料。胶结工艺简便，不需要复杂的工艺设备，胶结操作不必在高温高压下进行，因而胶结件不易变形，接头应力分布均匀。在通常情况下，胶结接头具有良好的密封性、电绝缘性和耐腐蚀性。

胶结是通过胶结剂将零件连接成装配件的一种方法。与传统的连接方法相比有以下显著的特点：

（一）胶结的优点

1. 不削弱基体材料，形成的接缝时连续的，受力分布比较均匀，连接薄板时，改善了支撑情况，提高了临界应力。

2. 减轻结构重量，提高疲劳强度。

3. 多层胶结提高材料利用率，提高结构破坏安全性能。

4. 胶结结构平滑，有良好的气动性能。

5. 有良好的密封性。

6. 胶结层对金属有防腐保护作用，可以绝缘和防止电化学腐蚀。

（二）胶结的缺点

1. 性能分散力较大。

2. 生产质量控制要求严格。

3. 胶结质量不易检查。

4. 使用范围受限制，存在老化问题。

由于上述的种种优缺点，胶结技术在工业和生活中的应用非常广泛。当今金属胶结技术的发展方向。

①不断完善及提高胶结质量品质。

②不断降低成本、提高生产效率。

③开拓和发展新材料、新结构的航空胶结技术。

胶结的一大重要应用是设备的密封。用液态的密封胶代替传统的橡皮、石棉铜片等固态垫料，使用方便，且可降低对密封面加工精度的要求，同时密封胶不会产生固态垫片因压缩过度和长时间受力而出现的弹性疲劳破坏，使密封效果更加可靠。航空工业是胶结应用的重要部门。由于金属连接件的减少，胶结结构与铆接或结构相比，可使机件重量减轻20%~25%，强度比铆接提高30%~35%，疲劳强度比铆接提高10倍。因而现代飞机的机身、机翼、舵面等都大量采用胶结的金属板金结构和蜂窝夹层结构，有的大型运输机胶结结构达3200m，有的轰炸机胶结面积占全机表面积的85%。胶结结构在航天领域中必不可少，它有着阻裂、吸波、减震、隔音等特殊作用已经广泛应用于航天工业当中。

然而在传统的飞机制造过程中需要大量铆钉将金属板连接起来（一架小型飞机需要上万个铆钉），若采用胶结代替铆接，可使飞机质量减轻20%、强度提高30%。如果飞机机身的壁板、整体油箱、机翼的零部件、直升机旋翼、舱门和地板等均采用胶结结构，可明显减轻飞机的质量、改善抗疲劳性和抗腐蚀性能，并具有节油提速增加航程、气动性能好、工艺简单、降低成本、密封绝缘、表面光滑美观和应力分布均匀等优点。目前，在各种军用飞机、民用飞机的制造过程中，许多部位均采用结构胶进行粘接与密封（如机身隔框、后机身蒙皮、发动机整流罩、副翼蒙皮、机翼前缘、垂尾和平尾前缘、翼根整流片、飞机油箱、机窗、座舱以及隔板、压板、防火层、出人门、窗口、气孔、管路、机身门窗、各种箱盖端面、垂尾及方向舵连接处等）。

所谓大飞机是指起飞总质量超过100t的运输类飞机，既包括军用、民用大型运输机，也包括150座以上的干线客机。近年来在国际大飞机项目研究中，高分子胶结剂具有粘接飞机零部件的作用；具有良好的使用性能（如优异的加工性能、良好的热性能、优良的粘接性能、低密度、抗老化性优和环境稳定性好等）。

因此，胶结结构取代传统连接方式是一种必然趋势，对提高产品性能、减轻结构质量、简化制造工艺和降低费用等具有明显作用。

第三节 飞机数字化装配技术

一、概述

近年来，随着亚太地区劳动力成本低廉，全球制造业迅速向亚太地区转移，我国正成为世界制造业的重要基地。随着社会的进步和新技术的应用，航空制造业的竞争日趋激烈，工装设计水平是反映一个国家飞机制造水平的关键指标之一。飞机装配是将零件（成部件、组件）按照设计和技术要求进行组合、连接形成高——锻的装配件或整机的过程。

飞机装配由于产品尺寸大、形状复杂、零件以及连接件数量多，其劳动量占飞机制造总劳动量的 50% 左右甚至更多，其制造和装配精度要求高，所以，在整个制造过程中飞机装配技术是一项技术难度大、涉及学科领域多的综合性集成技术，它在很大程度上决定飞机的最终质量、制造成本和周期。

为了保证飞机的可靠性和稳定性，装配型架是飞机装配必不可少的工艺装备之一。装配型架设计与产品装配和制造过程密切相关，装配型架不仅影响产品制造和装配精度，而且是把握产品的唯一尺度，其中装配型架的设计和制造在整个生产工艺装备中占很大的比重。装配型架结构是否合理、正确，不但对装配型架本身制造工作量大小、周期长短、成本高低和装配条件有直接的影响，而且也决定着各工件的对接、配合尺寸是否协调一致，对飞机装配的互换协调性、制造质量和进度有很大影响，直接影响整个飞机的制造周期。市场对大型飞机的需求一般都是小批量多品种的且产品的交货周期很短。这对传统的装配工装来说，无论是其成本还是其生产周期都无法满足现在的需求。

为了适应现代航空制造业的发展，必须研究开发新的装配技术。因此，经济发达的国家对飞机装配技术十分关注，并投入巨资进行研制。针对这一现状，国内飞机制造业数字化工程在飞机装配方面提出了数字化装配技术。飞机产品数字化设计制造技术是 20 世纪 80 年代后期以来，随着计算机辅助设计技术、计算机辅助制造技术、计算机信息技术、网络技术的发展，以美国为首的西方发达国家开始研究并首先采用的一项新技术。这项技术以全面采用数字化产品定义、数字化预装配、产品数据管理、并行工程和虚拟制造技术为主要标志，从根本上改变了飞机传统的设计与制造方式，大幅度地提高了飞机设计制造技术水平。

数字化技术的应用是飞机制造业的一次革命性的变革，它将从根本上改变了传统的飞机装配技术。在现代飞机装配中。装配模式已从基于模拟量传递的刚性装配方式发展成为基于全三维数字量传递，以柔性工装为装配定位与夹紧平台，以数控柔性制孔单元和自动钻铆系统为自动化加工设备，以激光跟踪仪等数字化测量装置为在线检测工具，在装配数据及数控程序的协同驱动下，完成飞机部件的自动化装配过程的柔性装配模式，飞机装配已进入了数字化、自动化、柔性化、智能化装配时代。

二、国内外发展现状

（一）与发达国家的差距

我国的飞机装配技术和组织管理方式，虽然在局部也采用了较先进的技术，如利用激光跟踪仪或 CAT 技术安装型架，少数也采用了自动钻铆技术，简化了装配型架结构。但与发达国家相比还存在较大差距，主要表现在：

1. 这些技术还不配套，应用上不成熟，加上多年来对飞机装配技术缺乏研究，资金投入不足，仅满足于能把飞机制造出来，还是沿袭着过去几十年来批生产的手工作业模式。

2. 飞机的设计制造仍主要采用串行模式、制造模式未实现根本转变。

3. 数字化技术的应用规模较小，还未实现一个完整型号的全面数字化。

4. 各环节虽然已实现数字量传递，但仍存在信息孤岛现象，未打通飞机数字化设计制造生产线，模拟量传递依然大量存在。

5. 工装、工艺设计与产品设计脱节，未能充分实现并行工程，造成飞机装配协调困难，返工率高。

6. 在装配技术方面，虽然在局部采用了数字化技术，如在协调方式上局部采用了数字量传递的协调方法，但模拟量传递仍然是当前众多企业飞机制造的主要协调方法。

7. 采用专用工装装配、以光学仪器测量安装仍是目前飞机装配的主要手段，未能在数字化装配技术方面实现新的突破，导致飞机制造成本居高不下。

8. 装配工人在现场工作需要仔细翻阅大量的图样、工艺文件，而且经常会出现工作上的失误，造成装配质量问题，影响装配周期等。

（二）取得的效益

从国外情况来看，以波音公司为代表的飞机设计制造公司数字化技术应用起步较早，目前，已经成熟应用到多种飞机的研制过程中，并取得了很好的效益。

1. 洛克希德·马丁飞机公司

在研制 JSF 战斗机 X-35 过程中明确提出：要使 JSF 飞机装配周期缩短 67%，其中单架周期要从 15 个月缩短到 5 个月；工艺装备由 350 件减到 19 件，减少了 95%；制造成本降低 50% 等，此外，在 JSF 装配中他们还应用了一种十分先进的龙门钻削系统，它使用激光定位、电磁马达和“压脚”（pressurefoot）进行精密钻孔；加快了装配过程，形成紧配合，产生光谱表面，不仅减少了摩擦，还满足了 JSF 耐久性的需求，其钻孔出错率仅为 3%，超过了世界钻孔 3.4/1000000 的质量标准，而且在处理大型零件时能容易地拆卸、移动和重新装配，还取消了 75% 的有关钻孔工具和工装，使部件的安装工作节省 90% 的时间。

2. 波音公司

在研制 X-32 飞机也是如此，当零部件汇集到 JSF 方案验证机总装基地——加利福尼亚州帕姆戴尔对，已见不到通常陪伴在飞机生产线上的巨大型架，取而代之的是一种通用支架，用它支撑 JSF 的主要部件，利用 4 部 Zeiss 激光跟踪仪对它们进行空间定位和其他装配工作，并取得了很好的效果。在 X-45 无人驾驶战斗机项目中也采用了这一先进技术。随着 X-32 装配工作的进展，工人们开始佩带一种挂在腰间的微型计算机，它通过单目镜片，能把装配顺序和装配好后的部件状态投射到正在装配部件的上方，让工人方便直观地进行装配工作，无须再细看图样、翻阅工艺文件，使装配周期缩短 50%，成本降低 30%-40%。

三、飞机数字化装配技术的定义

数字化装配是一种能适应快速研制和生产及低成本制造要求的技术。从其发展的历程看，它实质上是数字化技术在飞机设计制造过程中更深层次的应用及延伸。

数字化装配方法不仅包括了传统数字化装配概念中工装的设计、制造及装配的虚拟仿真等，还包括了像柔性装配方法、无型架装配方法等其他自动化装配方法。飞机数字化装配技术是数字化装配工艺技术、数字化柔性装配工装技术、光学检测与反馈技术、数字化钻铆技术及数字化的集成控制技术等多种先进技术的综合应用。

数字化装配技术在飞机装配过程中实现装配的数字化、柔性化、信息化、模块化和自动化，将传统的依靠手工或专用型架夹具的装配方式转变为数字化的装配方式，将传统装配模式下的模拟量传递模式改为数字量传递模式。

四、飞机数字化装配技术的内容

（一）数字化装配协调技术

数字化协调方法也可称数字化标准工装协调方法，是一种先进的基于数字化标准工装定义的协调互换技术，将保证生产用工艺装备之间、生产工艺装备与产品之间、产品部件与组件之间的尺寸和形状协调互换。数字量传递协调路线如下：

1. 飞机大型结构件（与飞机外形及定位相关）如框、梁、桁、肋、接头等用 NC 方式加工。

2. 在飞机坐标系下，工装设计人员以产品工程数模为原始依据，进行工装的数字化设计，并且在工装与产品定位相关的零件上用 NC 方式加工出所有的定位元素。

3. 工装在装配时利用数字标工（数据）协调，采用激光自动跟踪测量系统测量，通过坐标系拟合，定位出零件的安装位置，满足安装基准的空间坐标及精度要求。

4. 飞机钣金件模具数字化设计以及用 NC 方式加工，钣金零件数控加工。

（二）数字化装配容差分配技术

容差数值直接影响产品的质量与成本，因而根据产品技术要求，进行零、组件的容差分析和设置，可以经济合理地决定零部件的尺寸容差，保证加工精度、提高产品质量，在满足最终设计要求的同时使产品获得最佳的技术水平和经济效益。在产品装配前仅凭以往的经验或某个方案分配给每个零件公差，装配成产品后公差能不能达到产品设计的要求，难以定论。现在可通过数理统计的方法来模拟装配过程和次数，可看到最终形成产品的公差与零件的公差、零件的装配顺序等因素有关。在零件数模的基础上，对于我们关注的关键的质量特征，设定公差和装配顺序，通过数理统计的方法仿真，分析各种因素对质量特性的影响程度，为查找质量问题的原因和改进容差分配提供了依据，不断仿真找出最优的公差分配方案。

（三）自定位与无型架定位数字化装配技术

现代的飞机设计遵循面向制造的原则，在零件设计的时候就必须考虑以后零件的加工和装配。在工艺人员的建议下，飞机设计时对主要结构件（梁、框、肋和接头等）建立装配的自定位特征，如小的突耳、装配导孔、槽口和形成定位表面等，或者在产品结构设计的同时，把用来安放光学目标的工艺定位件设计到结构件上。但这些零件的自定位特征需要用数控方式精确加工，在实际装配过程中这些零件自己就能利用自定位特征定位，或应用激光跟踪仪和光学目标定位。基于飞机产品数模和数字量尺寸协调，无型架定位数字化装配技术采用模块化、自动化的可重新配置的工装系统，大大简化了或减少了传统的复杂型架，缩短了工装设计与制造的时间，降低了工装成本，并提高了装配质量。

（四）数字化装配工艺设计技术

数字化装配工艺设计技术是根据企业结构和制造流程在软件环境中构建企业的制造体系结构，包括产品、工艺和资源三个主要部分，完全可描述什么人、在什么地方、用什么工具、用什么方法、制造什么产品，当然也包含成本和时间。其中产品部分又分为EBOM、PBOM 和 MBOM 三个分支，工艺又分为根据工艺分离面设计的工艺 Process Plan和根据生产工位设计的工艺 Production Plan，资源分为结构化的资源，包括工厂、车间、工段、工位、设备、工装、工具和人。

资源又分为资源规划 Resource Plan（又称制造概念）。其中成本包含在产品里，时间包含在工艺里，设备利用率包含在资源规划里。利用设计部门发放的产品三维数模和EBOM，在三维可视环境下进行产品的装配工艺规划及工艺设计。将三维数模数据（属性）导入产品节点，并将三维数模数图形的路径关联到每个零件上，在编制工艺的任何时候都可预览零件和组件的三维图形，直观地反映装配状态。在产品工艺分离面划分的基础上，对每个工艺大部件进行初步装配流程设计，划分装配工位，确定在每个工位上装配的零组件项目，在三维数字化设计环境下构建各装配工位的段件装配工艺模型，并制定出产品各工位之间关系的装配流程图，形成装配 PBOM。

在装配工位划分的基础上，对每个工位依据段件装配工艺模型在三维数字化环境下进一步进行各工位内的装配过程设计，确定每个工位内的段件装配工艺模型零组件的装配顺序，并且将相关的资源（设备、工装、工具、人）关联到工位上。确定该工位需要由多少个装配过程实现，并定义装配过程对应的 AO 号。在装配 AO 划分基础上，对每本 AO 依据段件装配工艺模型进行详细的装配工艺过程设计，定义该工艺过程所需要的零组件，标准件、工装等，在三维数字化环境下确定该装配过程零组件、标准件、成品等装配顺序，明确装配工艺方法、装配步骤，并选定该装配过程所需要的工装、夹具、工具、辅助材料等资源，形成用于指导生产的 AO 和 MBOM。

（五）数字化装配过程仿真验证技术

三维数字化装配过程仿真验证技术是在软件虚拟装配环境中，调入产品三维数模、资源三维数模和设计的装配工艺过程，通过软件模拟完成零件、组件、成品等数模上架、定位、装夹、装配（连接）、下架等工序的虚拟操作，实现产品装配过程和拆卸过程的三维动态仿真，验证工艺设计的准确度，以发现装配过程工艺设计中的错误。仿真是一个反复迭代的过程，不断地调整工艺设计，不断地仿真，直到得到一个最优的方案。

1. 装配干涉的仿真

在虚拟环境中，依据设计好的装配工艺流程，通过对每个零件、成品和组件的移动、定位、夹紧和装配过程等进行产品与产品、产品与工装的干涉检查，当系统发现存在干涉情况时报警，并给出干涉区域和干涉量，以帮助工艺设计人员查找和分析干涉原因。该项检查是零件沿着模拟装配的路径，在移动过程中零件的几何要素是否与周边环境有碰撞。在三维环境中，检查过程非常直观。

2. 装配顺序的仿真

在虚拟环境中，依据设计好的装配工艺流程，对产品装配过程和拆卸过程进行三维动态仿真，验证每个零件按设计的工艺顺序是否能无阻碍的装配上去，以发现工艺设计过程中装配顺序设计的错误。虽然装配顺序设计是按先里后外的原则设计的，但实际装配时候就发现有零件装不上去，无奈只有拆除别的零件，先装这个零件。

3. 人机工程的仿真

产品装配的过程，少不了人的参与，产品移动的过程也就是人动作的过程。在产品结构和工装结构环境中，按照工艺流程进行装配工人可视性、可达性、可操作性、舒适性以及安全性的仿真将标准人体的三维模型放入虚拟装配环境中，针对零件的装配，对工人以下工作特性进行分析。

装配现场三维工艺布局仿真在数字化环境下，建立厂房、地面、起吊设备等三维制造资源模型，将已经建立的各装配工艺模型和装配型架、工作平台、夹具等制造资源三维模型放入厂房中，按照确定的装配流程进行全面的工艺布局设计。三维工艺布局比传统的二维工艺布局更直观，充分体现了三维空间的状况。并且在数字环境下可以仿真生产流程。

5.可视化装配与人员培训

经过仿真验证的三维数字化装配过程仿真文件，可在不同的工位节点或 AO 节点通过程序打包传递到车间，也就是将产品的三维数模和工艺信息（装配顺序说明或动画、装配产品结构等信息）传递到操作者手中。操作者能够采用终端电脑或手持电脑读取这些信息，使工人能够准确、迅速地查阅装配过程中需要的信息，提高装配的准确性和装配效率，缩短装配时间、降低装配成本。在生产现场指导工人对飞机进行装配，帮助工人直观了解装配全过程，实现可视化装配。也可用于维护人员的上岗前培训。

（六）数字化检测技术

通过数字测量系统（如激光跟踪仪、IGPS）实时监控、测量工装或产品上相关控制点（关键特性）的位置，建立起产品零部件基准坐标系统，并在此坐标系统中将工装或产品上关键特征点的测量数据和 3D 模型定义数据直接进行比较，分析出空间测量数值与理论数据的偏差情况，作为检验产品是否合格及进一步调整的依据。

产品从零件的三维数模到零件的数控加工再到零件的数字化检测，其整个过程都实现了工程数据的数字化传递。就这样反反复复，直到产品设计冻结。可以看到与传统的串行模式不同，产品设计、工装设计和工艺设计都是平行作业。

五、飞机部件的数字化装配过程

数字化装配是现代航空制造企业装配技术的发展方向。从 20 世纪 90 年代开始，国外的波音、空客等先进航空制造企业陆续开发和应用了三维虚拟制造软件，多以飞机装配典型结构为应用对象，建立飞机装配的数字化设计制造模式和数字化协调技术体系，利用网络技术及数字化技术，建立工艺设计流程，实现 3D 装配工艺设计及验证、仿真，实现车间、工厂布局数字化及仿真，实现现场工人操作的可视化等。飞机部件的数字化装配过程：

（一）根据全机数字样机及详细设计确定飞机的工艺分离面，制定工艺总方案

（二）工艺部门

根据工艺总方案制定各部件的详细装配方案，同时给出工艺装备的技术要求，工装设计部门依据工艺部门所提的技术要求设计工装。

（三）利用计算机软件的虚拟仿真技术

将产品进行仿真装配，找出干涉部位，优化产品设计、优化工艺装配方案、优化工装设计方案。

（四）利用激光跟踪仪等先进光学仪器进行工艺装备的装配和产品的装配

20世纪90年代前，绝大部分的飞机装配都是采用样件、样板、标准量规的模拟量的方式进行装配，尤其是在工艺装备的制造方面最为突出。

20世纪90年代后期，激光跟踪仪等先进光学仪器的应用逐渐取代了样件、样板、标准量规的模拟量传递。利用光学仪器进行产品的装配方法即利用全机数字模型的数据坐标点进行点位坐标的测量定位的装配方式。而数据坐标点的选取则是由工艺部门根据工艺装配方案决定的具有定位作用的点位坐标。

在现代飞机装配过程中，在大部件对接方案中常被使用。比如，我们在进行板件的对接装配时我们可以在全机数字模型中相对应的板件选取具有定位作用的三个点的数据坐标，然后建立与全机数字模型等同的坐标系，在板件进行对接装配时利用激光跟踪仪的测量调节板件支撑托架定位此板件，取代了传统的金属框架式工装型架的装配方式，既易于操作，又提高了装配的准确度。近期在航空制造业又出现的IGPS即室内GPS定位扫描装配方式，此装配方式也以全机数字模型为依托，进行全机部件的定位扫描，找出与飞机理论外形的误差，以便在装配时进行调节和完善。

（五）数字化检测

数字化检测是我们近阶段应用最频繁，同时也是数字化装配后最为关键的环节。数字化检测能够精准地检测出我们装配产品的符合性，合格与否。数字化检测在工艺装备的校准、大部件产品交点装配部位校准方面应用较多。与传统的样件、样板等检测手段相比数字化检测准确度高，数据易于储存。数字化的存在和发展使飞机制造领域有了无限提升的空间。

六、飞机部件的数字化装配优点

（一）虚拟仿真装配，优化制造流程

虚拟制造与数字化制造有时候会分开来各自定义，但笔者认为虚拟制造是数字化制造的一种特殊方式，数字化制造是虚拟制造的基础依据。虚拟仿真装配也是虚拟制造的一种装配方法。数字样机的存在为飞机结构件的虚拟仿真装配提供了数据基础。

所谓虚拟仿真装配就是以飞机全机数字模型为基础，以工艺装配方案为导向，利用计算机软件平台，将产品装配过程中的各个环节进行统一建模，在虚拟的空间体现产品装配的真实情况。将产品与产品之间、产品与工艺装备之间的虚拟装配能够帮助设计部门在设计阶段解决后续装配中可能出现的问题，同时也能够帮助工艺部门分析产品的工艺性，技术推广与应用制定最佳的工艺装配方案，生产面积合理的工艺布局，工艺装备的易操作化设计，保证了产品的可装配性、提高了装配效率、减少装配时间，降低装配成本等诸多好

处。对于工艺部门来说，虚拟仿真装配能够优化飞机的制造流程。

（二）提高效率

随着计算机的不断发展、计算机软件的不断推陈出新，飞机的研制周期大幅度缩短。数字量传递取代了模拟量传递，节省了模拟量传递中所用的大量的样件、样板、标准量规等的制造环节，同时，利用能够利用数字化仿真手段提前发现和解决工装和工装之间协调问题、工装和产品之间干涉问题，在工装设计阶段就将这些原本在制造过程中才能发现的问题及时解决，计算机的利用也节省了大量的纯手工劳动力，大大提升了飞机制造效率。

（三）降低成本

在飞机的研制过程中，除飞机的设计费用、原材料成品的采购费用及人工成本等费用外，飞机工艺装备的设计和制造的成本占有很大的比重。数字量的传递较少了传统飞机制造中模拟量传递所用大量模线、样板、样件、量规的设计和制造，而且利用数字模型的模拟装配减少了实际装配过程中出现问题的频率。数字化装配大大节省了飞机的制造成本和劳动力成本。

（四）提高制造精度

传统的装配方案主要靠工艺装备的制造精度来保证产品的制造精度。而我们工艺装备的传统制造方法主要是以型架装配机、样板、样件来进行协调装配。就型架装配机、样板、样件而言本身的制造精度就不高，各种关键的交点部位都是依靠样件、量规来协调。如今数字化的发展和应用使我们能够充分利用现有的精密仪器来直接定位安装，省去了样件、样板、量规的协调，也避免了样件、样板、量规协调环节的误差。直接利用数模上的数据坐标点来测量定位，制造精度可达 0.01mm。利用数 V–It 制造和检测手段既简单、经济，制造准确。

七、数字化测量技术的应用

兴起于 20 世纪 80 年代的飞机数字化制造技术发展到今天已经历经 30 余年，随着数字化技术应用的不断深入，国内飞机装配装备技术已经有了很大的进步，在大部件自动对接、壁板类组件自动制孔、自动化电磁铆接等单点技术上已取得突破，初步实现工程化应用。

数字化测量技术在飞机的数字化制造过程中扮演着非常重要的角色，大大提升了飞机的制造效率和质量。从零部件的加工到飞机的装配，现代化的测量技术遍及飞机制造的每一个环节，为飞机高质量高效率生产制造保驾护航。

（一）在机测量技术

在机测量技术指的是将机床测头安装于机床主轴上，在工件的加工工序中插入自动化精密找正、自动化检测的环节，实时提供加工结果。自动化精密找正解放了加工人员依赖手工找正的技能，同时提高加工的定位精度。工件的自动化检测则为及时修正不良加工趋势提供可视化的数据支持，在提升加工质量的同时节省了修正时间和因不合格带来的成本损失。

在飞机零部件的加工过程中，复杂易变形的叶片叶轮类零部件是最为典型的例子，在叶片加工中，通过在机测量系统的自动找正功能，克服以往依赖工装定位而工装本身稳定性不高的难题，而整体叶轮的机加工难度要远远大于单叶片的加工。以往叶轮从机床上拆下后，如果出现局部超差情况，对其二次定位进行再修复的报废率很高。在没有过程检测数据之前。叶轮加工参数的调整很难找到合适的参考。在叶轮加工中插入在机测量之后，通过在机测量确认叶轮精加工余量并及时调整加工参数，大大提升了叶轮的加工质量，同时保证叶轮从机床上下来就是合格产品。

固定式三坐标测量机是传统意义上的精密测量技术，从 20 世纪 60 年代开始至今发展了近 50 年，中国航空航天业是中国工业行业中第一个引进三坐标测量机的行业，可见，固定式三坐标测量机在中国航空航天业的地位。飞机上所有的零部件在出厂前必须通过固定式三坐标测量机或者便携式测量系统的质量验证。

今天，大飞机制造过程中应用的固定式三坐标测量机主要有桥式测量机和龙门式三坐标测量机，两者的区别在于，桥式机测量行程小，主要用于中小型零部件测量；龙门机测量行程大，主要用于大型零部件的检测。目前全球最大的龙门式测量机 Y 向行程 40m，这台测量机就出自海克斯康计量集团。

随着制造技术的发展，测量技术的需求趋向于车间现场化和便携化应用，因此，在应用现场可看到便携式关节臂测量机、拍照式测量系统、激光跟踪仪。便携式测量技术的特点是设备能够适应车间恶劣的环境，包括温度、湿度、灰尘粉尘等，更重要的特点是可以随身携带，应用更灵活更柔性。关节臂、拍照式测量系统和激光跟踪仪测量技术的区别在于激光跟踪仪的检测范围更大，高精度测量范围达 30m，最大的测量范围则高达为320m。

大飞机数字量化测量技术指的是使用激光跟踪仪结合成熟软件或者特制的开发软件辅助装配飞机型架、机身对接。

以机翼与机身的自动对合为例，利用激光跟踪仪的数字量化装配步骤为：

1. 初始化测量程序。

2. 读取理论值。

3. 测量参考点。

4. 捆绑站位。

5. 拟和坐标系至机身。

6. 测量实际机翼位置计算实际测量点与理论偏差。

7. 发送偏差到装配程序驱动工装和终端执行机构调整机翼位置趋近于最终位置。

8. 判断是否满足规定的装配公差，如果未在偏差值未达公差要求，驱动终端执行机构则会将机翼逐渐调整到理论位置。

9. 如果偏差在装配公差内，则结束程序，驱动执行机构完成机翼对接。整个过程依靠数据量化的激光跟踪仪达到高效的精密装配效果。

先进的数字化测量技术作为飞机数字化制造技术中重要的组成部分。在保证效率和质量过程中起到至关重要的作用。随着产业升级转型，数字化测量技术的地位必将越来越高。

（二）数字化测量技术的现状

数字化测量技术在飞机装配技术发展历程中有至关重要的作用，没有有效的测量手段就不可能实现自动化装配。数字化测量技术的发展与飞机装配技术的进步是相辅相成的。数字化测量系统是以测量检测软件为核心，以数字化测量设备为实施工具，能够对待测对象实施快速、精确、自动化的测量，获取其准确的空间形状或位姿信息，并能够对测量结果进行分析评估的一整套测量系统。在飞机装配领域，相对于传统测量系统，数字化测量系统主要特征包括：

1. 测量范围大、精度高

数字化测量设备通常采用有着极好的定向性和相干性的激光发射 / 接收系统作为其测量单元，在满足飞机装配精度的前提下，测量设备能够实现大空间测量。

2. 测量过程可通过编程控制

数字化测量设备采用机电伺服控制结构，结合其开放的可编程二次开发接口，能够实现对测量工作的数字化控制。

3. 测量数据数字化，可读性好

测量结果以数字量进行表征，可以直接显示、加工和处理。

4. 测量数据具有良好共享性

数字化测量设备采用标准的以太网 TCP/IP 接口，因此测量设备能够很容易地实现与其他系统之间的数据通信，对组建柔性化的数字化装配平台有不可估量的积极意义。

八、数字化测量技术的现状

下面从飞机装配过程中的数字化协调、关键零件质量控制、部件装配、总装对接和移动生产线等几个主要环节的工程应用说明测量技术的现状和发展趋势。

（一）基于精密测量的数字化协调技术

现代飞机装配技术进步的主要特征之一就是数字量协调取代了模拟量协调。在数字化标工协调法中，用数字化光学测量系统（如激光跟踪仪、电子经纬仪、室内 GPS 等）对装配工艺装备进行安装检验，通过测量工装骨架上的光学工具球孔位置，并与工装数模中的光学工具球孔理论坐标值拟合后。在测量软件系统中建立起工装的设计坐标系。所有其他工装定位器的安装都采用光学测量系统在此设计坐标系中进行，使得装配完成的工装符合设计时的定位功能与协调要求，并使最终装配完成的飞机产品满足计时的互换协调要求。

在数字化测量技术和加工手段没有达到飞机装配要求的高精度水平以前，装配质量只能依赖大量复杂的专用工装来保证。飞机各部件的协调和装配工装的制造要按模线、样板、标准样件等模拟量来保证；工装的安装和校验要经过上样件、调标工、安装、检测和维修定位器；下样件的过程传递环节长、误差大，装配效率和产品质量很难达到较高水平。因此，一种新机型的研制周期要长达 5 年或 10 年以上（制造标准工装的周期通常在 1–2 年或更长）。数字化技术的应用和测量技术的发展简化了工装的安装和校验的过程，取消了标准样件，并大幅度缩短了工装制造周期，降低了研制成本。

（二）关键零件质量控制

复合材料的大量应用已成为飞机发展的主流趋势，与金属合金相比，碳化纤维增强材料是不可重塑的，必须在第一次加工正确，由此推动在线测量设备在生产中的应用，否则，在可能返工之前将会报废一个昂贵的零件。

洛克希德·马丁公司利用其先进的带有专利的激光超声检测技术，对型面复杂的复合材料零件进行 100% 的自动检测，目前已用于 F–22、F–35 的大型油箱、大梁、复合材料进气道、机翼蒙皮等的自动化检测，显著地提高了生产效率，使 F–35 及 F–22 计划的全寿命周期的检验成本减少约 3 亿美元。洛克希德·马丁公司还采用了一种由挪威开发并制造的 Metronor 便携式计算机辅助红外照相测量系统，与一般的坐标测量机相比，设备成本减少 3/4，测量大尺寸曲面部件的检测时间减少 56%，而对于小零件则省时 64%。对于大尺寸零件来说，通常便携式系统更具有实用性。

（三）部件装配中的测量技术

数字化测量技术的出现使无型架装配成为可能，用测量设备取代难以加工的夹具已经成为一种趋势。波音公司在研制 JSF 的 X–32 样机和无人机 X–45 样机时，提出了包括根据零件关键特征以较少的安装工作快速定位不同零件的所谓决定性装配过程（Determinant Assembly）的无型架制造技术，取消了巨大型架，采用一种通用支架支撑样机的主要部件。利用 4 台 Zeiss 激光跟踪仪对部件进行空间定位和其他装配工作。大大提高了飞机装配的效率和精度。和高难度的加工相比，使用便携的测量设备减少了时间和资金的消耗。

测量辅助装配的典型案例还有应用工业机器人制孔和焊接装配，测量系统直接为机器人提供位置信息，在钻孔或者焊接操作前确认每一个位置，精度不受机器人磨损、温度变化以及负载变化的影响。

（四）全机对接中的测量技术

激光跟踪测量系统具有测量范围大、精度高、非接触、动态测量、机动性强的特点，根据跟踪头数量的不同，激光跟踪系统分为单站球坐标法、双站三角法和多站距离交会法三种。大型部件对接时，涉及空间范围大，测量精度要求高，采用三路激光跟踪测量系统虽能满足测量要求，但机翼或机身的移动可能会挡住激光束，被迫迁移跟踪仪测量点，并需重新标定基点位置，降低了测量效率。因此，波音公司利用 4 台激光跟踪仪对部件进行空间定位，较好地解决了测量基点重新标定的问题，提高了测量效率。

为解决大尺寸空间的测量与定位问题，科技人员在 GPS 的基础上开发出了一种具有高精度、高可靠性和高效率的 iGPS 系统。波音和空客公司取消了大型的固定对接平台，采用由计算机控制的自动化定位器、激光测量系统（激光跟踪仪或 iGPS 系统）和控制系统组成的自动对接方式。典型的应用如波音公司从波音 747.F/A18 和波音 777 等飞机整机的总装生产线，大幅度地提高了机体装配质量，并且能够适应不同尺寸的机身机翼结构，通用性强，节省了大量装配工装。

（五）移动生产线中的测量技术

波音、空客等航空公司，大量采用 AGV 小车和气垫运输，并与 GPS 和数控技术相结合，实现飞机部件的运输和装配，进一步提高了工作效率和装配质量。由于各生产环节对测量要求不同，生产线上存在多家不同公司的测量设备，而且各测量仪器附带的软件只能应用于特定的设备，需要生产工程师和工人了解各测量设备的公差测量细节，降低了设备操作方便性。所以，开发多系统异构的集成控制测量软件，将测量数据独立于测量设备，改进设备接口与测量硬件的数据传输，实现多系统异构的集成应用是提高装配效率和质量的关键。

CAD 模型描述是测量辅助生产的重要组成部分，建立三维 CAD 模型描述 GD&T（形状和尺寸公差）的标准和允许公差标准知识库是测量技术的发展趋势。例如，在 CAD 文件中注明 GD&T 已经成为波音的项目标准。当一个操作人员在他的 MCOSMOS 软件中创建一个测量程序时，Mitutoyo 公司提供 GD&T 符号的图像解释，操作者不仅可以看到 CAD 模型，还可以看到调用到屏幕上的 GD&T。操作人员不再需要设计图而是使用 CAD 模型来完成他们的工作，并可添加 GD&T 到模型中。

（六）面向装配的数字化测量技术研究

面向飞机装配的数字化测量技术是指以飞机装配需求为核心，对装配生产线中各个环节的测量方案、测量设备、测量分析软件、测量方法和相关技术规范进行研究，至顶向下进行数字化检测规划，建立覆盖全局（装配车间）的多系统异构集成测量平台，与数字化工艺装备集成，通过现场测量数据采集定量的分析，驱动控制系统对定位进行补偿和闭环控制，实现提高飞机装配质量和效率的一种综合测量分析技术。重点的研究内容应包括以下五个方面：

1. 建立数字化测量技术应用体系

研究面向数字化装配应用的多种数字化测量新方法，iGPS 测量方法、摄影测量方法、激光跟踪测量方法、CNC 数字化经纬仪测量方法等，重点分析各自特点和适应性；研究基于三维模型和数字化检测设备的测量工艺方法和标准规范，搭建多系统异构集成测量规划管理平台。

2. 系统规划数字化装配测量技术方案

针对不同装配阶段（零组件、部装、大部件对接、全机水平测量等）的测量需求，研究面向设计特征信息提取的测量规划及控制方法、非接触快速标记技术、特征点自动捕捉瞄准技术、高密度点云获取方法等。

3. 测量数据分析与处理

研究测量控制场支撑下的多任务测量软件平台技术及其二次应用开发技术。将得到的基本测量定位信息处理分类，统一为标准读取格式，生成驱动制造设备的控制信息。

4. 测量设备与其他制造设备或工艺装备的集成

研究测量信息和设备控制信息的交互接口，实现测量设备和制造设备的集成。

5. 自动化测量技术

针对典型对象的测量设备在线自动检测方法和辅助装备，实现快速自动测量。

九、数字化测量技术的发展趋势

飞机装配对测量技术的迫切需求带动了数字化测量技术的飞速发展，而数字化测量技术的进步也催生了先进的飞机装配工艺方法，大幅提升了飞机装配技术水平。与传统检测比较基于现代飞机装配的测量技术主要经历如下 6 个转变：

（1）检测依据从二维到三维转变，在产品设计并行时制定三维检测规划，依据三维模型自动生成检测规程并通过仿真分析优化测量方案。

（2）实物质量控制从制造完成后的产品实物检测向测量、协调、控制、管理模式的全过程转变。

（3）测量方式从少量关键零部件固定式离线检测到制造全过程便携式在线测量的转变。

（4）测量设备从多系统独立运行向多系统综合集成应用的方式转变。

（5）测量手段从手工干预测量向机械辅助自动化检测转变。

（6）测量技术在飞机装配中的作用由辅助装配向一体化集成装配转变。

数字化测量技术在飞机装配中的应用研究不仅仅是一项单纯的技术进步，而是要深入到技术、生产和质保体系中，彻底改变传统的设计、制造、试验和管理的模式、方法、手段、流程和生产组织，使之形成一体化的数字化测量集成质量管理系统。适应数字化柔性装配生产线的需要。

随着飞机数字化柔性装配理念在国内的日益深入，国内展开应用数字化柔性装配技术是大势所趋。而作为数字化柔性装配技术的重要组成部分，数字化测量技术和系统必将得到更广泛的应用。

当前国内各主机厂已经引进了多台激光跟踪测量设备以及其他一些先进数字化测量设备，但这些数字化测量设备主要用在工装的安装和检验中，缺乏在飞机制造装配中更广泛、更深入的应用。随着国内柔性工装技术的发展应用，如何利用柔性工装结合数字化测量系统完成飞机的精确装配，成为当前国内亟需解决的关键问题。

十、数字化测量技术的目的和意义

（1）容易实现产品设计、工艺设计、工装设计的并行工程，因此，能够缩短产品研制周期，降低开发成本。

（2）在产品实际（实物）装配之前，通过装配过程仿真，及时地发现产品设计、工艺设计、工装设计存在的问题，有效地减少装配缺陷和产品的故障，减少因装配干涉等问题而进行的重新设计和工程更改，因而，降低了产品研制风险，保证了产品装配的质量。

（3）利用数字标工达到装配过程协调以数字量传递，简化和减少了实物工装，并且使用数字测量技术保证了装配质量。

（4）装配仿真过程产生的图片、视频录像直观地演示装配仿真，使装配工人更容易理解装配工艺，减少了装配过程反复，减少了人为差错。

（5）装配仿真过程产生的图片，视频录像可用于对维修人员的培训。

（6）对新产品的开发，通过三维数字化装配工艺设计与仿真，减少了技术决策风险，降低了技术协调成本。

（7）通过三维数字化装配工艺设计与仿真，进行时间工时分析、车间三维工艺布局、资源规划和评估，有利于提高生产计划的准确度。

（8）可提高企业在产品开发研制方面的快速应变能力，适应激烈的市场竞争和不同的用户需求。

（9）提高企业的技术创新能力。

第四节　飞机装配型架的安装

航空飞行器的装配与一般机械的装配有着很大的不同，一般机械的装配工作占产品劳动总量的 20% 左右，而飞机装配占劳动总量的 50%~60%，而且质量要求高，技术难度大。飞机制造的准确度很大程度上取决于装配的准确度，而一般机械主要取决于零件制造的准确度。飞机装配采用许多复杂的装配型架，而一般机械多采用手工装配或流水线装配。飞机装配中零件的数量多、零件大、刚度小，而产量比通用机械少。通用机械用公差配合制度来保证装配精度，飞机则是采用模线样板法保证外形的准确性。

从这里可以看出，在飞行器的制造过程中装配是一项非常重要的环节，而在这个环节中有一个重要的名词，那就是型架。型架用一句简单的话来说就是飞机的装配夹具。

一、装配型架安装的重要性

（一）保证飞机产品的质量，对飞机装配的准确度的要求

1.飞机空气动力准确度包括飞机外形准确度和外形表面光滑度。

2.各部件之间对接的准确度。这种准确度的实现就有赖于飞机装配型架的制造准确度。

（二）飞机的装配型架

在飞机的装配过程中有着十分重要且不可替代的作用，其重要性存在于：

1.飞机装配准确度主要取决于型架的准确度，而型架的准确度取决于型架安装的准确度。

2.型架的安装要保证工艺装备之间的协调性。

3.飞机成批生产中要提高型架安装效率。

二、装配型架的功用

（1）保证产品的准确度及互换性

①应通过定位及夹紧的方式来保证零件的准确形状，这样才能保证工件在装配过程中既有准确形状又有必需的工艺刚度。

②无论铆接，胶结，焊接，在连接中都产生不同程度的变形，装配型架要能限制工件的变形。

（2）一般机械制造中保证产品互换性主要通过公差及配合制度和通用量具，而飞机制造中通过相互协调的成套的装配型架。因此型架的另一特点是成套性和协调性。

（3）装配型架的使用可以改善劳动条件，提高装配工作生产率，降低成本。

三、装配型架的构造

（一）骨架

型架的基体，用以固定和支撑定位件、夹紧件等其他元件，保持各元件的空间位置的准确度极其稳定性。要求具有足够的刚度。

（二）定位件

型架的主要工作元件，用以保证工件在装配过程中具有准确的位置。要求定位准确可靠、相互协调和使用方便。

（三）夹紧件

是使工件牢靠地固定在定位件上的加力元件。要求装夹迅速可靠（装配中不松脱）、使用方便，不损伤工件表面。

（四）辅助设备

是为了适应工人在型架上操作需要和改善工作条件而配置的一些附属设备。如工作踏板、工作梯、托架、工作台、起重吊挂、地面运输车及照明、压缩空气管路等。要求工作方便、安全。

四、装配型架的安装方式

（一）用标准样件安装型架

标准样件是具有飞机部件、组合件、零件真实外形和对接接头的尺寸准确的刚性立体样件。其作用是作为部件、组合件、零件工艺装备的尺寸和形状的标准，是制造与协调有关工艺装备的依据。安装型架用的标准样件。是根据型架安装的需要，只具有部件、组合件各切面的外形和对接接头。

1. 采用标准样件安装型架的具体步骤

（1）型架骨架的装配，型架骨架通常采用焊接的方式要预先装配好，并通过退火或自然时效处理来消除内应力。

（2）标准样件在型架中的定位，将样件安放到型架的骨架上，按样件上的标高架装出型架上的标高板（或标高座）。

（3）型架卡板的安装，按蓝图要求安装卡板，卡板的工作型面按标准样件塑造。

（4）接头定位件的安装，采用调节螺栓固定接头定位件。

2. 优点

（1）能保证工艺装备之间良好的协调性。

（2）型架制造周期短。

（3）型架复制方便，且复制型架协调的一致性较好。

（4）便于型架的检修（排故或定检）。

3. 缺点

（1）标准样件制造工作量大，生产准备周期长。

（2）尺寸大、笨重，使用搬运不便，易变形。

（3）制造成本高。

（4）标准样件定期检修工作量大。

（二）用型架装配机安装型架

型架装配机实质上是一个大型空间坐标架，由三组相互垂直的坐标尺组成。也就是在用工具安装型架方法的基础上，使之机床化。其工作原理是：通过型架装配机工作台面的纵向运动实现 X 方向读数，横梁上拖板的横向运动实现 Y 方向读数，横梁的上下运动实现 Z 方向读数，从而建立一个三维坐标系，通过横梁上的金具结合水平角度板和侧向角度板在三维坐标系中实现空间角度（水平角和侧向角）读数，从而完成型架装配机安装范围内任意尺寸和角度零件的定位装配。

型架装配机安装法在型架安装过程中优势是比较明显的，主要表现为安装效率高、中小型型架安装的协调性好、尺寸直观、查找问题方便等。但其缺点是受型架装配机尺寸的限制、精度较低，尺寸转换复杂、积累误差较大、定期检修较困难。

（三）用划线钻孔台安装型架

划线钻孔台的主要作用是定位和安装型架卡板上的固定衬套或卡板端头（用快干水泥固定）。也适用于小型、简单型架夹具的安装。其工作原理是通过划线钻孔台上的固定标尺结合金具板、变距板、万能金具等附件实现 X 方向的读数，活动的横标尺结合金具板、变距板、万能金具等附件实现 Y 方向的读数，利用高度尺、百度表、块规、标准垫块等实现 Z 方向的读数，从而建立一个三维坐标系，通过金具结合水平角度板和侧向角度板在三维坐标系中实现空间角度（水平角和侧向角）读数，从而完成划线钻孔台安装范围内任意尺寸和角度零件的定位装配。此方法的缺点是由于安装空间角度零件需多个金具、角度板组合，误差较大，因此，该安装方法通常不用于空间角度零件的安装。

（四）用光学仪器和光学站位安装型架

光学仪器安装法是利用光学仪器（水准仪、经纬仪、准直望远镜、光学直角头、工具轴、球体目标等）在型架的基准下，建立三维坐标系；或按型架的大小、高低建立适当的光学站位（型架基准），并以光学站位为基准定位安装框架、量规和型架零件。以光学仪器的光学视线作为安装型架的基准线。此方法的优点是准确度高、安装效率高。而缺点是受环境温度、气流的影响较大。

（五）用激光跟踪仪测量安装型架

激光跟踪仪是一种高速、高精度的三维空间测量装置，它将水平和垂直方向的角度测量与距离测量结合在一起，建立了采点反射镜的 3D 坐标系，该坐标可以转换到任意工装或零件的坐标系统；高速马达实现了完全自动的测量，位置探测器保证仪器的高速跟踪能力。当操作者移动反射镜时，激光跟踪仪会实时"跟踪"并以三维坐标的形式报告反射镜的准确位置。其三维激光干涉和角度编码器保证了每秒 1000 个测量点参数的高速传输，以及直径为 70m 的大空间区域测量。

激光跟踪仪主要完成测量工装的安装正确与否和测量靶标点与理论位置作比较，可以分为以下六部分：

1. **安装前准备**

测量环境应符合仪器使用要求；激光跟踪仪应严格按规定进行预热、校准、标尺测量等，保证其满足测量要求。在实际测量时，考虑温、湿度的变化进行补偿；工装框架已完成安装，精度满足要求。

2. **建立工装初始坐标系**

按工装图纸的要求通过坐标基准点建立标准温度下的工装坐标系。

①测量基准统一，不管激光跟踪仪放在被测件附近的任何位置，都能使测量工作始终在工装坐标系下进行。

②测量数据一致，不管任何时候在工装坐标系下，激光跟踪仪测量的目标点数据（坐标值）始终是标准温度下的数值，不受测量环境温度变化的影响，使测量数据始终保持一致。

3. **检查工装坐标系**

要把所有靶点的三维坐标信息输入至计算机。使用最小二乘转换，保证这些测量点满足使用要求，检查并验证工装坐标系符合工装图样要求。

4. **安装工装定位件**

根据提供的靶点坐标值，安装工装定位元件（平板、卡板、外形板、钻模板等）。

5. **检查 OTP 点**

在工装所有定位件安装完成后，应对所有按激光测量点安装的工装定位件上的 OTP 点进行复查，符合工装图样要求。

6. **数据处理与输出**

利用激光跟踪仪获得型架激光测量点的实测值后，应与型架设计理论数据进行比较、分析，确保安装精度。

目前在我国的各大航空主机厂的型架安装中，已普遍采用激光跟踪仪测量安装型架。这种方式的优点是安装精度高、测量数据准确、技术难度不大，容易熟练掌握和灵活运用。便于各类工装的制造，以及工装的定检和维修。

五、装配型架的安装步骤

（一）熟悉任务

在一套型架的制造任务下达到生产工段后，工段会将任务分配给带班师傅，并由带班师傅带领数名人员一起工作。用一段时间熟悉图纸，按组件号熟悉零组件。要做到看到零件就知道大概是哪个部位上的零件，主要功能是什么，哪些尺寸是重要的，哪些次之，做到心中有数。

修理方面，如果这台型架制造时是自己装配的，那就应该很清楚型架的功能。如果是别人装配的，要搞清楚该型架的功用，对框架、各卡板、接头、交点之间的关系，以及故障内容都必须弄懂。一般来说，故障修理是头痛医头、脚痛医脚，与使用车间工人、工艺、工长沟通，了解故障情况，这样既可较快完成任务，又不会出大问题，因为型架发生更改未归零的话（老机型较为常见），状态符合图纸、符合使用，铆出合格产品最重要。

综上所述，接到任务，不能仅仅只是看图下手，必须对工作内容做到心中有数，才能带队伍上战场，完成任务又好、又准、又快。

（二）生产准备

通常我们制造一台型架时，是在零件制造到 20%–80% 的情况下就要求带队进场。带队进场之前，要考虑以下工作：

1. 装配所需的仪器、支架、量规等。

2. 准备工作（环氧树脂胶，快干水泥等物件）。

3. 框架、人员进厂。

4. 工程配套的零件中必须有图纸、工艺单，对照图纸检查零件是否合格（此项工作非常重要），特别是要按量规协调的零件，一定要在量规接头上协调一次，确保零件合格。

5. 框架吊线、制孔、压套等辅助工作的准备。

（三）装配过程

由于型架的大小不一，结构不同，在装配时的方法也有很大差异。

1. 大型分散式大型架（如合拢总装型架）

安排零件中的组合，制螺丝孔、顶，并充分考虑好刚重所需安装的零件、工、量具等工作。主动和工艺、检验甚至设计员沟通，协调处理技术质量问题，保证型架的安装顺利进行。进行零部件安装顺序的安排（装配顺序的安排）。在安装顺序的安排中，必须遵循从上到下、从里到外、集中装配、量规零件优先、基准统一等五个原则。

2. 上下梁结构

此结构的型架分为外定位式（以卡板、骨架垫片为主）和内定位式（以框板上的内定位孔定位器为主）两种。

（1）外定位式

有较多耳叉，TB 点的安装必须在同一个基准下安装；安装顺序为整体地基→立柱（吊线）→上梁。用水平仪将上梁调到水平 +0.1mm，注意上梁与立柱之间的胶层，应满足保证下梁的胶层量——下梁（注意检测耳叉的正确性）。

（2）内定位式（如 L15 后机身总装）

将上梁用方框水平仪粗调即可，同样，应保证下架有安装位置，另注意各零件有安装余量。

3. 框架式结构

此类型架结构比较单薄，因此，在此类型架搬运后，须进行复位工作。一定要确保各零件中有安装余量，需要零件试装通过坐标系的旋转、平移来实现。

4. 翻转类型架

此类型架的安装关键在于转轴的安装，要首先在平台上将旋转轴拆成光轴，用高度尺、角度尺、划模线检测，将转轴安装在一条线上（同轴度公差在 0.1mm 的范围以内）。

5. 暂焊夹具

此类架子就注意产品的下架问题定位接头为螺杆式，螺纹应与尾杆同心。

（四）收尾交付

型架安装完毕后，应对整台型架进行一次清理工作，在交付的同时还应该做好下列工作：

1. 清理图纸、工艺单、激光跟踪仪数据报告。
2. 标工的清理、油封入库。
3. 清理零件表面、孔、TB 点油封，零件中接头油封。
4. 归还仪器。
5. 打扫现场卫生。

结　语

　　在交通机电工程当中要想保证做好基础的安装工作，不但需要严格按照相关的规定来进行，还应该对工程所处的环境进行充分的考虑以此来收集到有关安装的相关参数，通过对这些相关设备参数深入的探究来制定出满足相关要求的可行性结构件。

　　交通机电工程涉及的范围十分广泛，其中包含的设备种类也特别的多，随着我国科学技术的不断发展，机电工程在专业上还存在着一定的局限性。在之后的机电工程安装工作中一定要结合科技发展，不断拓展新的设计思路，以此来推动交通机电行业的发展。